社会与公共管理专业“十三五”规划教材
社会与公共管理类专业项目化合作育人模式研究丛书

公共事业管理专业综合实训教程

郑代良　姜又春　宋曙光　主　编

西南交通大学出版社
·成　都·

图书在版编目（CIP）数据

公共事业管理专业综合实训教程 / 郑代良，姜又春，宋曙光主编. —成都：西南交通大学出版社，2018.11
（社会与公共管理类专业项目化合作育人模式研究丛书）
ISBN 978-7-5643-6537-0

Ⅰ. ①公… Ⅱ. ①郑… ②姜… ③宋… Ⅲ. ①公共管理－高等学校－教材 Ⅳ. ①D035

中国版本图书馆 CIP 数据核字（2018）第 247452 号

社会与公共管理类专业项目化合作育人模式研究丛书
公共事业管理专业综合实训教程
郑代良　姜又春　宋曙光　主编

责任编辑　孟秀芝
封面设计　原谋书装

出版发行　西南交通大学出版社
（四川省成都市二环路北一段 111 号
西南交通大学创新大厦 21 楼）
邮政编码　610031
发行部电话　028-87600564　028-87600533
网址　http://www.xnjdcbs.com
印刷　成都中永印务有限责任公司

成品尺寸　185 mm × 260 mm
印张　18.5
字数　460 千
版次　2018 年 11 月第 1 版
印次　2018 年 11 月第 1 次
定价　49.00 元
书号　ISBN 978-7-5643-6537-0

课件咨询电话：028-87600533
图书如有印装质量问题　本社负责退换

前 言

中国自改革开放以来，一直寻求突破行政体制改革的“瓶颈效应”，实现政府由“善政”升华到“善治”，促进非营利性组织或民间组织充分健康的发展、完善与成熟，进而鼓励、支持非营利性组织或民间组织对公共事务的管理和公共物品的提供。正是在此时代背景下，1996年，东北大学娄成武教授、云南大学崔运武教授等在对国外政府体制改革、社会公共事务管理以及高等教育发展与改革模式等情况进行考察后，开始酝酿在中国高校开设公共事业管理专业。1997年，根据中国社会改革现实、高等教育发展趋势，借鉴西方国家对公共事务管理的先进经验，东北大学、云南大学分别向教育部报告并申请将公共事业管理专业列入本科专业目录。1998年颁布的《普通高等学校本科专业目录》正式将公共事业管理专业列入管理学下一级学科公共管理类的二级学科。1999年秋，东北大学、云南大学两所高校率先在全国招收公共事业管理专业的本科大学生。

经过近20年的发展，公共事业管理专业逐渐成熟，社会认可度也逐步提高，“阳光专业”的专业竞争力与优势不断得以体现，但是该专业面临的困境和问题也不应回避，需正视与面对，其实质问题就是该专业培养的学生如何满足社会经济发展的需要。因此，公共事业管理专业要培养德智体美劳全面发展的，基础理论扎实、实践能力强、综合素质高、适应社会经济发展需要的，具有一定马克思主义理论素养和现代公共精神，具有较高的思想道德素质、人文素质、业务素质和身心素质，掌握现代公共事业管理的专业基本理论、基本知识和基本技能，具有较强的创新精神、创业意识、创新创业能力和社会适应能力，能胜任党政机关、文化、体育、卫生、环保、社会保障、社区、公用行业等公共部门业务管理和综合管理工作以及企业人事行政管理工作的应用型人才。

《公共事业管理专业综合实训教程》就是为把学生培养成政治上有高度、思想上有深度、能力上有广度的人才而编写的。它是一本集本专业主要专业能力培养课程和发展能力培养课程的实训（实验）、项目设计、实习指导于一体的高等教育专业文科类实践性教材。通过系列实训（实验）课程，学生能够掌握专业课程实训（实验）的基本理念和技巧，学生能够提高公共管理理论认识能力、公共组织协调能力、公共政策解读能力、公共行政能力、公共管理研究能力、人事行政管理能力、公共事务实务操作能力等综合技能和素质。该教材立足于公共事业管理专业应用型人才的培养目标和要求，突出其综合性、创新性、应用性、系统性等特点，旨在培养学生的项目设计和实践动手能力。

本书适用于高等学校公共管理类专业的教师参考用书和学生专业实训（实验）教材。目前市场上出版的各类实训实验教材比较多，但公共事业管理专业实训（实验）教材极其缺乏，亟待公共管理学科专家学者的重视。编者希望本教材的出版能为公共事业管理的发展贡献一分力量。

编 者

2018 年 9 月

目 录

第一篇 理论篇

第二篇 综合篇

第三篇　课程篇

第一篇　理论篇

第一章　公共事业管理专业实训概述

公共事业管理专业作为一个冉冉升起的“阳光专业”，旨在培养德智体美全面发展，基础理论扎实、实践能力强、综合素质高，具有良好的马克思主义理论素养和坚定正确的政治方向，具有良好的人文素养、高尚的道德品质和高度的社会责任感，具有较强的创新创业精神和社会适应能力，掌握现代公共事业管理的专业理论和基本技能，能胜任党政机关、事业单位、社会团体等公共部门管理工作及企业人事管理工作的应用型人才。实训（实验）教学是对学生进行最佳智能结构培养的必要教学环节，也是培养适应社会发展需要、满足公共事业管理需求的合格人才的重要环节。

本章将围绕“什么是公共事业管理专业实训”这个基本问题，主要介绍公共事业管理专业实训的含义及特征，重点了解公共事业管理专业实训的基本类型，以及认识公共事业管理专业实训在专业建设与管理中的意义。

第一节　公共事业管理专业实训的内涵及特征

公共事业管理专业作为一个顺应时代发展与社会进程的成长型“阳光”专业，其专业实训的过程对培养具有较强实践能力的应用型人才将产生较大的积极影响。而在这个过程中，公共事业管理专业实训不仅仅涉及理论基础，更重视实践中的现实活动，同时还包含多个独立学科之间的交互贯通。因此，我们需要从公共事业管理专业实训的内涵着手，从专业实训基本理念、实训教学意义和参与公共事务管理具体活动等方面准确地分析和理解公共事业管理专业实训。

实训是基于人才能力培养和教学管理，以锻炼提高学生综合能力和专业化水平为目标，通过思考式、体验式、参与式等的实践活动和更加优化的专业环境，让学生进一步体会、思考并巩固课程内容从而获得专业成长的过程。学生在专业实训的过程中不仅能够锻炼学生的实践创新能力和检验理论的成效，而且在一定程度上能够提升学生的专业认可度①；同时在专业实训中建立起来的正确的专业认知能够通过专业情感和专业态度反过来影响专业的学习，从而影响专业行为投入②。为了保障实训工作的持久性和拓展性建设，公共事业管理专业实训逐渐受到各院校的重视，同时各院校意识到管理理论相比管理实践的发展而言具有滞后性的特点，而且公共事业管理专业的教学管理实践活动又受教学因素的影响，这种滞后性越发明显，只有通过制度建设，将公共事业管理专业实训作为课程教学的重要环节，才能稳定专业

① 卢海燕．华北电力大学公共管理类专业实践教学分析[J]．中国电力教育，2010（22）：127-128．

② 李玲，朱旭，宁德斌．专业认知与课程教学相融合的“双螺旋教学模式”：以公共事业管理专业为例[J]．吉林省教育学院学报，2017，33（3）：104-107．

的发展[①]。

由于专业实训的必要性导致其成为教学内容中不可或缺的一部分，更多的学者强调专业实训是需要与课程教学、实践教学紧密联系在一起的。公共事业管理专业建设的主要内容是围绕科学的实践教学体系与运行机制，通过以“理论—模拟—应用—创新”的途径要求来满足社会和学生的多元化需求，在实践系列课程的支撑下，由多个模块构成课程、层次，最终组成总体指挥框架[②]。同时，除了从课程、院校整体上构建公共事业管理专业实训教学体系，为了确保实践课程教学的效果，还应该加以综合评估和效果反馈，在教学评价上，综合应用多元化的评价，突出对学生实践应用和创新能力的考核[③]。即使实践教学体现了在公共事业管理实训中的作用，但实践教学作为一个循序渐进的过程也表现出专业针对性不强、实训效果不明显等的问题。因此除了重视教学课程、模式和机制体制三个维度之外，公共事业管理专业实训对专业授课教师的要求也同样重要，授课教师缺乏公共管理实践经验，具体表现为教学重方法设计轻内容改进、重理论课程轻案例分析、重知识灌输轻能力培养使得学生缺乏对专业的思考[④]。

公共事业管理专业实训的核心关键词“公共”就明确了该专业实训的活动范畴，以“公共”为中心，涉及公共治理、公共行政、公共政策、公共事务、公共物品、公共设施等多个方面，成为公共事务管理的重要组成部分。公共事业管理是为了实现公共利益采用现代化的管理方法和技巧而涉及某一具体的社会领域的行为，其专业实训的内容主要关注到以下几个方面：第一，社会公共秩序的维护与跟进，比如安全秩序、经济秩序、市场交易秩序；第二，为社会公民提供的公共服务内容，比如公共设施、基本医疗等；第三，社会保障与社会救助体系的建立与完善，比如扶贫脱困、关注社会弱势群体等；第四，公共资源与财产的管理，比如环境保护与开发、自然与人文资源的维护等；第五，关注社会热点，满足公民权利的需要，比如应急管理、预警措施等。

由此，我们认为：公共事业管理专业实训，就是以专业人才培养目标为宗旨，按照人才发展培养规律并结合理论教学对学生的公共事业管理能力进行模拟训练、实践演练等的教学过程。根据以上界定，公共事业管理专业实训的内涵包括：第一，关心社会及学生的真实需求，焦点集中在公共事务的领域内；第二，强调结合实际情况建设实训体系，立足于实训与专业课程和实践教学等多方面的结合；第三，重视学生专业知识、方法技能及综合能力的培养锻炼。

公共事业管理专业实训作为专业培养教育的重要途径，它不单独依靠于纯粹的专业理论知识的传授，也不仅仅关注实训执行过程，而是更强调结果的反馈和内容的评价与思考。综合公共事业管理专业实训的内涵，将其特点归纳为以下几个方面。

第一，强调应用性、操作性、整体性的有机结合。公共事业管理专业作为一个新兴的强

---

① 张继亮，王映雪，教军章．公共事业管理专业实习实训的制度性探索[A]．//“高教强省”探索与实践——高教科研 2008[C]．2009：5．

② 裴乐．公共事业管理专业实践教学体系与运行机制研究[J]．中国农业教育，2013（2）：76-81．

③ 张水玲．以实践为导向的课程教学改革探索——以公共事业管理专业教育管理方向为例[J]．潍坊工程职业学院学报，2017，30（5）：40-42，56．

④ 樊凡，任宣仪．以实践为导向的公共管理专业教学策略[J]．黑龙江教育（高教研究与评估），2018（4）：28-29．

调培养应用型人才的专业，实践性是其最为突出的一个特点，其实训活动的内容从一开始就明确了该专业在实训过程中的实践性，通过实训活动内容、方法及手段的综合为学生构建出一个更为全面的学习途径。因此，公共事业管理专业实训将富含应用性、操作性和整体性这三个特性的实践活动进行了融合。

第二，是培养学生专业能力及素质的平台。应用型人才的培养除了强调牢固的专业知识，还强调专业能力素质的培养。通过专业实训的过程，学生能够在实践中将理论与实践结合起来，通过个人的经验使得实训接触到的问题和反馈形成新的案例，从而巩固专业知识。

第三，在专业实训的过程中强调以学生为主导，多方主体共同协作完成。公共事业管理专业实训从平台的建构、内容的选择及实施的方式等多个角度而言都不是独立的，所以需要以学生的能力提升为中心，高校、教师、学生、公共部门、社会组织等多主体协作来实现资源之间的链接与整合。

第二节　公共事业管理专业实训的分类与模式

由于视角的不同，公共事业管理专业实训就有不同的划分方法。公共事业管理专业实训的分类和公共事业管理专业实训内涵与特点的分析一样，是为了更清晰地分析公共事业管理专业实训的内容，在此基础上提出合理的实施方案。

从时间安排的顺序上分，它有专业见习、课程实训、综合实训。在不同的时间阶段，根据学生的接触专业知识的深度和广度的逐渐递增而采取循序渐进的实训形式。①专业见习，这是学生进入到大学以后最开始接触到的有关专业实训安排，是所有专业实训的基础部分。专业见习主要是在初步接触了解到有关专业的基本概念和知识后，首次进入有关专业岗位的平台进行体验、观察和学习，重点在于形成对专业的认知。②课程实训，是在学生对专业有了基本的认知以后，由授课老师根据每门专业课程的内容来配备相对应的实训课程，课程实训一般以小组的形式，主要通过社会调查、服务活动、撰写论文报告等形式进行，整个过程持续一到两个星期，以此巩固专业课程的教学和学生的专业技能。③综合实训，综合实训是由整个在校期间的学习阶段到毕业前的实习工作阶段的过渡。和专业实训的前两个阶段相比，综合实训最大的特点，即它是在所有专业课程结束后进行的，强调专业知识体系的综合运用，不再限制于某一单独的课程。综合实训既可以让学生对自己的专业水平有一个基本的了解，同时也可以培养锻炼接下来实习工作甚至是正式工作的能力。

从实训场所上分，它有课堂实训、实验室实训和田野实训。①课堂实训，即在课堂内完成的实训项目，其目标容易达成、实训耗时较短、考核内容不具有连续性。②实验室实训，即在实验室上机操作或者通过实验完成的项目，其操作性较强，实训结论明显。③田野实训，即根据实训项目的设计、在现实情景中完成的实训，其耗时较长、连续性强。

从实训内容上分，它有操作技能实训和心智技能实训。①操作技能实训，事先给出任务和步骤，其目的旨在增加对教材内容的巩固、加深学生对程序和技能的熟悉。②心智技能实训，能体现学生对于任务的理解和设计，以此体现“领导能力”“团队合作”“思维定式”等内容的考核。

从实训成果上分，它有展示性实训、报告性实训和应用性实训。①展示性实训，其要求学生在实训结束之后有可供展示的实训成品，如工艺品、产品模具或者情景剧等。② 报告性实训，即通过实训应得出某一成熟结论或者提出某种观点，并且以文本形式体现。③ 应用性实训，其实践性非常明显，它要求实训的成果能直接应用到生产实践当中，产生某些社会或经济效应。

专业实训是以学生为主导而进行的实践活动，所以根据课外实践活动的不同，公共事业管理专业实训的类型还有：① 学科竞赛实训。学科竞赛活动最明显的特征是它与专业内容的紧密结合，在这个过程中不仅对学生的综合素质和能力有着较高的要求，而且对专业知识掌握的程度也有着较高的要求，所以学科竞赛实训对学生而言不仅是一个可以锻炼能力的平台，同时也是检验学生水平的实训类型。② 社团活动。社团活动作为学生课外生活的重要组成部分，占据了学生大学课余生活的关键部分；通过将专业实训的内容与院部社团结合起来，共同打造具有专业特色的实践活动，不仅能够形成专业品牌活动，更能让学生自己在这个过程中提升自信心。

所谓公共事业管理专业实训的模式，是指在实践教学的过程中制定开展专业实训的内容、形式、方法等方面的综合特征。公共事业管理专业较常见的实训模式一般有以下几个模式。

1.“项目化”模式

公共事业管理专业实训的“项目化”模式即凭借具体的方案与活动，通过开展校企合作、校地合作、地方服务、学生活动等形式的主题实训项目，以一个系统的操作流程完成实训的内容。在这个过程中，需要学生从项目开始就参与到其中，直到实训结束后的评估，所以这种模式对学生的综合素质及能力的锻炼较为充实，同时需要学生在彼此合作交流的过程中对自己形成良好的定位和角色把握，才能体会到专业实训进行项目化运作的意义。

2.“操作验证”模式

首先，尽管专业实训强调学生的主体性，但是在具体的教学过程中导师也是不可或缺的一部分，因为有关专业实训的内容都需要导师进行指导和引领，所以在公共事业管理专业实训不同的阶段，学生都需要匹配不同的导师进行实训学习，比如教学导师组织的课程实训，社团导师指引的素质拓展，论文导师负责的学术科研，项目导师带领的学科竞赛等。①以此进一步对专业实训的内容进行模块化划分和练习。通过告知具体操作方法和要求，指向明确、要求具体、规范清楚、实训操作快捷而简便。其次，该实训模式具有较强的目标性，直接给出实训任务，明确实训要求，高效快速地完成实训目标和任务。

3.“案例分析”模式

“案例分析”模式在社会科学类的学科教学中使用较多：提供案例——组织讨论——案例总结、点评。该实训模式要求在实训中，从分析解剖范例入手，从分析中了解事物的规律，再进一步总结、归纳和升华，从而达到整合的目的；在实训的过程中，体现学生专业知识、技能要求的掌握和学生现有知识水平的高低等状况；通过实训，学生应从范例中总结出规律，对现实问题的解决产生启迪作用。

---

① 戴年红．基于创新能力培养的导师制实践教学模式探索——以湖南科技大学公共事业管理专业为例[J]．当代教育理论与实践，2018，10（1）：57-60．

4.“情景再现”模式

“情景再现”模式是指有针对性地设计情景，以仿真动作和行为作为训练的内容开发设想，让学生身临其境，以提高自身适应力和实际专业能力。该模式不仅以模拟场景缩短了学生“学以致用”的时间和过程，也有助于学生更好地融入专业实践，提高其在实践过程中解决问题的能力。该模式突出操作性、讲究趣味性、注重实效性，实现了理论与实践的接轨、素质教育与社会需要的接轨。

5.“问题取向”模式

“问题取向”模式类似于“头脑风暴法”，即用众多的脑力，像风暴一样去冲击某个“问题”，以求得解决问题的方法。该模式的运用，首先要给予学生充分的主体性，教师引导学生对于社会现象或者事件进行观察分析，启发学生的问题意识；其次由学生经过讨论和反复论证，寻找解决问题的方法；最后由教师进行协调，归纳、总结、提升。

第三节　公共事业管理专业实训的原则与意义

专业实训设计作为活动开展的第一个阶段，对促进实训结果的质量发挥着不可忽视的作用。而实训结果的好坏就直接影响了学生在这个过程中的收获与体验；同时开展不合理的专业实训还会对专业实践教学起负面影响。所以，在展开专业实训工作之前，不仅需要对实训工作进行合理的安排，而且需要对整个实训过程进行具体的考察与设计。一般而言，公共事业管理专业实训的开展应综合考虑以下原则。

1. 以社会需求为导向，培养学生综合能力

公共事业管理实践活动通过采取各种形式的实践活动对社会公共事务进行生产、调节和控制来满足社会全体或者部分成员的共同需要和协调发展。由于公共事业管理专业具有研究性、综合性、实用性等特点，所以它对专业人才的要求重点在于知识与技能方法的综合运用，而检验其是否能够表现出专业的关键就落在对社会动态的观察与应对上。同时需求带动供给，以社会需求为导向，能够让公共事业管理专业实训的开展与客观事实及现实活动进行很好的结合。

2. 立足实践教学的平台，与课堂教学相辅相成

专业实训作为实践教学的重要组成部分和重点环节，离不开实践与教学的统筹与协调。而在地理位置、资源分配等实际情况下，公共事业管理专业的实训更多地需要进行资源的整合和形式的创新，以此才能体现出具有专业特色的实训体系。在进行公共事业管理专业实训设计的过程中，需要紧扣专业实训的课程及主题，让每项实训内容的制定与专业课程知识彼此呼应，这样不仅具有可操作性，而且更直观。

3. 以学生能力培养为主导，循序渐进且闭环管理

除上述之外，还应该尽量从实训参与者——学生的角度出发，只有学生获得真实的实训体验，我们才能获取专业实训真实的结果及反馈。合理的公共事业管理专业实训要从以下几个方面着手：

第一，实训内容及形式避免过于复杂。首先，“一口气吃不成胖子”，专业实训是一个循序渐进的过程，不可能通过几次简单的实训活动就让学生觉得醍醐灌顶、受益匪浅。其次，一旦实训内容过于复杂，就容易出现模糊不清的情况，导致学生抓不住重点，反而会适得其反，所以应该尽量明确实训的目标和方向。

第二，强调实训过程的跟进。专业实训是一个持续性的过程，只有拥有专业老师正确的指引与协助，才能促进学生更好地完成实训，当然也应该允许他们在这个过程中犯错。通过带动学生的自主性和积极性，不断地跟进实训过程才能达到理想的结果。

第三，能够进行结果分享与反馈。除了强调实训过程的重要性，还要有能够进行专业实训结果的展示和分享的平台。

在社会对专业人才需求和社会快速发展变化的背景下，应用型人才的培养已经成为各高校专业人才培养计划的首要目的。而公共事业管理专业作为一个时刻需要与社会对接的专业，要更加重视学生对专业知识及技能的掌握及运用能力，所以在专业背景和社会形势要求的情况下，公共事业管理专业实训的开展具有以下两个方面的意义：

（1）理论意义。第一，丰富公共事业管理专业的理论与实践研究，最重要的是能够根据院校的实际情况进行创新和发展，从而为建设具有地方特色的公共事业管理专业提供更为精准的途径和研究内容；第二，在实训内容设计、安排、总结、反馈等多方面进行整理，同样为“兄弟专业”的实训研究提供借鉴与参考。

（2）实践意义。首先，能够为公共事业管理专业实践教学提供新的模式探索，并切实解决课程教学单一的现实性问题；其次，提供不一样的学习平台，能够让学生将所学的理论知识同实践相结合，通过实训发现自己的不足，进而提高自身的专业素质和专业知识，在深化理论学习的同时增加实践工作经验，更好地锻炼和掌握专业技能；最后，在实训过程中，学生能够主动地去体会到与人沟通协调、公关礼仪等的艺术，并了解到真诚互信、坚毅宽容、团体协作等优秀品格在关系建立和获取信任等过程中的作用，以此强大内心能够更加勇敢地接受学生、工作、生活的挑战。

第二章 公共事业管理专业实训的目标与内容

公共事业管理专业实训作为专业的实践活动，对协助学生发展能力、促进公共事业管理专业与社会环境相互协调发挥着纽带作用。要提升公共事业管理专业实训的水平，就需要对公共事业管理专业实训有一个科学和客观的认识，对其目标和内容的把握就是实现这一过程的基本要求。

第一节 公共事业管理专业实训的目标

公共事业管理专业实训旨在锻炼和指导学生提高综合素质和专业知识能力及促进专业发展，其具体目标通过结合不同的关注点进行展示。

就专业人才与社会需求的接轨而言，公共事业管理专业实训能够为培养该应用型专业人才提供平台基础。现实的公共事业管理专业实训过程要具备能够承担专业知识灵活应用和某一特殊专业技能的条件。比如，针对公文写作的课程实训，要看其是否具有能够进行社会调查及服务的一般性条件，以及是否能够掌握公文写作相比较于其他写作的特点及要求。公共事业管理专业实训就专业人才对接社会需求而言，其目的是看该专业实训的过程能否检验和锻炼专业知识及技能。

就公共事业管理专业本身而言，开展专业实训旨在推进特色专业学科建设。促进特色专业的建设不仅是各大高校的“制胜法宝”，而且也占据了我国高等教育的重要位置。针对院校分布、资源链接、机制体制等多方面背景不同的情况，公共事业管理专业实训的建设是促进特色专业建设的主要途径。在这个过程中，能够在现实情况基础上调整教学课程安排及专业培养的着重点，同时以专业实训的结果对专业进行反馈和评价，并提出专业发展和改进的建议。

公共事业管理专业实训在促进学生学习的过程中，主要包含综合素质表现和专业能力建设这两个层次的内容。综合素质主要表现为学生的“软实力”，包括个人特质、基本礼仪等方面的要求。专业能力建设则主要是借助实训平台对学生进行管理理论、技术与方法等方面的知识以及应用的查漏补缺。因此，公共事业管理专业实训的目的主要是促进学生的学习。

公共事业管理专业实训是一个有目的性的活动，总的来说，它体现了两个主要目标：促进学生的自我发展和推动公共事业管理专业的发展。通过实训平台及体系促进学生专业能力及综合素质的提高是明显的和直接的目标，发展公共事业管理专业则是隐藏于上一目标之中，不断进行调整的结果。发展公共事业管理专业也包含两个方面：一个是发展公共事业管理专业知识，另一个是促进专业知识和方法进行有效的社会实践。

第二节　公共事业管理专业实训的内容

公共事业管理专业实训的主要内容有什么？对于这个问题的回答构成了我们了解公共事业管理专业实训的具体化操作。就关注学生的专业成长而言，其实训的内容大致有以下三个方面。

1. 感性认识的培养

公共事业管理专业的发展源于社会组织和专业学生自身的认同与肯定。公共事业管理专业的发展首先就来自专业的认可度高低，而评价认可度的高低首先就体现为学生对该专业学习的兴趣认知。所以，公共事业管理专业实训的内容就成为专业建设的重要环节。立足于感性认识的培养，公共事业管理专业实训要避免单一的活动形式，可以借助实训平台，通过竞赛的形式形成具体的成果性作品，提高学生的专业认同感和归属感，比如公共管理案例大赛、专业学科竞赛、大学生研究性学习和创新性实验计划项目等。

2. 业务技能的训练

公共事业管理专业实训能够承担起该专业实训教学的主要内容是由其科学的方法决定的。由于公共事业管理专业实训的主要对象都了解其实训目的，公共事业管理专业实训又侧重于关注理论知识的运用，所以在这个过程中，公共事业管理专业实训可以基于专业知识进行技能训练而做出有效性的说明，比如社会实践调查中对写作能力和统计分析能力的锻炼等。

3. 综合素质的创新

公共事业管理专业实训需要不断地创新和发展，才能促进学生的成长。而学生在这个过程中增强自己的专业技能有多种途径和方法，如经验交流、知识积累、强化实践等。但是专业技能的增长和发挥都离不开自身综合素质的表现，所以，公共事业管理专业的实训内容同样需要重视学生综合素质的培养，而创新能力又是最关键的要素之一，可以通过学生社团活动、同学科跨专业的合作体验等内容促进学生综合素质的发展。

第三节　公共事业管理专业实训的考核

近年来，由于实践教学的兴起，公共事业管理专业实训成为公共事业管理专业实践教学体系中日益重要的部分，为了促进公共事业管理专业实训体系的建设和功能的发挥，其专业实训的考核也进一步得到了人们的重视。作为强调专业性的实践活动，公共事业管理专业实训的考核一般以特定的专业知识及理论作为基础，具体的考核流程和内容一般分为“前期考核——中期考核——后期考核”三个阶段进行。

前期的考核是最关键和基础的部分，是开展专业实训的前提。它主要包括学生对专业实训内容的准备工作，重点体现为对专业知识的储备、对开展专业实训的计划和安排，如资料信息的收集情况、人员分工及时间规划等。在这个过程中，可以初步评估出学生对待专业实训内容将要花费的心思和精力，同时考验学生把握活动整体的能力。

中期的考核所占比重最大，因为考核时间及内容也最多。即将理论知识落到实处，不仅需要检查学生对专业知识和技能的运用，而且需要关注学生的态度和认知。这个最容易出现问题或者说理想与现实产生不一致的环节，最适合考察学生的应变能力和专业方法的运用。

后期的考核除了针对学生在专业实训过程中产生的实训成果，还包括对开展整个专业实训的考核。前者包括评价实训成果产生的影响范围，后者则主要包括开展实训的形式是否具体、目标制定是否合理、与专业知识是否结合紧密等。除此之外，针对学生实训成果的考核和实训设计的考核都需要进行及时的反馈和总结，这样收获到的信息往往才是最真实的。

根据三个阶段考核内容的把握，我们可以总结出，进行公共事业管理专业实训考核的主要方法可以划分为过程考核和成果考核两个部分，考核的主体既可以是学生自己，也可以是小组成员、实训服务对象等。通过自评和他评两个考核层次的内容进行考核标准的制定，一般可以通过反馈表或者意见调查表的形式进行，获得自我评价和对专业实训活动评价的结果。

第三章　公共事业管理专业实训的现状与发展

专业实训作为公共事业管理专业教学体系的重要内容和发展环节的重要组成部分，在专业发展、社会服务、专业人才培养、学生素质能力提升等方面起着重要的作用。

随着政府职能的不断转变和社会公共事务管理职能日益凸显，对公共事业管理专业人才的需求也不断提升，因而公共事业管理专业及其专业实训既面临着良好的机遇与优势，也面临着发展的困境和挑战。

公共事业管理专业实训是专业教育本质的体现，是专业人才培养过程中不可缺少的内容。通过了解公共事业管理专业实训的发展过程，把握目前公共事业管理专业实训的现状，找到其存在的问题及困境，进而促进其专业的发展与完善。

下面以怀化学院为例，对公共事业管理专业实训的历史、现状与发展进行分析。

第一节　公共事业管理专业实训的历史

在我国，中职教育的发展历程比高职教育的发展历程更为长远。“实训”一词很可能是来自中职教育，并认为“实训”是在特定的专业实践技能训练的场地上，教师将专业理论和专业技能在课程上进行融合、交叉和有序地传授，其教学的主要内容是对学生进行专业技能训练①。教育部在 2006 年发布的《关于全面提高高等职业教育教学质量的若干意见》中，指出“实训”是人才培养模式改革的关键环节之一②。公共事业管理专业作为一门新兴的阳光专业，虽然起步晚（1998 年才被列入本科招生目录），但是发展速度快（从 1999 年的两所高校招生到 2018 年全国已有 500 多所高校招生），如此增长程度，既是高校招生规模扩大的必然结果，也是社会公共事务管理专门人才需求增长的必然产物。

怀化学院公共事业管理专业经湖南省教育厅批准、教育部备案，于 2005 年正式向全国招收全日制本科生。本专业培养德智体美劳全面发展的，基础理论扎实、实践能力强、综合素质高、适应社会经济发展需要的，具有一定马克思主义理论素养和现代公共精神，具有较高的思想道德素质、人文素质、业务素质和身心素质，掌握现代公共事业管理的专业基本理论、基本知识和基本技能，具有较强的创新意识、创造能力和创业精神，能胜任党政机关、文化、体育、卫生、环保、社会保障、社区、公用行业等公共部门业务管理和综合管理工作以及企业人事行政管理工作的应用型人才。经过十多年的探索，怀化学院公共事业管理专业在专业学科定位、人才培养模式及培养规格等都做了较为深入的探究，使得该专业人才培养方案及教学计划不断完善与日益成熟，该专业实训也经历了从不成熟到逐渐成熟的历史演变。

---

① 聂毅．谈高职“实训”[J]．湖南冶金职业技术学院学报，2006（1）：20-22．

②《教育部关于全面提高高等职业教育教学质量的若干意见》（教高〔2006〕16 号）．

一、课程实训由无到有，实训方式内容逐渐完善成熟

2005、2006 级怀化学院公共事业管理专业（本科）人才培养计划中，除了公共基础课程“大学体育”开设了实训课时外，其专业必修课程和专业选修课程都没有安排课程实训，换句话说，第一、二届公共事业管理专业学生在专业实训方面基本上是空白。2007 级人才培养计划实现了历史性的转变，在专业必修课程、专业方向课程和专业任选课程中都增加了实训内容，当年的实验实训学时占总学时的比例为 20.47%；随后该专业人才培养计划制订过程中，都特别强调专业实训在课程教学和人才培养中的重要地位，2017 级公共事业管理专业人才培养方案中实践教学学时占总学时的比例达到 36.1%。同时该专业课程实训过程中，老师要全程指导学生进行并完成实训项目，学生要撰写实训报告，最后由老师对实训环节进行评定与反馈，从而该专业实训方式及内容逐渐完善成熟。

二、实训（实验）室由无到有，实训条件逐渐满足教学需要

公共事业专业实训同其他文科专业一样，实训（实验）室及相关实训软件、设备都经历由建设初期的“无”到“有”的转变。2005—2014 年公共事业管理专业实训场所主要是教室、校外和计算机机房，没有独立的实训（实验）室，2015 年怀化学院在原教务处实验中心基础上成立了二级教学机构即实践教学中心，在实践教学中心建立了管理模拟实验室，改变了公共事业管理专业没有自己的实训（实验）室的历史。实训软件方面也逐渐完备，由刚开始的电子政务软件，到现在的公务员结构化面试软件、人才素质测评软件、公务员模拟考试软件、公共管理案例软件和财务（会计）软件，实训条件逐渐满足实训教学的需要。

三、实训基地的单一化走向多元化，多方位满足学生需求

公共事业管理专业发展初期，其专业实训基地具有明显的单一性，学生的专业见习、毕业实习主要在政府部门或事业单位进行，比如怀化市鹤城区、溆浦县、沅陵县、麻阳县、中方县等人力资源与社会保障局；怀化市教育局；怀化市鹤城区街道办事处及各社区等。2015 年以后，公共事业管理专业实训基地逐步实现多元化，怀化学院实践教学中心成立了专门的管理类专业实践教学基地，由单一的政府部门走向政府组织、企业单位、社会组织等多部门进行。2015 年法学与公共管理学院以学校的名义分别与深圳市 JT 科技有限公司、深圳市 LHD 国际货运代理有限公司签订了实习协议，并在两公司建立了专业实习基地；2016 年又与湖南 JH 百货有限责任公司建立稳定长期的合作关系，也建立了实习教学基地；2017 年又与怀化市 DZ 稳评机构建立合作关系，实训基地的多元化，多方位满足了学生专业见习和毕业实习的需求；同时该专业见习时间也由 2015 级以前的 1 周，自 2016 级开始调整为 2 周，改变了专业见习由于时间短而出现走形式的现象，真正使学生在专业见习中提升专业的认同度和领悟社会对公共事务管理专门人才的需求度。

当然，公共事业管理专业实训发展过程中，教师方面也发生了本质性的改变与实质性的发展，即公共事业管理专业由单一的课程实训转变为系统的课程群实训，实训指导老师由任

课老师单独指导到教研室老师联合指导的转变，实现了师资力量的整合和协作教学，既实现了教师实训指导的相互促进，又提升了专业实训的质量，最终实现专业办学水平的提质、人才培养质量的提高和专业社会认可度的提升。

第二节　公共事业管理专业实训的现状

西方发达国家高等学校开设公共事业管理专业已具有较长的历史，已发展成为一个较成熟的专业，且随着社会分工的细化，该专业在西方发达国家已呈现出细化的趋势。而我国于1998年教育部颁布的《普通高等学校本科专业目录》才正式将公共事业管理专业列入公共管理一级学科下的二级学科，随后于1999年在云南大学和东北大学试点招生后，2000年面向全面推广并招生。众所周知，公共事业管理专业于20世纪90年代末引入中国的初衷也是促进政府职能的转变和满足公共事务管理专业门人才的需求，因此公共事业管理专业实训应满足社会公共事务管理的真正需要和学生专业能力的实质提升。然而，经过近40年的改革开放，中国政府部门、企事业单位和第三部门的关系并未理顺，这在一定程度上导致了公共事业管理专业的理论方法同国家公共事务管理的现实脱节，如何将专业实训同公共管理的具体实践结合起来，这对公共事业管理专业实训来说的确是一个很大的挑战。

目前公共事业管理专业实训主要包括课程实训、专业见习、毕业实习、学年论文和毕业论文的撰写等，虽然该专业实训理论体系逐步完善、专业实训师资基本具备、专业实训项目设计逐步成熟等，但公共事业管理专业实训过程中还存在许多亟待解决的问题，主要体现在专业实训的教育观念和专业实训的具体运作过程等方面。

专业实训教育观念不能与时俱进。第一，部分教育管理者或教师还未根本认识到公共事业管理专业实训对于培育公共事务管理人才的重要性和必要性，没有足够重视实训组织机构建设、实训基地平台建设及实训（实验）室的建设等。第二，相当一部分教师对实践教育的意义、目标、内容、方式、方法、评估、监控等一系列问题缺乏清楚认识和理解，其教学思维始终还停留在单纯的课堂授课的环节上，理念比较落后，方法比较简单，对学生的实训指导不力；同时部分专业教师缺乏管理实践经验，从而限制了公共事业管理专业实训工作的开展。第三，学生对专业实训的意义和重要性认识不足，把专业实训仅当作理论学习的一部分，而不是想切实地提升自己的综合素质与实践能力。

专业实训具体操作过程中存在局限性。第一，专业实训教材和具有实务经验的师资极为缺乏。不仅仅是专业理论知识需要教材，实训课程同样需要教材的指导。目前而言，公开出版的关于公共事业管理专业的实训教材少之又少，更别说能够有体现本专业特色的实训教材，这也在一定程度上说明了指导实训的理论体系并没有得到建立。同时公共事业管理专业的师资大都未经过专业的实践锻炼，因此大多缺乏公共事业管理的实践知识和经验，这也严重地影响了该专业实训的质量；特别是就实训内容的实践性和真实工作环境的模拟情况而言，专业实训课程内容设置更多的是需要来自具有丰富的实战经验或者工作经历的人员，但这些师资又极其缺乏。第二，实践环节内容设置过于狭窄。实训环节内容仅包括了认识实习、社会调查、毕业实习、毕业论文环节，这对于管理类专业的学生来说，是远远不够的，还必须根据课程要求，建设教学实验室，营造模拟或虚拟的实践环境，有机地安排实习、模拟实验、技能训练等活动。第三，实训资源的途径来源受到限制。关于实训所有的模拟情况都远远不及现实情况来得真实和贴切，在开展专业实训的过程中实训会侧重于专业知识与职业技能的融入，所以实训的过程也会强调与公共部门、社会组织、企事业单位等多方资源进行合作。但往往由于实训的时间较短，以及学生因自身职业技能所限不能带给合作对方直接的收益，以至于对方并不会花费太多的精力和提供更多的资源，从而使得专业实训的开展由于资源的缺乏而难以深入。

第三节　公共事业管理专业实训的发展

“实训”是实践教学的重要组成部分，必然也是专业教学发展和社会进步的产物，而公共事业管理专业实训的发展与社会整体发展的状况、公共事业管理专业知识及方法的更新等有着密切的联系。

一、明确教学目标是专业实训的首要问题

通过对公共事业管理专业实训发展的现状及困境研究，我们可以了解到明确教学目标是完善公共事业管理专业实训的首要问题。目前，怀化学院公共事业管理专业由于实训目标的模糊性，其专业实训的深入开展和有效运作也受到影响，致使该专业的实训难免流于形式，难以取得好的教学效果。因此，遵循实训规律，需对该专业实训的目标进行科学设定。专业实训的总体目标可以设定为：整合课堂所学知识与实务，达到理论与实际相结合；充分认识公共事业单位的管理功能、组织架构和工作程序，了解公共事业管理的相关政策；将公共事业管理的知识、方法与态度运用于实际的工作中，发展公共事业管理专业的技巧，体验公共事业管理者的角色、工作方法；培养公共事业管理的专业精神、态度与职业伦理；培养学生独立思考与解决实际问题的能力。

这一总体目标的实现，是通过具体的课程实训、专业见习、毕业实习以及学年论文和毕业论文等撰写来实现的。所以，公共事业管理专业需要在教学实践中围绕总体目标，制定出主干课程的实训项目及实训内容，以及专业实训的基本要求和具体目标。首先，要明确公共事业管理专业主干课程的实训目标。其次，要明确公共事业管理专业实习教学的目标。具体的要求：一是使学生掌握公共事业管理基础知识和专业知识，实现理论素养的储备；二是通过学年论文和毕业论文撰写，帮助学生发展对公共事业管理和相关理论的分析技能，实现学术逻辑思维的训练；三是学生通过专业见习和毕业实习的锻炼，实现他们运用所学理论知识解决社会公共管理实际问题的能力。总之，设定公共事业管理专业的实训目标，应力求做到简洁、明确和具体，充分体现时代的特征并使之具有可操作性。

二、拓宽实训内容与完善实训体系是当务之急

公共事业管理专业的实训是一项有目的、有计划的结构性的教学过程。由于公共事业管

理专业开办较晚，现行的实训内容只包括集中教学的环节，这对于管理类专业的学生来说远远不够。管理类专业的实践性很强，很多的专业基础课程和专业方向课程要求很高的技术操作性。为了提高公共事业管理专业学生的实践动手能力，怀化学院应该积极拓宽实训内容及完善实训体系。

随着新时代的变化和发展要求，公共事业管理专业实训的内容除在专业实践教学中占据更大的比重外，更加强调实训内容开展的质量和效能，所以该专业实训要逐步加大对其制度框架、体系建构、运行机制的探索；与此同时，也应进一步关注到专业本位、能力导向等实训方向，并强调贴近创新、展现地方特色等专业实训主题进行完善和发展。

公共事业管理专业的实训平台可从两方面着手进行打造：一是校内构建节约型、集成式实验教学平台；二是在校外建设专业对口、相对稳定的实习基地。以此为基础的实训平台建设不仅仅是建立在现代信息技术上，借助仿真的手段和虚拟的环境的信息技术平台，而是能够满足学生进行的实训活动模拟和操作的综合性场所。

公共事业管理专业实训体系的完善要求必须拥有一支精干的教师队伍。该专业的教师不仅应具备较高的理论知识，还应具备较强的实践能力。目前公共事业管理专业的教师，大多是过去从事行政管理或其他学科的教学和研究人员，因工作需要才转到公共事业管理专业的，或者毕业后直接走上讲台，基本没有参加过专业的实践锻炼，大都缺乏这方面的实践知识和经验，这就严重影响到公共事业管理专业实训的质量。从事该专业实训的教师应该具有公共事业管理与信息技术的复合知识结构，较为熟练地掌握现代教育手段和教学方法，善于组织和思考问题。因此，提升公共事业管理专业教师的实训能力，关键应该从以下两方面着手：

第一，加强实训师资队伍的建设。总的来说，可聘请一批学识水平高、业务能力强、公共政策熟练的领导或公务员，担任本专业实训的指导教师，利用他们丰富的经验指导学生，提高其实际操作能力；鼓励教师利用假期去公共事业管理部门锻炼，学习先进的管理经验及操作规程，为教师创造社会调查的机会，提高其实践能力；采取多种激励的手段促进教师调整自身的知识结构及提高能力，建立能够适应公共事业管理专业实训需求的能力结构；努力减少单一型教师的比例，从专业课程教学和实训两个方面来着手提高师资队伍的教学水平及能力，使师资队伍能够尽快地从整体上实现结构性及功能性的转变。第二，建立教师的实训水平评价制度。科学合理的教师实训水平评价制度，不仅可使教师形成外在压力，促使教师个体总结经验教训，并能够积极改进实训方式，不断提升实训能力，同时通过树立先进的典型，还能带动能力稍弱的教师向先进看齐，促进教师实训能力的整体提高，从而取得较好的专业实训效果。

三、关注多方主体需求以促进专业实训发展

公共事业管理专业在实训过程中除了需要关注到学生这个主体，通过挖掘他们的潜能带动其主动性和积极性，同时也需要关注到教师、公共部门、社会组织、企事业单位等多主体需求。因为只有了解并关注到各自的需求和利益，才能达成共识进行资源的整合与分享，比如增强实训指导老师的公共事业管理专业相关职业技能，协调公共部门、企事业单位、社会组织与高等学校合作关系的建立，进而创新专业实训的模式，以此促进专业实训的发展。

在此过程中可以加强与兄弟专业的交流，互补知识体系。强调实践性是公共事业管理专

业的主要特点之一，同时不管是针对专业实训活动还是公共事务管理工作，其过程都不可能是独立存在的，所以专业实训的发展也一定要与相关学科、专业互动与融合。在这个过程中，对于涉及相同的领域，比如老年人事业管理，那么公共事业管理专业的实训就可以通过与社会工作专业的实训进行融合，既促进了资源的有效利用，同时还能取长补短，更能有效地促进专业实训的发展。

第二篇　综合篇

第四章　综合能力素质拓展项目训练

第一节　“公共部门绩效评估调查”实训大纲

一、基本信息

项目性质：专业能力培养项目。
总学分：1。
总学时/实训学时：4/1。
实训对象：公共事业管理专业（本科）。

二、实训目的及要求

公共部门绩效评估是一种新型的行政管理模式，体现了时代发展对行政改革和政府管理创新的要求。公共部门绩效评估旨在提高政府行政效率和行政能力，提升政府服务质量，是持续改进和提高政府绩效行之有效的管理工具。因此，实训的目的就是让学生通过具体项目实训，了解并掌握这种管理工具。

三、实训安排

公共部门绩效评估调查实训总学时是 4 学时，实训具体时间由实训指导教师根据公共事业管理专业人才培养计划安排，实训由实训指导教师负责组织实施。

四、实训形式

根据实训项目和实训内容要求可采取角色扮演、情景模拟等实训形式。

五、实训考核方式

公共部门绩效评估调查实训是一个独立的教学环节，实训成绩独立考核，由实训指导教师根据每个学生实训期间的综合表现，按百分制考核评定成绩，实训成绩跟课程成绩一样，是学生完成规定学分要求的一部分。

第二节　“公共部门绩效评估调查”实训项目

本节实训项目有两项，具体内容及安排见表 4-1。

表 4-1　公共部门绩效评估调查实训项目表

序号	项目名称	实训内容	实训学时	实训形式	实训类型	实训地点
1	量表等级评价法训练	以情景模拟的方式进行量表等级评价法训练	2	情景模拟	综合性	实训室
2	拟订“万人评议政府”评议方案	以情景模拟的方式拟订“万人评议政府”评议方案	2	情景模拟	设计性	教室外

一、实训项目 1——量表等级评价法训练

（一）实训目的与要求

实训目的：量表等级评价法是目前应用最广泛的绩效评估方法。实训目的是让学生能够充分练习绩效考核量表的制作方式和绩效考核等级的设计过程，掌握量表制作和等级设计。

实训要求：（1）认真看清实训项目材料及问题。

（2）绩效考核表设计、制作符合规范。

（3）绩效考评严肃、认真。

（二）知识准备与书籍阅读

1. 知识准备

要求了解和掌握的知识：政府绩效与政府绩效评估的内涵，政府绩效评估指标体系，政府绩效评估程序，政府绩效评估方法等。

2. 书籍阅读

[1] 蔡立辉. 政府绩效评估[M]. 北京：中国人民大学出版社，2015.

[2] 彭国甫. 地方政府公共事业绩效评价研究[M]. 长沙：湖南人民出版社，2004.

[3] 林春丽. 公共组织绩效管理案例精选[M]. 南宁：广西人民出版社，2013.

（三）实训准备与安排

实训项目不分组，每人一台电脑，各自独立完成。

（四）实训内容与步骤

1. 项目情景

《公务员考核规定（试行）》第二章规定了公务员考核的内容和标准：

第四条　对公务员的考核，以公务员的职位职责和所承担的工作任务为基本依据，全面考核德、能、勤、绩、廉，重点考核工作实绩。

德，是指思想政治素质及个人品德、职业道德、社会公德等方面的表现。

能，是指履行职责的业务素质和能力。

勤，是指责任心、工作态度、工作作风等方面的表现。

绩，是指完成工作的数量、质量、效率和所产生的效益。

廉，是指廉洁自律等方面的表现。

第五条 （略）

第六条 年度考核的结果分为优秀、称职、基本称职和不称职四个等次。

第七条 确定为优秀等次必须具备下列条件：

（一）思想政治素质高；

（二）精通业务，工作能力强；

（三）工作责任心强，勤勉尽责，工作作风好；

（四）工作实绩突出；

（五）清正廉洁。

第八条 确定为称职等次必须具备下列条件：

（一）思想政治素质较高；

（二）熟悉业务，工作能力较强；

（三）工作责任心强，工作积极，工作作风较好；

（四）能够完成本职工作；

（五）廉洁自律。

第九条 公务员具有下列情形之一的，应确定为基本称职等次：

（一）思想政治素质一般；

（二）履行职责的工作能力较弱；

（三）工作责任心一般，或工作作风方面存在明显不足；

（四）能基本完成本职工作，但完成工作的数量不足、质量和效率不高，或在工作中有较大失误；

（五）能基本做到廉洁自律，但某些方面存在不足。

第十条 公务员具有下列情形之一的，应确定为不称职等次：

（一）思想政治素质较差；

（二）业务素质和工作能力不能适应工作要求；

（三）工作责任心或工作作风差；

（四）不能完成工作任务，或在工作中因严重失误、失职造成重大损失或者恶劣社会影响；

（五）存在不廉洁问题，且情形较为严重。

2. 问题

假定参加实训项目学生所在班的班委会由班长、副班长、团支书、学习委员、文体委员、生活委员及监察委员共 7 人组成。参照上述《公务员考核规定（试行）》，对班委会成员采用量表等级评价法进行考核。

3. 步骤

（1）确定绩效考核内容和等级内容。

（2）确认需要在量表里呈现的表头内容、考核内容、考核因素、等级栏、意见栏、签名栏等。

（3）设计表格。

（4）对考评对象进行考核，把考核内容、结果相关内容填入表格中。

（五）实训考核标准（表 4-2）

表 4-2 量表等级评价法实训成绩评定表

序号	制作要求	得分
1	设计出绩效考核表	50
2	表格美观	10
3	表头内容、考核内容、考核因素等清晰、准确	20
4	考核结果客观、合理	20
总分		

（六）实训成果及评价

每位学生提交量表等级评价法表，课程指导教师按考核标准对学生打分。

（七）实训结果反馈与运用

课程指导教师认真审阅量表等级评价法表，并把点评结果反馈给学生，包括实训取得的成效、需要改善的地方以及实训后需要提升或拓展的方面。

二、实训项目 2——拟订“万人评议政府”评议方案

（一）实训目的与要求

实训目的：绩效评估方法的选择和确定在整个绩效评估活动过程中占有举足轻重的地位，通过实训，加深学生对绩效评估方法的认识和了解，学生能熟练掌握其中一二种绩效评估方法。

实训要求：（1）认真看清实训项目材料。

（2）仔细分析所提供的实训材料，选择合适的绩效评估方法。

（3）拟定评估方案要具有一定的可行性。

（二）知识准备与书籍阅读

1. 知识准备

要求了解和掌握的知识：政府绩效与政府绩效评估的内涵，政府绩效评估指标体系，政府绩效评估程序，政府绩效评估方法等。

2. 书籍阅读

[1] 蔡立辉. 政府绩效评估[M]. 北京：中国人民大学出版社，2015.

[2] 彭国甫. 地方政府公共事业绩效评价研究[M]. 长沙：湖南人民出版社，2004.

[3] 林春丽. 公共组织绩效管理案例精选[M]. 南宁：广西人民出版社，2013.
[4] 邓国胜. 群众评议政府绩效：理论、方法与实践[M]. 北京：北京大学出版社，2006.

（三）实训准备与安排

实训项目不分组，每人独立完成。

（四）实训内容与步骤

1. 项目情景

我国传统的政府绩效评估，主要是上级部门通过听取下级部门的报告及其提供的相关资料进行“自上而下”的评估，缺乏来自社会和评估机关对政府部门的绩效评估与监督。自1999年珠海市首次举行“万人评议政府”活动以及2001年南京市首次开展市级机关作风“万人评议”活动以来，在党中央将2002年定位“机关作风转变年”的决定影响下，一些省（自治区、直辖市）、市、县、乡（镇）纷纷在20世纪90年代以来广为开展的民主评议行风活动的基础上，推出了万人评议机关活动。迄今为止，广东、江苏、广西、福建、海南、贵州、云南、四川、重庆、浙江、山东、湖北、湖南、河南、河北、内蒙古、宁夏、辽宁、吉林等众多省（自治区、直辖市）都开展过该类评议活动，而尤以辖区的市级、县级政府开展该类评议活动最为频繁。如：2013年5月，湖南省怀化市开展“万人评百人”活动，使怀化百名科长接受考评风暴。可见，该类评议活动已成为新时期我国地方政府绩效评估的一种重要形式。（根据谢宝富的《万人评议政府：中国地方党政机关绩效评价新方式初探》及湖南省怀化市新闻报道整理而成。）

2. 问题

请拟订一份“万人评议政府”活动方案。

3. 步骤

（1）确定评议对象。
（2）确定评议方法。
（3）设定评议方案。
（4）提交评议方案。

（五）实训考核标准

评分标准：评议方法选择20分，评议方法相关表格设计30分，评议方案设计30分，报告规范20分。

（六）实训成果及评价

每位学生提交一份“万人评议政府”活动方案，课程指导教师按考核标准对每份实训报告进行评审、评分。

（七）实训结果反馈与运用

课程指导教师认真审阅学生“万人评议政府”活动方案，并把点评结果反馈给学生，包括实训取得的成效、需要改善的地方以及实训后需要提升或拓展的方面。

第三节　公务员录用结构化面试实训大纲

一、基本信息

项目性质：专业能力培养项目。
总学分：1。
总学时/实训学时：4/1。
实训对象：公共事业管理专业（本科）。

二、实训目的及要求

通过本项目实训，学生应了解结构化面试的设计流程，熟悉结构化面试的提问技巧，掌握结构化面试的实施流程，为考公务员、就业或从事人力资源管理奠定基础。

三、实训安排

公务员录用结构化面试实训总学时是 4 学时，实训具体时间由实训指导教师根据公共事业管理专业人才培养计划安排，实训由实训指导教师负责组织实施。

四、实训形式

根据实训项目和实训内容要求可采取角色扮演、情景模拟等实训形式。

五、实训考核方式

公务员录用结构化面试训练是一个独立的教学环节，实训成绩独立考核，由实训指导教师根据每个学生实训期间的综合表现，按百分制考核评定成绩，实训成绩跟课程成绩一样，是学生完成规定学分要求的一部分。

第四节　公务员录用结构化面试实训项目

本节实训项目有两项，具体内容及安排见表 4-3。

表 4-3　公务员录用结构化面试实训项目表

序号	项目名称	实训内容	实训学时	实训形式	实训地点
1	结构化面试试题编制	编制结构化面试试题	2	情景模拟	实训室
2	结构化面试模拟	面试模拟	2	角色扮演	实训室

一、实训项目 1——结构化面试试题编制

（一）实训目的与要求

实训目的：通过编制结构化面试试题，学生应了解试题编制的流程，试题所要考查的内容和目标，以及不同类型试题的答题方法，从而提升学生在面试中的应对能力。

实训要求：（1）认真看清实训项目材料。

（2）严格按步骤进行试题编制。

（3）在编制试题时，要求将试题和答案一并拟订。

（二）知识准备与书籍阅读

1. 知识准备

要求了解和掌握的知识：公务员与公务员制度的含义，公务员的分类，公务员的条件、权利与义务，公务员的考试与录用，公务员的考核等。

2. 书籍阅读

[1] 方振邦. 公共部门人力资源管理[M]. 北京：中国人民大学出版社，2014.

[2] 李忠秋，刘晨，张玮. 结构化写作[M]. 北京：人民邮电出版社，2017.

（三）实训准备与安排

实训项目不分组，每人一台电脑，各自独立完成。

（四）实训内容与步骤

1. 项目情景

某市政府办公厅拟公开招录副处长 1 名。职位说明如下：

（1）工作内容：① 协助处长做好本处工作；② 协助联系教育、体育、人口与计生、红十字会等工作；③ 负责相关公文的处理、相关文稿的起草与修改；④ 负责相关会议、活动的安排；⑤ 负责对口联系单位重点工作的督办、信息报送和调研工作；⑥ 完成领导交办的其他工作。

（2）工作概述：① 本职位在处长领导下工作；② 协助处长抓好工作目标的具体落实；③ 完成承办公文、文稿起草、修改和会议组织工作；④ 完成好督办和调研、信息报送工作；⑤ 协助处长抓好处内部事务建设。

（3）工作标准：① 坚持原则、客观公正、廉洁自律、依法行政；② 文稿起草、审改准确无误、依据充分、用词准确、重点突出；③ 承办的各种会议、活动组织严密、不出纰漏；④ 督办工作反馈及时，一抓到底、信息报送及时准确。

（4）任职资格：① 具备《党政领导干部选拔任用工作条件》规定的任职资格；② 具有一定的政策理论水平、综合协调能力和文字语言能力；③ 掌握相关法律、法规和专业知识。

2. 问题

编制该职位录用结构化面试试题。

3. 步骤

（1）指导教师实训材料及实训要求说明。

（2）职位分析：对实训材料中的职位进行了解和分析，梳理出该职位要求的相关能力和技能。

（3）试题编制构思：根据梳理出的能力和技能要求，构思题目并草拟题目和答案。

（4）编制试题：包括试题、答案、标准等。

（5）提交成果：包括职位能力和技能梳理表、试题与答案、试题评分表。

（五）实训考核标准（表 4-4）

表 4-4 结构化面试试题编制实训成绩评定表

序号	制作要求	得分
1	按照实训要求进行实训	10
2	制定有职位能力和技能梳理表	30
3	试题编制完整（包括答案、标准等）	20
4	试题编制及评分要求与能力和技能要求相吻合	30
5	试题编制格式规范、要求	10
总分		

（六）实训成果及评价

每位学生提交该职位录用结构化面试试题，课程指导教师按考核标准对学生打分。

（七）实训结果反馈及运用

课程指导老师认真审阅学生所交结构化面试试题，并把点评结果反馈给学生，包括实训取得的成效、需要改善的地方以及实训后需要提升或拓展的方面。

二、实训项目 2——结构化面试模拟

（一）实训目的与要求

实训目的：通过实训，使学生了解面试前的准备工作，掌握布置面试考场的方法，熟悉面试环节、流程。

实训要求：（1）严格按要求和步骤进行。

（2）角色扮演要严肃认真。

（3）演示中要注意角色互换。

（二）知识准备与书籍阅读

1. 知识准备

要求了解和掌握的知识：公务员与公务员制度的含义，公务员的分类，公务员的条件、

权利与义务，公务员的考试与录用，公务员的考核等。

2. 书籍阅读

[1] 方振邦. 公共部门人力资源管理[M]. 北京：中国人民大学出版社，2014.
[2] 李忠秋，刘晨，张玮. 结构化写作[M]. 北京：人民邮电出版社，2017.
[3] 严冬根，陈洁欣. 面试技巧与训练[M]. 杭州：浙江大学出版社，2012.

（三）实训准备与安排

1. 以班级为单位，组织一次公务员录用结构化面试。
2. 设置情景：招录职位、设定面试、应试人员。
3. 根据班级人数，可分为每组 6 人或 10 人，6 人一组中面试者 3 人、应试者 3 人，10 人一组中面试者 5 人、应试者 5 人。
4. 角色互换：上一轮中面试者变应试者、应试者变面试者再进行一轮面试。

（四）实训内容与步骤

1. 面试前准备工作

（1）面试情景设定：确定面试职位、角色分配、应试人员顺序等。
（2）面试考场布置：面试室的座次安排、环境布置等。

2. 面试过程控制

（1）面试主持人控制面试过程：时间、次序、意外情况处理等。
（2）面试参与者按角色面试、应试、提问、回答等

3. 面试结果商议

（1）商议面试成绩结果，排定顺序。
（2）写面试报告。

4. 提交面试报告

（五）实训考核标准

指导教师对每份面试报告进行评审、评分。评分标准：面试记录 30 分，面试报告 40 分，过程表现 30 分。

（六）实训成果及评价

每组提交一份包括面试记录、过程表现的面试报告，课程指导教师按考核标准对每份实训报告进行评审、评分。

（七）实训结果反馈与运用

指导教师对每份面试报告进行评审、评分，并把点评结果反馈给学生，包括实训取得的成效、需要改善的地方以及实训后需要提升或拓展的方面。

第五章　公共事业管理专业见习、实习技能训练

第一节　公共事业管理专业见习大纲

一、基本信息

课程性质：专业能力培养课程。

总学时/总学分：34/2。

实训学时/实训学分：34/2。

实训对象：公共事业管理专业（本科）。

二、见习目的与任务

专业见习是公共事业管理专业课程计划的重要组成部分，也是理论与实践相结合、接触和学习公共事业管理实践知识和经验的宝贵机会。学生在见习指导教师与见习单位工作人员的联合指导下，通过了解公共事业管理实践活动的环境、内容、过程、细节和意义，能够更好地将公共事业管理理论知识运用于实践，为进一步的学习和毕业实习做好准备。

三、见习方式

根据公共事业管理专业特点及专业见习要求，专业见习由学校统一安排，集中统一进行，见习单位主要为政府机关、事业单位、社区。

四、见习内容及日程安排

1. 见习内容

（1）了解见习单位的工作环境，熟悉各项工作的基本工作程序与要求。

（2）了解见习单位所在领域的公共事业发展概况、相关政策、方针和法律规范、管理体制、管理机构。

（3）了解见习单位的文件管理，认知公文写作，锻炼公文写作能力。

（4）了解见习单位的会议管理，学习“办会”的规范和流程，锻炼“办会”能力。

（5）日常事务的一般处理。

2. 日程安排

专业见习时间安排在第二学期，见习时间为 2 周，地点为鹤城区的党政事业单位。根据学校对见习、实习配备指导教师的要求，每 20 名学生配一名指导教师。

五、见习要求

（1）学生应按规定积极完成各项见习任务。
（2）严格遵守、执行见习单位和我院的纪律及规章制度。
（3）服从领导，听从安排，虚心接受指导教师、所在单位领导和工作人员指导。
（4）礼貌待人，严以律己，体现院系学生的良好精神风貌。
（5）见习期间，如有违纪行为，则按国家教委《普通高等学校学生管理规定》及有关规定及时严肃处理。

六、见习考核

见习结束时，学生要做自我总结并向指导教师交个人见习总结、见习日志。每组指导教师根据学生见习期间的思想和行为表现，见习工作任务的完成情况和效果，对学生见习情况进行考核。学生见习成绩分为五个等级：优秀（91 ~ 100 分）、良好（81 ~ 90 分）、中等（71 ~ 80 分）、及格（60 ~ 70 分）、不及格（59 分以下）。

第二节　公共事业管理专业毕业实习大纲

一、基本信息

课程性质：专业能力培养课程。
总学时/总学分：136/8。
实训学时/实训学分：136/8。
实训对象：公共事业管理专业（本科）。

二、实习目的与任务

公共事业管理专业毕业实习是公共事业管理专业教学计划的重要组成部分，是学生在完成全部教学计划规定课程后必须进行的综合性实践教学环节。通过毕业实习，检验学生基础理论、基本知识和基本技能的掌握情况，使学生接触与本专业相关的实际工作，综合运用所学的基础理论、基本知识，把理论知识和工作实际结合起来，增强感性认识，巩固专业理论教学的成果，培养和锻炼学生独立分析问题和解决问题的能力；通过毕业实习，也使学生有目的地参与到实务中，了解本工作领域的实际现状，了解工作岗位所需的基本素质，学习基本的工作方法，初步获得实际操作技能和工作经验，提高职业道德和专业素养，为学生毕业后走上实际工作岗位打下一定的基础。

三、实习方式

根据公共事业管理专业人才培养方案及学校关于毕业实习的相关规定，结合本院公共事业管理专业特点，由学生自愿选择其中一种实习方式进行毕业实习。实习分为集中实习和分散实习两种形式，集中实习由学院统一联系安排实习单位；分散实习由学生自己联系实习单位，按照规定时间在实习单位完成实习任务。

四、实习内容及日程安排

1. 实习内容

实习单位一般是党政机关、事业单位、社会团体、街道社区、公司企业等部门。由于实习单位的性质不同，实习的具体内容不做统一要求。总的要求是在实习期内尽可能了解所在岗位的工作性质和工作规程，真正参与具体管理工作，熟悉具体工作环节和工作程序，锻炼基本工作技能。

2. 日程安排

毕业实习时间安排在第七学期，毕业实习时间为 8 周，其中在校实习准备时间为 1 周。集中实习时间：根据学生需求及联系实习单位情况，可向学校申请安排在 7 至 8 月间或 9 至 10 月间；分散实习时间：由学生自行确定实习起止时间，但实习结束时间原则上必须在当年 12 月 30 日前。

五、实习要求

1. 带队教师职责

（1）会同实习单位做好实习准备工作；组织学生如期、安全地到实习单位报到，与实习单位配合及时安排好学生的实习岗位、实习内容和实习指导教师。

（2）定期检查和督促学生完成各项实习任务；关心学生的实习工作和生活情况，帮助学生解决实习中的问题。

（3）与实习单位指导教师配合，对学生撰写实习笔记、调研论文、实习总结进行必要指导，做好实习考核和成绩评定工作。

2. 实习生职责

（1）按照学校教学大纲要求和教学计划安排，切实有效地进行专业实习，达到规定的实习学时与质量要求。凡未参加实习或实习成绩不及格的不予毕业。

（2）严格遵守学校的各项规章制度和实习活动的有关规定，严格遵守实习单位的规章制度和工作纪律。

（3）严格遵守请假制度。因故必须请假时，一天以内的，要向实习指导教师请假；一天以上的，不仅要向实习指导教师请假，还必须向带队教师请假，不履行请假手续及逾假不归者，均按旷课处理。

（4）每个实习小组由组长定期向带队教师汇报实习情况，保持学生与教师的沟通。

（5）服从实习单位的领导和岗位安排，积极主动地完成实习单位交付的各项实习任务。

六、实习成绩评定

（1）学生实习成绩分为五个等级：优秀（91～100 分）、良好（81～90 分）、中等（71～80 分）、及格（60～70 分）、不及格（59 分以下）。其中，实习期间是否遵守纪律、是否圆满完成实习任务占综合成绩的 70%；实习手册的填写（包括格式、字数、内容等）占 20%；是否按要求及时上交各类实习材料占 10%。

（2）对于未能达到实习要求，实习期间请假、缺勤超过全部实习时间的 1/3 以上者，实习手册填写马虎潦草、内容有明显错误的学生，实习成绩作不及格处理。

（3）实习结束返校后，各组带队教师和巡查教师组织学生进行实习总结和实习经验分享，并根据学生的实习表现评出优秀实习生，名额按规定为参加集中实习人数的 10%。

第六章　公共事业管理专业学术论文写作训练

第一节　文献综述写作训练

一、实训目的与要求

随着信息化的覆盖，信息爆炸和冗余对于公共事业管理专业的学生来说是一个极大的挑战；对于核心信息的提炼和获取有价值信息，需要理性的分析和缜密的逻辑思维。在学术界，各个领域的学者越来越重视综述信息即文献的重要性；尤其是中国的论文产量极高，如何在诸多文献中聚焦自己拟研究的“问题”，文献综述起着至关重要的作用。

文献综述是在对某研究领域的文献进行广泛阅读和理解的基础上，对该领域研究成果的综合和思考，是对学术观点和理论方法的整理；它具有清晰厘定学术问题、梳理文献类别和发现研究空间的作用；它在科学研究和学术论文写作中处于基础性和关键性地位，是在学术问题与学术传统中发现新的研究可能，并通过严密的逻辑论证去证实如何从可能变为现实以及由此带来的贡献。文献综述的撰写一般有申请资助课题和撰写学术论文两个原因，因此对于公共事业管理专业的学生而言，掌握文献综述的写作方法对于进入学术论文写作起着先导作用。

通过本项目的训练，学生应具备如下基本素质：

（1）明确文献综述在论文写作中的意义；

（2）确定撰写文献综述的目标内容；

（3）了解文献综述的组成部分；

（4）熟悉文献综述的规范要求；

（5）掌握文献综述的基本撰写步骤。

二、知识准备与书籍阅读

（一）文献阅读

[1] 张权，钟飚. 浅谈本科生学位论文中的文献综述写作[J]. 吉林工商学院学报，2014（30）：1.

[2] 风笑天. 论社会研究中的文献回顾[J]. 华中师范大学学报（人文社会科学版），2010（7）.

[3] 朱国. 如何撰写本科毕业论文文献综述[J]. 赤峰学院学报（汉文哲学社会科学版），2011（1）.

[4] 沈满红，谢慧明. 公共物品问题及其解决思路——公共物品理论文献综述[J]. 浙江大学学报（人文社会科学版），2009（11）.

（二）书籍阅读

[1] 马奇，麦克伊沃. 怎样做文献综述：六步走向成功[M]. 陈静，肖思汉，译. 上海：上海教育版社，2011.

[2] 张黎. 怎样写好文献综述：案例及评述[M]. 北京：科学出版社，2008.

三、实训组织与安排

（1）稳固理论内容的学习，阅读相关的文献与资料，为实训做好理论准备；
（2）按照个人研究兴趣与研究内容的专业性，提前与授课教师确定所撰写综述的主题；
（3）开放资料室、实训室、机房与图书馆等场所，提供资料查阅设备；
（4）做好实训前的动员，明确实训目的与任务要求；
（5）定期检查（自查）实训进度；
（6）以个人为单位上交一份完整的文献综述。

四、实训内容与步骤

（一）理论授课准备

（1）什么是文献综述，为何要做文献综述；
（2）文献综述及其在科学研究中的意义；
（3）文献综述的撰写要求及步骤；
（4）文献综述的学术规范。

（二）文献综述撰写步骤

1. 建立研究选题

说明：结合自己的研究兴趣和学术能力等，将之与公共事业管理专业领域相关联然后细化该兴趣点，通过将日常生活图式借助特定的学科话语模式转化为学术科研形态，以确定个人研究选题。

2. 获取有效文献

说明：通过图书馆、数据库与期刊网、专业会议论文库、田野作业与民族志考察、互联网搜索等途径获取相关文献，并加以分类整理。

3. 精读并梳理文献

说明：编码、记录重要结论、方法和反思，做好二次归类。

4. 评价文献

说明：对综合整理后的文献进行深入、系统的理论阐述，鼓励提出有效性批判和创新观点，避免随意揣摩与评价他人学术观点。

5. 撰写文献综述

说明：首先列出全文提纲，厘清思路。通常来说，文献综述包括前言、主题、总结和参考文献四个部分。

6. 自查文献综述规范

说明：文献综述是规范的研究论文，要求用语专业、层次清晰、逻辑严密、论据充分合理、结论客观可信，研究议题要高度呈现公共事业管理专业素养，对照公开发表的学术论文要求检查文本格式。

7. 写作反思

说明：善于反思——包括整个实训过程产生的疑惑、新的观点与期望。

五、实训考核与评价

从下述几个方面评价上交的文献综述质量，分别打分而后得出总分：

（1）选题符合公共事业管理专业人才培养要求，10 分；

（2）选题有意义，能有效推动学术和社会发展，20 分；

（3）文本规范，用语专业、层次清晰、逻辑严密、文献数量适宜、论据充分合理、结论客观可信，40 分；

（4）学术态度诚信，经查重重合比率在 15%以内，10 分；

（5）学术价值较高，公开展出、被媒体或者刊物发表引用、学年论文、毕业论文、“挑战杯”、“创新性研究课题”等组成部分，20 分。

六、实训成果反馈与运用

实训结束后，指导教师可根据研究主题分类展出，经进一步修改论证后投递到相关期刊，开展文献综述写作训练的分享会、编辑成册等。

对于学生而言，此次文献综述的结论亦可运用到学年论文、毕业论文的写作之中，或者进一步拓展、结合实践研究，为参加“挑战杯”“创新性研究”“互联网+”与“创新创业”等课题研究作铺垫。

第二节　学年论文写作训练

一、实训目的与要求

学年论文是高等本科院校为本科生设置的一项重要的实践教学环节，它在培养学生的实践创新能力、分析解决问题的能力、写作动手能力等方面都发挥着非常重要的作用；这是一种初级形态的学术论文，其目的在于指导学生初步掌握对一学年所学专业知识进行科学研究的能力，逐步培养学生的科研能力。有些高等院校要求学生每学年完成一篇，有些高校仅要求学生在大三时完成。

公共事业管理专业的学生，对于问题的分析、处理和评价更需要有敏锐客观的视角；因此学年论文的撰写有助于学生专业素养的培养，更是为毕业论文的撰写打基础。公共事业管理专业学年论文的要求应与毕业论文基本保持一致，无论从文本的规范性还是从对问题的分析和解决上都应体现人才培养计划的要求，但考虑到学生尚未完成毕业实习、缺乏实践知识储备，因此在学年论文的撰写过程中，对于问题的解决途径等可以酌情降低标准。

总的来说，通过本项目的训练，学生应具备如下基本素质：

（1）理解学年论文的写作意义；

（2）建立论文写作的全局观；

（3）掌握学年论文的组成部分和撰写步骤；

（4）熟悉论文写作的基本规范要求；

（5）将公共事业管理相关议题的原理与结论在学年论文中体现出来。

二、知识准备与书籍阅读

（一）文献阅读

（1）《信息与文献　参考文献著录规则》；

（2）怀化学院本科毕业论文（设计及创作）管理评估指标体系；

（3）怀化学院本科毕业论文质量评估指标体系。

（二）书籍阅读

[1] 公共事业管理专业理论教材。

[2] 张天定. 学术论文指导[M]. 郑州：河南出版社，2000.

三、实训组织与安排

（1）梳理公共事业管理专业理论，阅读相关的文献与资料；

（2）按照个人研究兴趣、研究专长，结合公共事业管理专业议题与人才培养方案要求，本着双向选择的原则，确定学年论文导师；

（3）开放资料室、实训室、机房与图书馆等场所，提供资料查阅设备；

（4）做好学年论文写作前的动员，强调学年论文的写作重要性、写作目的和任务要求；

（5）以个人为单位上交一份完整学年论文，并给出评价，评价结果录入学生成绩管理系统。

四、实训内容与步骤

（一）理论授课准备

（1）管理学原理；

（2）现代社会调查方法；
（3）文献综述的撰写；
（4）公共事业管理前沿问题研究；
（5）学术论文的书写规范。

（二）学年论文撰写步骤

1. 搜集与整理文献

说明：通过图书馆、数据库与期刊网、专业会议论文库、田野作业与民族志考察、互联网搜索等途径获取相关文献，并加以分类整理。

2. 确定论文选题

说明：按照个人研究兴趣、研究专长，结合公共事业管理专业议题与人才培养方案要求，与导师充分论证沟通，确定写作选题。

3. 列出论文提纲

说明：与导师商议列出论文写作提纲，厘清论文框架。

4. 实证研究

说明：结合论文选题，亲自收集观察资料，为提出理论假设或检验理论假设而展开研究。

5. 撰写学年论文

说明：严格按照毕业论文写作要求撰写学年论文初稿；毕业论文除封面和教育主管部门要求的内容之外，在实体设计上，包括目录、前言、导论、本论、结论和附属部分。

6. 调整修改文本

说明：学年论文应该用语专业、层次清晰、逻辑严密、论据充分合理、结论客观可信，研究议题要高度呈现公共事业管理专业素养；对照中华人民共和国国家标准——《信息与文献　参考文献著录规则》检查文本格式。

7. 重合率检测

说明：学年论文要遵守学术态度诚信，经查重重合率应控制在15%以内。

五、实训考核与评价

从下述几个方面评价上交的学年论文质量，分别打分而后得出总分并录入学生成绩管理系统：

（1）选题符合公共事业管理专业人才培养要求，10分；
（2）选题有意义，能有效推动学术和社会发展，20分；
（3）文本规范，用语专业、层次清晰、逻辑严密、文献数量适宜、论据充分合理、结论客观可信，40分；
（4）学术态度诚信，经查重重合率在15%以内，10分；
（5）学术价值较高，公开展出、被媒体或者刊物发表引用、毕业论文、“挑战杯”、“创新性研究课题”等组成部分，20 分。

六、实训成果反馈与运用

学年论文写作结束后，指导教师可根据研究主题分类展出，经进一步修改论证后投递到相关期刊争取公开发表，开展学年论文写作训练的分享会、编辑成册等。

对于学生而言，此次学年论文的结论亦可运用到毕业论文的写作之中，或者进一步拓展、结合实践研究，为参加“挑战杯”“创新性研究”“互联网+”与“创新创业”等课题研究作铺垫。

第三节　毕业论文写作训练

一、实训目的与要求

公共事业管理专业的毕业论文是高等学校应届毕业生的总结性的独立作业，其目的在于总结学生的专业学习成果，培养具有综合运用所学知识解决公共事业管理领域内实际问题的能力，并使毕业生受到科学研究规范的进一步训练。

公共事业管理专业的学生撰写毕业论文属于专业教学的一部分，其成绩表明毕业生确已较好地掌握本门学科的基础理论、专门知识和基本技能，并具有从事科学研究工作或担负专门技术工作的初步能力，因此其目的是总结在校期间的学习成果、为毕业后有效工作奠定基础。

总的来说，通过本项目的训练，学生应具备如下基本素质：

（1）灵活运用公共事业管理专业理论；

（2）建立毕业论文写作的系统思维；

（3）掌握毕业论文的组成部分和撰写步骤；

（4）熟悉毕业论文写作的基本规范要求；

（5）将公共事业管理相关议题的原理、结论与专业实践相结合，综合呈现在毕业论文中。

二、知识准备与书籍阅读

（一）文献阅读

（1）《信息与文献　参考文献著录规则》；

（2）怀化学院本科毕业论文（设计及创作）管理评估指标体系；

（3）怀化学院本科毕业论文质量评估指标体系；

（4）学位论文的编写格式；

（5）《学术论文基本术语与规则》。

（二）书籍阅读

[1] 公共事业管理专业理论教材。

[2] 张天定．学术论文指导[M]．郑州：河南出版社，2000.
[3] 于志刚．学位论文写作指导[M]．北京：中国法制出版社，2013.

三、实训组织与安排

（1）按照个人研究兴趣、研究专长，结合公共事业管理专业议题与人才培养方案要求，本着双向选择的原则，确定毕业论文导师；

（2）开放资料室、实训室、机房与图书馆等场所，提供资料查阅设备；

（3）梳理公共事业管理专业理论，阅读相关的文献与资料；

（4）撰写开题报告并组织答辩；

（5）结合答辩组与指导老师意见，修改选题及论文提纲；

（6）通过毕业实习、社会调查、文献整理等方法进行实证研究，夯实论文写作的第一手资料；

（7）充分论证论文主体；

（8）整理论文前置部分及附属部分；

（9）参加毕业论文答辩，并结合答辩组老师与指导老师意见再次修改；

（10）提交毕业论文及论文附件，获得毕业学分。

四、实训内容与步骤

（一）理论授课准备

（1）管理学原理；

（2）现代社会调查方法；

（3）文献综述和学年论文的撰写；

（4）公共事业管理前沿问题研究；

（5）学术论文的书写规范。

（二）学年论文撰写步骤

1. 搜集与整理文献

说明：通过图书馆、数据库与期刊网、专业会议论文库、田野作业与民族志考察、互联网搜索等途径获取相关文献，并加以分类整理。

2. 确定论文选题

说明：按照个人研究兴趣、研究专长，结合公共事业管理专业议题与人才培养方案要求，与导师充分论证沟通，确定毕业论文选题。

3. 撰写开题报告

说明：按照学校要求撰写开题报告并参加答辩。

4. 实证研究

说明：结合论文选题与专业实习中的问题，亲自收集观察资料，为提出理论假设或检验理论假设而展开研究。

5. 撰写毕业论文

说明：严格按照学校所规定的毕业论文写作要求撰写毕业论文初稿；毕业论文除封面和教育主管部门要求的内容之外，在实体设计上，包括目录、摘要、关键词、前言、本论、结论、参考文献、致谢和附录部分。

6. 调整修改文本

说明：毕业论文应该用语专业、层次清晰、逻辑严密、论据充分合理、结论客观可信，研究议题要高度呈现公共事业管理专业素养；对照中华人民共和国国家标准——《信息与文献　参考文献著录规则》检查文本格式。

7. 重合率检测

说明：毕业论文要严格遵守学术态度诚信，经查重重合率应控制在15%以内。

8. 参加毕业论文答辩

说明：经由专业教师组成的答辩小组提问点评并提出修改意见。

9. 深度修改文本

10. 提交毕业论文附件获得成绩

五、实训考核与评价

从下述几个方面评价上交的学年论文质量，分别打分而后得出总分并录入学生成绩管理系统：

（1）选题质量，10分；
（2）研究水平与实际能力，30分；
（3）论文撰写质量，30分；
（4）学术水平与创新，10分；
（5）答辩表现，20分。

六、实训成果反馈与运用

毕业论文写作结束后，给出最后得分、决定是否授予学士学位；指导老师可根据研究主题分类展出，经进一步修改论证后投递到相关期刊争取公开发表、编辑成册等。

第三篇　课程篇

第七章　“公共事业管理概论”课程实训

第一节　“公共事业管理概论”实训教学大纲

一、基本信息

课程性质：专业能力培养课程。
总学时/总学分：51/3。
实训学时/实训学分：6/0.5。
实训对象：公共事业管理专业（本科）。
先修课程：管理学原理、公共管理学。

二、实训目的及要求

公共事业管理属于现代管理学的范畴，是公共管理学的一个重要组成部分和分支学科、应用性学科。通过教学，让学生牢固地掌握公共事业和公共事业管理的基本概念，把握公共事业管理的基本特点、基本规律和原则，了解公共事业管理的体制、过程及发展趋势，能较好较熟练地认识和掌握公共事业管理的一般方法和技术，并对公共事业管理各个部门有初步的认识和了解。在此基础上，让学生充分认识当前我国进行事业单位体制改革和建立发展中国特色公共事业管理体制的重要性，加强专业思想的教育，同时促进学生理论素质和认识问题、解决问题能力的提高。

实训是让学生理论联系实际，学会掌握运用公共事业管理理论知识必不可少的实践环节。通过实训，一方面增强学生对公共事业管理基本知识的理解和感性认识，便于学生掌握公共事业管理的基本概念、基本原理和基本方法；另一方面提高学生发现问题、分析问题和解决问题的实际能力。

三、实训安排

“公共事业管理概论”课程实训总学时是6学时，根据实训项目和实训内容，时间安排在相关章节之后，由任课教师负责组织实施。

四、实训形式

根据实训项目和实训内容要求可采取调查研究、角色扮演、情景模拟等实训形式。

五、实训考核方式

“公共事业管理概论”课程实训是“公共事业管理概论”课程教学的一个环节，实训成绩单独考核，由指导教师根据每个学生实训期间的综合表现，参照各实训项目考核标准，按百分制考核评定成绩，实训成绩作为该课程综合考核成绩的重要组成部分。

第二节 “公共事业管理概论”实训项目

本节实训项目有两项，具体内容及安排见表 7-1。

表 7-1 公共事业管理概论实训项目表

序号	项目名称	实训内容	实训学时	实训形式	实训地点
1	公共事业管理问题及其确认	提出一个公共问题并确认	4	社会调研	教室外
2	部门战略规划中的 SWOT 分析	对上一环节的公共问题作 SWOT 分析	2	情景模拟	教室外

一、实训项目 1——公共事业管理问题及其确认

（一）实训目的与要求

实训目的：公共事业管理的一般过程是从确认公共事业管理问题开始到公共事业管理项目的实施结束的。开展公共事业管理问题及其确认实训，是学生进一步认识公共事业管理问题的界定、形成、提出与认定，掌握调查公共事业管理问题的基本方法。

实训要求：（1）必须认真开展调查。

（2）材料要翔实，来源必须真实、可信，有来源、出处。

（3）文本要包含公共事业管理问题及其确认的全过程。

（二）知识准备与书籍阅读

1. 知识准备

要求了解和掌握的知识：公共需要，公共问题，公共事务，公共事业管理问题，公共事业管理问题的界定、形成、提出与认定，调查公共事业管理问题的基本方法等。

2. 书籍阅读

[1] 崔运武．公共事业管理概论[M]．北京：高等教育出版社，2015.

[2] 宁骚．公共政策学[M]．北京：高等教育出版社，2012.

[3] 陈振明．公共管理学[M]．北京：中国人民大学出版社，2012.

（三）实训组织与安排

将学生分组，每组 8 ~ 10 人，每组选一名小组长，在学习完相应章节知识后，安排学生

开展公共事业管理问题及其确认实训。

（四）实训内容与步骤

1. 实训内容

提出一个公共问题并确认是否是公共事业管理问题。（公共问题可以来源于调查材料，其中包括直接调查和间接调查，也可以来源于参考书、报刊物及网上资料等）

2. 实训步骤

（1）每组以调查的形式确定本组的公共问题。

（2）对所提公共问题进行界定及是否是公共事业管理问题进行确认。

（3）分析所提公共问题的形成。

（4）撰写文本。

（五）实训考核标准（表 7-2）

表 7-2 公共事业管理问题及其确认成绩评定表

实训项目名称	公共事业管理问题及其确认	
公共问题选题（40 分）	1. 选题符合学科方向	得分
	2. 材料来源（调查）	得分
文本撰写（60 分）	1. 公共问题界定	得分
	2. 公共事业管理问题确认分析	得分
	3. 文体整洁、规范	得分
总分		

说明：该成绩为小组成绩，也为每位小组成员成绩，每一小项满分是 20 分，共五项，满分 100 分。

（六）实训成果及评价

各组提交小组公共事业管理问题及其确认文本，课程指导教师按考核标准对每组打分。

（七）实训结果反馈与运用

课程指导教师认真阅读各组文本并把点评结果反馈给学生，包括实训取得的成效、需要改善的地方以及实训后需要提升或拓展的方面。对于好的学生作品，可以建议或推荐参加“挑战杯”竞赛和大学生研究性学习和创新性实验项目申报。

二、实训项目 2——部门战略规划中的 SWOT 分析

（一）实训目的与要求

实训目的：了解掌握公共事业管理部门战略管理，学习掌握战略管理与规划领域中广泛使用的 SWOT 分析工具。

实训要求：（1）不同学生就同一公共问题做 SWOT 分析。

（2）讨论 SWOT 分析的关键。

（二）知识准备与书籍阅读

1. 知识准备

要求了解和掌握的知识：公共需要，公共问题，公共事务，公共事业管理部门战略管理、战略规划，SWOT 分析的基本含义与目标，SWOT 分析法的使用等。

2. 书籍阅读

[1] 崔运武. 公共事业管理概论[M]. 北京：高等教育出版社，2015.

[2] 宁骚. 公共政策学[M]. 北京：高等教育出版社，2012.

[3] 陈振明. 公共部门战略管理[M]. 北京：中国人民大学出版社，2011.

（三）实训组织与安排

在学习完相应章节知识后，根据公共事业管理问题及其确认实训中的分组，每组学生对自己所在组提出的公共问题做 SWOT 分析。

（四）实训内容与步骤

1. 实训内容

就某一公共问题做 SWOT 分析。（公共问题来源于公共事业管理问题及其确认实训中的调查，每组学生对自己所在组提出的公共问题做 SWOT 分析）

2. 实训步骤

（1）进行 SWOT 分析。（可列举或编制 SWOT 矩阵图）

（2）做战略匹配和选择。

（3）撰写文本。

（五）实训考核标准

考核标准：SWOT 分析 40 分，战略匹配 40 分，文本撰写整洁、规范 20 分。

（六）实训成果及评价

每位学生提交部门战略规划（公共问题）SWOT 分析文本，课程指导教师按考核标准对每组打分。

（七）实训结果反馈与运用

课程指导教师认真阅读各组文本并把点评结果反馈给学生，包括实训取得的成效、需要改善的地方以及实训后需要提升或拓展的方面。

第八章 “公共项目管理”课程实训

第一节 “公共项目管理”实训教学大纲

一、基本信息

课程性质：专业能力培养课程。
总学时/总学分：41/2.5。
实训学时/实训学分：16/1.0。
实训对象：公共事业管理专业（本科）。
先修课程：管理学原理、公共管理学、社会学概论、政治学概论。

二、实训目的及要求

实训目的是使学生通过相关实训项目的学习，系统掌握并熟练运用公共项目管理的理论和方法，提高学生对招投标与合同管理、进度控制、质量控制、成本控制、安全控制与现场管理、信息管理、竣工验收及项目评估等典型案例进行分析、研究、论证、决策的能力，掌握对大型、复杂工程建设项目进行分析、决策的方法，为日后从事有关公共工程项目管理工作奠定坚实的基础。

通过实训，使学生充分提升理解项目管理重要性的认识；通过案例分析、原理应用，使学生正确理解、掌握公共项目管理的基本原理及相关原理应用的方法和步骤。

三、实训安排及程序

1. 实训安排

“公共项目管理”课程实训总学时共 16 学时，分别安排在第二章、第四章、第七章、第十五章理论知识传授结束后，穿插于学期的授课过程中。采用案例分析与讨论、原理应用、社会调研三种实训形式。

2. 实训形式

案例分析、原理应用、实地参观。

四、实训考核方式

公共项目管理的实训成绩是该课程综合成绩的重要组成部分。学生考核成绩主要由实训中的个人表现、小组或个人的实训报告质量来综合核定，成绩等级包括优秀、良好、中等、及格与不及格等五档，学生课程实训的综合表现计入平时成绩，占平时成绩的60%。

第二节　“公共项目管理”实训项目

本节实训项目有4项，具体内容及安排见表8-1。

表8-1　公共项目管理实训项目表

序号	项目名称	实训内容	实训学时	实训形式	实训类型	实训地点
1	湖南凤凰县大桥垮塌事故分析	湖南凤凰堤溪沱江大桥倒塌事故的原因分析	2	案例分析与讨论	综合性	教室
2	公共项目招投标管理	公共项目招投标管理案例分析	4	案例分析与讨论	综合性	教室
3	公共项目进度管理	绘制网络图	6	原理应用	验证性	教室
4	公共工程项目施工现场参观	观察公共工程项目施工的全过程	4	社会调研	综合性	教室外

一、实训项目1——湖南凤凰堤溪沱江大桥倒塌事故的原因分析

（一）实训目的与要求

通过对湖南省湘西土家族苗族自治州凤凰县堤溪沱江大桥发生坍塌事故进行分析，使学生充分认识到加强公共项目管理的意义，并在案例讨论中提升对项目管理重要性的认识。

（二）知识准备与书籍阅读

1. 知识准备

掌握公共项目基本概念及特征，以及公共项目与私人项目区别；了解加强公共项目管理的意义。

2. 书籍阅读

[1] [美]杰克·吉多，詹姆斯·P. 克莱门斯. 成功的项目管理[M]. 张金成，等，译. 北京：电子工业出版社，2007.

[2] 李国军. 国际项目管理：以中欧公共项目管理为例[M]. 上海：复旦大学出版社，2002.

（三）实训准备与组织安排

授课教师准备与“湖南省湘西土家族苗族自治州凤凰县正在建设的堤溪沱江大桥发生坍塌事故”相关的视频；学生分组，并选出小组长，进行小组讨论。

由授课教师做简短总结，引导学生从案例中认识加强公共事业管理的重要性，学生分组自由讨论10～20分钟，由小组组长进行总结性发言。

（四）实训内容与具体步骤

案例资料介绍：

湖南凤凰堤溪沱江大桥倒塌事故案例

（1）事故发生的经过。

2007年8月13日下午4时40分左右，湖南省湘西土家族苗族自治州凤凰县正在建设的堤溪沱江大桥发生坍塌事故，桥梁将凤凰至山江公路塞断，当时现场正在施工，事故造成64人死亡、22人受伤，直接经济损失3 974.7万元。相关技术资料显示，堤溪沱江大桥是凤凰县至大兴机场二级路的公路桥梁，桥身设计长328米，跨度为4孔，每孔65米，高度42米。按照交通部的标准，此桥属于大型桥。堤溪沱江大桥上部构造主拱圈为等截面悬链空腹式无铰拱，腹拱采用等截面圆弧拱。基础则在弱风化泥灰或白云岩上，混凝土、石块构筑成基础，全桥未设制动墩。

（2）事故原因。

① 事故的直接原因。

由于大桥主拱圈砌筑材料未满足规范和设计要求，拱桥上部构造施工工序不合理，主拱圈砌筑质量差，降低了主拱圈砌体的整体性和强度，随着拱上荷载的不断增加，1号孔主拱圈靠近0号桥台一侧约3至4米宽的范围内，即2号腹拱下的拱脚区段砌体强度达到破坏极限而坍塌，受连拱效应影响，整个大桥迅速坍塌。

② 事故的主要原因。

一是施工单位LQ公司道路七公司FD公路堤溪沱江大桥项目经理部擅自变更原主拱圈施工方案，现场管理混乱，违规乱用料石，主拱圈施工不符合规范要求，在主拱圈未达到设计强度的情况下就开始落架施工作业。

二是建设单位湘西州FD公路建设有限责任公司（简称“FD公司”）项目管理混乱，对发现的施工质量问题未认真督促施工单位整改，未经设计单位同意擅自与施工单位变更原主拱圈设计施工方案，盲目倒排工期赶进度，越权指挥，甚至要求监理不要上桥检查。

三是工程监理单位湖南省JQ交通咨询监理有限公司未能制止施工单位擅自变更原主拱圈施工方案，对发现的主拱圈施工质量问题督促整改不力，在主拱圈砌筑完成但强度资料尚未测出的情况下即签字验收合格。

四是设计和地质勘查单位HG设计院违规将勘察项目分包给个人，地质勘察设计深度不够，现场服务和设计交底不到位。

五是湖南省、湘西州交通质量监督部门对大桥工程的质量监管严重失职。

六是湘西州、凤凰县两级政府及湖南省有关部门对工程建设立项审批、招投标、质量和安全生产等方面的工作监管不力。州政府要求盲目赶工期，向州庆50周年献礼。

③ 经调查认定这是一起责任事故。

（3）对事故责任人员的处理。

由司法机关处理24人。其中：

① 谢×，FD公路堤溪沱江大桥一号拱圈施工队包工头、片石供料包工头。涉嫌工程重大安全事故罪。

② 贺×，LQ公司道路七公司项目经理部材料采购部负责人。涉嫌工程重大安全事故罪。

③ 王×，LQ公司道路七公司项目经理部工程部负责人。涉嫌工程重大安全事故罪。

④ 夏×,LQ 公司道路七公司项目经理部经理兼安全部负责人。涉嫌工程重大安全事故罪。

⑤ 肖×，LQ 公司道路七公司经理。涉嫌工程重大安全事故罪。

⑥ 陈×，湘西州公路局工务科副科长兼 FD 公司工程部部长。涉嫌玩忽职守罪。

⑦ 吴×，FD 公司副总经理兼总工程师。涉嫌滥用职权罪、受贿罪。

⑧ 游×，湘西州公路局总工程师兼 FD 公司总经理。涉嫌玩忽职守罪、受贿罪。

⑨ 胡××，湘西州公路局局长、党组书记兼 FD 公司董事长，湘西州人大代表。涉嫌玩忽职守罪、受贿罪。

⑩ 余×，湖南省 JQ 交通咨询监理有限公司派驻 FD 公路现场监理处副处长兼现场监理。涉嫌工程重大安全事故罪。

⑪ 李×，湖南省 JQ 交通咨询监理有限公司派驻 FD 公路现场监理处处长。涉嫌工程重大安全事故罪。

⑫ 蒋×，湖南省地质矿产勘查开发局×××队湘西工程勘察院第四项目经理部经理。涉嫌工程重大安全事故罪。

⑬ 张×，湖南省交通建设质量监督自治州分站站长。涉嫌玩忽职守罪。

（4）对有关单位、有关人员的处罚和处理。

对 LQ 公司、FD 公司各处罚 500 万元；LQ 公司所属道路七公司依《中华人民共和国公司法》等有关法规予以解散。

对 LQ 公司董事长陈××、总经理刘×、副董事长方×和 FD 公司董事长胡××、总经理游×各按 2006 年度收入的 80%罚款。

对 LQ 公司道路七公司项目经理部经理兼安全部负责人夏×、LQ 公司道路七公司经理肖×、LQ 公司安全生产部副部长徐×、LQ 公司项目管理部部长向×、LQ 公司总工程师陆×，湖南省 JQ 交通咨询监理有限公司董事长兼总经理胡×、副经理续×、副经理高×、总工程师汤×、驻地高监李×吊销有关执业资格和岗位证书。

对涉案追究刑事责任的夏×、肖×、吴×、游×、胡××等 5 人以及追究行政责任撤职的陆×、刘×、陈××、汤×等 4 人，自刑罚执行完毕或者受处分之日起，5 年内不得担任任何生产经营单位的主要负责人。

湖南省在中纪委、监察部和高检院的指导下继续严肃查处这起事故背后的腐败问题。责成湖南省人民政府向国务院作出深刻检查。

（资料来源：佚名. 湖南凤凰县大桥垮塌[EB/OL].（2007-12-25）. http：//news.sina.com.cn/z/hunanqiaota/index.shtml.）

（五）实训考核方式与评价标准

每个学生提交报告，按照优、良、合格、不合格进行评级。要求：学生认识深刻，有自己的看法，不得抄袭。

通过具体案例分小组，激发学生对理论教学的兴趣，在讨论过程中，细心观察学生的参与度，结合提交的报告，对学生进行综合评定及合理引导，提高实训教学质量。

（六）实训结果反馈与运用

引导学生参与小组讨论，鼓励学生敢于发表自己的意见及看法，通过提高学生参与度，提高学生对本门课程学习的兴趣。在小组讨论中，巩固理论知识，激发学生进一步学习本门课程的兴趣。

二、实训项目 2——公共项目招投标管理案例分析

（一）实训目的与要求

通过工程项目招投标与合同管理案例分析的教学训练，使学生进一步深入理解施工项目招投标的概念、程序和有关法律责任，合同法原理和合同的订立、履行、终止及合同争议解决的方式、要件和程序，提高对公共项目招投标管理的应用能力。

（二）知识准备与书籍阅读

1. 知识准备

掌握公共项目招标基本类型、程序，重点掌握招投标评标基本程序及注意事项。

2. 书籍阅读

[1] 中华人民共和国招标投标法实施条例[M]. 北京：中国法制出版社，2012.

[2] 中国政府采购网.《招标投标法实施条例》完成 3 处修改[EB/OL].(2018-04-08).http://www.ccgp.gov.cn/zcdt/201804/t20180408_9753219.htm.

[3] 中华人民共和国住房和城乡建设部. 建筑工程设计招标投标管理办法[EB/OL].(2017-01-24).http://www.mohurd.gov.cn/fgjs/jsbgz/201703/t20170306_230878.html.

（三）实训准备与组织安排

学生分组，并选出小组长，进行小组讨论。

（四）实训内容与具体步骤

案例：

某省重点工程项目计划于某年 12 月 28 日开工，由于工程复杂，技术难度高，一般施工队伍难以胜任，业主自行决定采取邀请招标方式。于当年 9 月 8 日向通过资格预审的 A、B、C、D、E 五家施工承包企业发出了投标邀请书。这五家企业均接受了邀请，并于规定时间 9 月 20—22 日购买了招标文件。招标文件规定，10 月 18 日下午 4 时是投标截止时间，11 月 10 日发出中标通知书。

在投标截止时间前，A、B、D、E 四家企业提交了投标文件，但 C 企业于 10 月 18 日下午 5 时才送达，原因是路上堵车。10 月 21 日下午由当地招标投标监督管理办公室主持进行了公开开标。

评标委员会成员由 7 人组成，其中当地招标监督管理办公室 1 人、公证处 1 人、招标人 1 人、技术经济方面专家 4 人。评标时发现，E 企业投标文件虽无法定代表人签字和委托人授权书，但投标文件均有项目经理签字并加盖了单位公章。评标委员会于 10 月 28 日提出了书面评标报告。B、A 企业分列综合得分第一名、第二名。由于 B 企业投标报价高于 A 企业，11

月 10 日招标人向 A 企业发出了中标通知书，并于 12 月 12 日签订了书面合同。

问题：

1. 业主自行决定采取邀请招标方式的做法是否妥当？说明理由。

2. C 企业和 E 企业的投标文件是否有效？分别说明理由。

3. 请指出开标工作的不妥之处，说明理由。

4. 请指出评标委员会成员组成的不妥之处，说明理由。

5. 招标人确定 A 企业为中标人是否违规？说明理由。

6. 合同签订的日期是否违规？说明理由。

（五）实训考核方式与评价标准

通过学生提交的报告，反映出学生对公共项目招投标管理的掌握程度，每个学生提交报告，按照优、良、合格、不合格进行评级。

要求：学生认识深刻，有自己的看法，不得抄袭。

（六）实训结果反馈与运用

通过本章节学习，学生掌握如何编制招投标文件流程，并能在编制过程中发现问题、解决问题。

三、实训项目 3——绘制网络图

（一）实训目的与要求

本实训主要是通过绘制网络图，使学生掌握网络计划技术在进度控制中的应用，要求学生能够独立绘制网络图，通过网络图对整个工作或项目进行统筹规划和控制，以便用最少的人力、物力、财力资源和最高的速度完成工作。

通过工程项目进度控制案例分析的教学训练，使学生进一步深入理解影响和干扰施工项目进度的因素，掌握网络计划技术在实际管理中的应用方法；熟悉运用合同措施、组织措施、经济措施、技术措施等多种方法，跟踪、检查、对比项目进度计划的实施情况的基本原理和方法，以及发现偏差，及时对进度进行调整修改的方法；同时，提高解决实际工程项目进度控制问题的能力。

（二）知识准备与书籍阅读

1. 知识准备

掌握公共项目招标基本类型、程序，重点掌握招投标评标基本程序及注意事项。

2. 书籍阅读

[1] 中华人民共和国招标投标法实施条例[M]. 北京：中国法制出版社，2012.

[2] 中国政府采购网.《招标投标法实施条例》完成 3 处修改[EB/OL].(2018-04-08).http://www.ccgp.gov.cn/zcdt/201804/t20180408_9753219.htm.

[3] 中华人民共和国住房和城乡建设部. 建筑工程设计招标投标管理办法[EB/OL].

(2017-01-24) http://www.mohurd.gov.cn/fgjs/jsbgz/201703/t20170306_230878.html.

（三）实训准备与组织安排

教师布置任务，学生自备草稿纸、铅笔、橡皮等。

（四）实训内容与具体步骤

已知网络计划资料如表 8-2 所示，试绘制双代号或单代号网络计划图。

表 8-2　网络计划资料

工作	紧前工作	紧后工作	持续时间/d
A1	—	A2 B1	2
A2	A1	A3 B2	2
A3	A2	B3	2
B1	A1	B2 C1	3
B2	A2 B1	B3 C2	3
B3	A3 B2	D C3	3
C1	B1	C2	2
C2	B2 C1	C3	4
C3	B3 C2	E F	2
D	B3	G	2
E	C3	G	1
F	C3	I	2
G	D E	H I	4
H	G	–	3
I	F G	–	3

求解问题：

（1）计算各项工作的六个时间参数。

（2）确定关键线路。

（五）实训考核方式与评价标准

实训成果主要是学生完成双代号网络计划图及双代号网络计划图时间参数计算，这是公共项目管理中相对比较复杂的知识点，学生只有通过亲自动手计算，才能掌握双代号网络计划图。

学生提交网络图，严禁互相抄袭，一旦发现，抄袭者与被抄袭者均判为不合格。

（六）实训结果反馈与运用

双代号网络计划图是本书难点。通过学生提交的实训报告，把握学生对双代号网络计划图的掌握程度，可以补充案例进行巩固练习提高。

四、实训项目 4——公共工程项目施工现场参观

（一）实训目的与要求

公共工程项目施工现场参观实训是公共项目管理教学计划中重要的实践教学环节。通过参观学习，培养学生将书本知识与工程实践相结合，熟练运用公共工程项目管理理论和方法，对招投标与合同管理、进度控制、质量控制、成本控制、安全控制与现场管理、信息管理、竣工验收及项目评估等相关知识有进一步理解，并能将课本知识应用于认识实践；使学生了解社会，接触实际，增强群众观点、劳动观念和社会主义的事业心、责任感，提高政治思想觉悟；使学生获得与本专业有关的实际知识，巩固所学理论，培养学生初步的实际工作能力和专业技能，培养学生的观察能力与创造能力，并促使学校教育与社会教育更好地结合起来，为学生后续专业课的学习奠定良好的基础。

（二）知识准备与书籍阅读

1. 知识准备

在掌握公共工程项目管理的基础基础理论与方法、项目立项、项目计划于控制、进度管理、质量管理、采购管理、合同管理、公共项目后评估等相关知识后，通过实地参观，达到理论与实践的统一。

2. 书籍阅读

[1] 齐中英，朱彬. 公共项目管理与评估[M]. 武汉：武汉出版社，2008.

[2] 程名望，李永奎，等. 公共项目管理与评估[M]. 上海：同济大学出版社，2010.

[3] 朱衍强，郑方辉. 公共项目绩效评价[M]. 北京：中国经济出版社，2009.

（三）实训准备与组织安排

授课教师提前联系当地在建的大型公共工程项目，分批次组织学生去施工现场参观学习。

（四）实训内容与具体步骤

（1）了解承建单位及其企业文化、工程项目概况。

（2）熟悉施工图纸和单位工程施工组织设计文件，结合工程实际情况，在技术人员指导下，深入了解施工现场的施工和管理模式等。

（五）实训考核方式与评价标准

考核标准分两部分，一部分为参观期间的纪律，占成绩的 40%；另一部分为每个学生提交报告，按照优、良、合格、不合格进行评级。要求：学生认识深刻，有自己的看法，不得抄袭。

公共项目策划、设计、施工等管理技术复杂。通过参观学习，学生可以将书本知识与工程实践相结合，熟练运用公共工程项目管理理论和方法，通过现场参观学习提高沟通能力与现场协调能力。

（六）实训结果反馈与运用

课堂教学是一个相对封闭的教学环境，学生往往对此提不起兴趣，通过去企业、下现场的实训教学，使学生得到一个深入实践、了解社会和专业发展的机会，培养学生求真务实的工作作风，增强学生的事业心和责任感。

第九章　“公共组织学”课程实训

第一节　“公共组织学”实训教学大纲

一、基本信息

课程性质：专业能力培养课程。
总学时/总学分：60/3.5。
实训学时/实训学分：8/0.5。
实训对象：公共事业管理专业（本科）。
先修课程：管理学原理、公共管理学、社会学概论、政治学概论。

二、实训目的及要求

“公共组织学”是公共事业管理专业（本科）学生必修的专业课，它涉及管理学、经济学、政治学、法学等多学科知识，是一门综合性与交叉性、理论性与应用性较强的课程。通过该课程实训，从多方式、多角度激发学生的理论思维和想象空间，使学生全面系统地掌握该课程的核心理论知识，理解公共组织的建立、运行与发展的基本规律，培养其正确分析和解决现代公共组织运转所面临现实困境的能力，以实现公共组织效能的提升和增进社会公共利益的目标。

通过该课程实训，使学生感知并体验公共组织中的群体行为与个人行为的本质区别，理解并掌握公共组织中人际沟通与协调的基本理念和技巧，思考并构建公共组织绩效管理的评估体系。

三、实训安排及程序

“公共组织学”课程实训总学时为 8 学时，实训时间可安排在章节理论课的前或后，具体时间由实训指导教师与学生协商确定。在每个项目实训前，学生将进行分组，每组 8 ~ 10 人，每组选举一名小组长，协助指导教师和协调小组成员完成实训项目；在项目实训过程中，每组独立且团队成员合作完成实训项目；项目实训后，每组组长汇报实训情况并撰写小组实训报告；最后由实训指导老师对实训情况进行反馈并撰写总结报告。

四、实训考核方式

“公共组织学”课程实训是该课程综合成绩考核的重要组成部分。本课程实训不单独组织考试，学生考核成绩主要由实训中的个人表现和每小组的实训报告质量来综合核定，成绩等级包括优秀、良好、中等、及格与不及格等五档，学生课程实训的综合表现计入平时成绩，占平时成绩的 60%。

第二节　“公共组织学”实训项目

本节实训项目有 3 项，具体内容及安排见表 9-1。

表 9-1　公共组织学实训项目表

序号	项目名称	实训内容	实训学时	实训形式	实训类型	实训地点
1	集体行动的困境	对集体行动的代表性理论进行分析并解读；对中国群体性事件的思考，包括集体行动的动力机制、组织化程度、合法化程度等	3	案例讨论	设计性	实训室
2	人际沟通协调模拟	公共组织中领导、下属、同级间沟通协调的阻碍因素、沟通协调的艺术与技巧等	2	情景模拟	综合性	实训室
3	公共组织绩效管理	公共组织绩效评估的过程、评估框架构建、评估指标体系、评估结果的反馈与运用	3	上机操作	综合性	实训室

一、实训项目 1——集体行动的困境

（一）实训目的与要求

通过实训，使学生发现个体在群体行为中的“搭便车”现象，理解集体行动产生的特定条件，思考集体行动实现的制度机制构建，特别是要求学生通过具体案例研究，分析中国群体性事件中群体行为的动力机制、组织化程度以及合法化程度等，以寻找实现追求公共利益和促进人类进步的集体行动理论基础和制度框架。

（二）知识准备与书籍阅读

1. 知识准备

要求了解和掌握的知识：集体行动的基本理念，民族文化的差异，激励相容等。

2. 书籍阅读

[1] [美]曼瑟尔・奥尔森. 集体行动的逻辑[M]. 陈郁，等，译. 上海：上海三联书店，上

海人民出版社，1995.

[2] [法]古斯塔夫·勒庞. 乌合之众[M]. 冯克利，译. 北京：中央编译出版社，2011.

（三）实训准备与组织安排

实训场地主要在实训室进行，辅之以室外；教师提前准备好案例材料及相关评价表格。

实训分组进行，每组学生 8～10 人，每组选举小组长 1 名，每组先对案例进行阅读，然后小组讨论案例中群体行为产生的背景、原因，特别是分析中国群体性事件中出现的问题，然后由每组组长总结并汇报小组讨论的结果。

（四）实训内容与具体步骤

1. 项目实训材料：集体行动的理论观点与中国群体性事件反思

（1）集体行动的代表性理论观点。

古希腊哲人亚里士多德曾经断言："凡是属于最多数人的公共事务常常是最少受人照顾的事务，人们关怀着自己的所有，而忽视公共的事务；对于公共的一切，他至多只留心到其中对他个人多少有些相关的事务。"（[希]亚里士多德. 政治学[M]. 吴寿彭 译. 北京：商务印书馆，1965：48.）

1968 年，英国科学家哈丁在美国著名的《科学》杂志上发表的《公用地的悲剧》（*The Tragedy of the Commons*）一文中认为："这是悲剧的根本所在，每个人都被困在一个迫使他在有限范围内无节制地增加牲畜的制度中。毁灭是所有人都奔向的目的地，因为在信奉公有物自由的社会中，每个人均追求自己的最大利益。"

美国经济学家奥尔森在《集体行动的逻辑》（*The Logic of Collective Action*）一书中认为：个人理性不是实现集体理性的充分条件，其原因是理性的个人在实现集体目标时往往具有搭便车（free-riding）的倾向；他批驳了传统的集体行动观，即由具有相同利益的个人所形成的集体是要为他们的共同利益而行动的，认为"除非一个集团中人数很少，或者除非存在强制或其他特殊手段以使个人按照他们的共同利益行事，有理性的、寻求自我利益的个人不会采取行动以实现他们共同的或集团的利益"。（[美]曼瑟尔·奥尔森. 集体行动的逻辑[M]. 陈郁，等，译. 上海：上海三联书店，上海人民出版社，1995：2.）

（2）典型案例。

案例：2011 年 9 月 21 日上午，广东陆丰市东海镇 WK 村 400 多名村民因土地问题、财务问题、选举问题对村干部不满，到陆丰市政府非正常上访，当日下午，上访部分村民在村里及村周边企业聚集、打砸、毁坏他人公共财物和冲击围困村委会、公安边防派出所。9 月 22 日上午，部分村民组织阻挠、打砸进村维持秩序的民警和警车，六部警车被砸坏。对此，汕尾、陆丰两级党委政府高度重视，启动应急预案，相关负责人第一时间赶赴现场协调。与此同时，汕尾派出工作组到陆丰督导，陆丰市、东海镇组成工作组进村做工作、回应诉求、维持秩序，9 月 22 日晚平息事态，23 日 WK 村恢复了正常秩序。但事件至 11 月中旬又起波澜，正在工作组调查解决诉求过程中，少数村民在互联网上发起《"WK 村村民临时代表理事会"计划组织村民于 11 月 21 日游行上访，并请中外记者报道》的帖子，致使事件出现反复。11 月 21 日 10 时 35 分，又有 400 名左右的 WK 村民聚集到陆丰市政府门口非正常上访，打出"打倒贪官”“还我耕地”等标语；至11时26分，上访村民自行离去。当天下午及第二天，在组织者的策划下，发生几次数百人在村内聚集的活动。事件发生后，汕尾和陆丰市两级党政机关开展全面进村入户做村民工作行动，部分村民的思想开始往好的方向转化。村民在罢市、罢渔3天后，于11月24日恢复正常的生产生活秩序。至26日，村里的白布标语、大幅宣传画已自行拆除。事态得到平息。2011年12月10日下午，汕尾市政府召开新闻发布会，就陆丰市处置“9·21WK村事件”作情况通报。汕尾市委书记认为，该事件是“村民表达诉求好的初衷，却用了错误的方式”；同时他特别强调，有境外势力对这次事件推波助澜，致使本已平息的事件又趋严重，改变了事件性质。

2012年1月15日，WK村党员大会召开，宣布村党总支部正式成立。1965年入党的林×被任命为WK村党总支书记及村委会重新选举筹备小组组长。2012年3月3日，WK村重新选举第五届村民委员会，党总支书记林×以6205张票当选村委主任，杨×以3609张票当选村委副主任。2014年3月14日，陆丰市人民检察院通报，3月13日，WK村委会副主任杨×因涉嫌在该村民生工程项目中收受贿赂，被陆丰市检察机关依法立案侦查，并予以刑事拘留。2016年6月18日5时12分许，广东省陆丰市公安局发布消息称，WK村党总支书记兼村民委员会主任林×因涉嫌利用职权受贿，已于6月17日被陆丰市人民检察院立案侦查并采取强制措施。

2. 学生及小组的工作

（1）每个人将独立对集体行动的相关理论进行理解并形成自己的观点，同时对中国群体性事件案例进行分析，就中国群体性事件的发生内因、动力机制、合法性程度、组织化程序、预防或解决机制等得出自己的结论及启示，没有得出自己观点前不允许相互讨论。

（2）小组成员间在发表自己观点的基础上，进行学术性讨论，不允许使用攻击性或不文明语言。

（3）小组在充分讨论的基础上形成小组结论并提交实训报告。

（五）实训考核方式与评价标准

1. 实训考核方式

由实训老师根据小组实训过程的整体表现、小组自我评价和小组提交的实训报告等进行综合性的评价，最后得出小组的实训成绩。

2. 实训评价标准

实训评价主要体现在两个方面：一是过程评价（占30%），主要评价小组成员的实训参与积极性程度、实训过程的组织纪律性等；二是总结性评价（占70%），主要评价小组讨论及提交实训报告的准确性、深度性及解决方案的科学性、前瞻性等。

（六）实训结果反馈与运用

教师就整个实训过程和每个小组提交的实训报告进行评价反馈，包括实训取得的成效、需要改善的地方以及实训后需要提升或拓展的方面，使实训项目的整个过程形成一个完整的闭环系统。

二、实训项目 2——人际沟通协调模拟

（一）实训目的与要求

通过实训，使学生亲身体会良好人际沟通协调的奥秘所在，甄别影响有效沟通协调的障碍因素，理解并掌握良好人际沟通协调的基本技能，通过反思自身在现实生活中的人际沟通协调具体事例，思考出现沟通协调阻碍的因素与原因所在。特别是在自我反思的基础上，学会采用何种有效方式防止人际冲突的发生。最后，运用科学人际交往策略和有效行动去建立良好的人际关系，进而实现自身价值与组织目标。

（二）知识准备与书籍阅读

1. 知识准备

要求了解和掌握的知识：组织沟通与人际协调的基本理念，性格与冲突类型的差异性，有效沟通协调的基本技能等。

2. 书籍阅读

[1] [美]山姆·洪恩（Sam Horn）. 凸法则：从默默无闻到脱颖而出[M]. 丁美龄，译. 武汉：长江文艺出版社，2016.

[2] [美]肯尼斯·克利斯汀. 这辈子，只能这样吗[M]. 连映程，译. 南京：江苏文艺出版社，2010.

（三）实训准备与组织安排

实训场地主要在实训室进行，辅之以室外；教师提前准备好案例材料及相关评价表格。

实训分组进行，每组学生 8~10 人，每组选举小组长 1 名，每组先在案例阅读基础上，选择一种人际沟通协调场景进行模拟，然后小组讨论场景模拟中出现的各种沟通协调问题，并就模拟中的人际行为谈谈自己的意见或想法，总结出良好人际沟通协调的技巧并反思自身人际交往的不足及改进举措，最后由每组组长总结并汇报小组关于实现良好人际沟通协调的意见和结论。

（四）实训内容与具体步骤

1. 项目实训材料

在总统心中的播种

豪斯是美国第 28 任总统伍德罗·威尔逊的助理。有一天，威尔逊总统单独召见他，同他商量一个问题。这个问题恰恰是豪斯早已深思熟虑过的，于是他便开始了滔滔不绝的长篇游说，讲得慷慨激昂、眉飞色舞。他为自己能酝酿出如此高明的计划而得意，并不断地对威尔逊总统强调："这可是我精心研究过的，你采纳我的建议绝对不会有错！"

但他没有注意到，不太善于接受别人意见的威尔逊总统苦笑着说："在我愿意听废话的时候，会再次请你来的。"这一句话使豪斯立刻安静了，他认为威尔逊总统根本不赞成这个建议，只好悻悻地离开了。

几天以后，在白宫的一次宴会上，豪斯惊讶地听到，威尔逊总统把他数天前的建议作为自己的见解公布于众了。

有了这次教训，豪斯以后变得明智多了。他认识到，参谋助手终究不是决策者，一般的决策者都喜欢这样的助手：既会出谋划策，又能摆正自己的位置，维护上司的颜面。对自己所作的建议和贡献能守口如瓶，做到自己知、上司知，绝不对第三人炫耀。参谋助手在决策者面前趾高气扬、盛气凌人和居功自傲，无疑是很难收到好效果的。

吃一堑，长一智。1914 年春天，豪斯奉命赴法国在外交上进行斡旋。出发前，威尔逊总统原则上同意了豪斯的计划，但态度相当谨慎，留有余地。

豪斯到达巴黎不久，就寄回他与法国外交部长的谈话记录。谈话记录中，豪斯把自己建议的、经威尔逊总统初步同意的方案，说成是“威尔逊总统的创建”并热烈赞扬威尔逊总统的“天才勇气和先见之明”。看了谈话记录后，威尔逊总统毫不犹豫地正式批准了该方案。该方案的实施，给法、美两国都带来了巨大的利益。

豪斯在晚年总结与威尔逊沟通交流的经验时，深有体会地说：“从根本上说，我不愿意称那些方案是我提出来的建议。这不是为了讨威尔逊总统的喜欢，不是为了照顾他的情绪。我的建议充其量是一粒树种，要长成参天大树，必须有土壤、水分、空气和阳光。公平地说，只有威尔逊总统才有这些条件，才能将树种变成参天大树。我只不过把种子移植到了威尔逊总统的心中。”

（资料来源：彭真平. 在总统心中的播种[J]. 理财，2010（6）：76.）

INTRIGUE 法（凸法则）

I=INTRO，即开场白：创造一个一秒吸引人的开场白；吸引人们抬起眉头；问“您知道吗”问题；示人以渔；变拒绝为接受；分享稀有的东西；振奋起来。

N=NEW，即新颖：只真实还不够，还必须新颖；跟上时代；创造下一件新东西；用幽默让人喜悦；想到时用笔记下来；用重新唤醒的眼光看世界。

T=TIME-EFFICIENT，即高效：高效获得信任；说话不简练，难怪遭人厌；包裹你的沟通；给你的邮件和会议穿件“稳定背心”。

R=REPEATABLE，即易记住：转身就忘，流传不广是不行的；创造一个引人之语；抑扬顿挫；用韵律、头韵、节奏和音调打造一个易记的口号。

I=INTERACT，即互动：不要只是通知，要互动；永远不要再做电梯演讲；创造共赢的对话；构造让人们贡献和共同创造的场景。

G=GIVE，即给予：首先给予关注；调整沟通方式；倾听别人，就像你喜欢被倾听一样；走出自己的头脑，走向实际；使用他们的语言；会见他们的朋友。

U=USEFUL，即有用：如果不可行，就是没有用；创建现实关联；提供选项，而非命令；建议该说什么；种下行动的种子；确保概念正确。

E=EXAMPLES，即实例：不要讲故事，而要分享现实生活的实例；把人们带入情境；让人们在同理心的放大镜下开始关注。

（资料来源：[美]山姆·洪恩（Sam Horn）. 凸法则：从默默无闻到脱颖而出[M]. 丁美龄，译. 武汉：长江文艺出版社，2016：253-254.）

2. 学生及小组的工作

（1）每个人将独立对上述项目实训材料进行分析理解并形成自己的观点；同时对自身亲历的人际沟通协调具体事例进行分析及反思并得出相关的结论，没有得出自己观点前不允许相互讨论。

（2）小组成员间模拟设计一种人际沟通协调的场景，比如您应邀参加本单位的一个日常工作会议，会议开始之前您已到会议室并发现同事大部分已就座，您应怎么说话才恰当？每个成员在自由发言的基础上，进行学术性讨论，不允许使用攻击性或不文明语言。

（3）小组成员在阅读、理解和掌握凸法则的基础上，完成凸法则小测验。

INTRIGUE 法（凸法则）小测验

回答下述问题，选项从“几乎从不”到“几乎总是”，“几乎从不”得分为 1，“几乎总是”得分为 5。

你的第一答案通常是正常答案，因为那是出自直觉而非思考。

	几乎从不（1）	很少（2）	偶尔（3）	经常（4）	几乎总是（5）
1. 沟通中，你可以在第一分钟获得人们的良好注意吗？					
2. 在介绍一些当下的新东西时，你能用时比别人期待更短吗？					
3. 你是否守时，口头/书面交流是否简明扼要？					
4. 你能否创造出脍炙人口的语句，让人们逐字逐句地流传？					
5. 当人们问你做什么工作时，你的回答能够创造出一场有意义的对话吗？					
6. 你能否把事情放在一边，全心全意听别人讲？					
7. 你的沟通会激励人们采取行动，产生实实在在的结果吗？					
8. 你会用实例阐明观点而不是一味解释吗？这样你的观点可以活灵活现和引起共鸣。					
9. 你能否赢得良好注意，用你的沟通技巧影响别人？					
总分：					
总计：					

0～17 分：想听好消息吗？你读这本书真是对了，你当前的沟通技巧不能支持你想要的、需要的和值得的水平。也许你希望把这本书当作最优考虑的事，因为它能帮你在工作内外创造更多有益的关系。

18～34 分：你通常能够获得他人的有利注意，但还有待改进。也许你可以跳读某些章节，专注于改善某些领域，这样你就可以立刻学习那些可以帮你在相应情况下更好沟通的技巧。

35～50 分：你是一个 INTRIGUE 法（凸法则）全明星！

（资料来源：[美]山姆·洪恩（Sam Horn）. 凸法则：从默默无闻到脱颖而出[M]. 丁美龄，译. 武汉：长江文艺出版社，2016：255-257.）

（4）小组在充分讨论的基础上，就良好的人际沟通协调艺术形成小组结论并提交实训报告。（要求写出时间、地点、分工、角色模拟和讨论过程、具体内容及收获体会等）

（五）实训考核方式与评价标准

1. 实训考核方式

由实训老师根据小组实训过程的整体表现、小组自我评价和小组提交的实训报告等进行综合性的评价，最后得出小组的实训成绩。

2. 实训评价标准

实训评价主要体现在两个方面：一是过程评价（占 30%），主要评价小组成员的实训参与积极性程度、实训过程的组织纪律性等；二是总结性评价（占 70%），主要评价小组讨论及提交实训报告的准确性、深度性及解决方案的科学性、前瞻性等。

（六）实训结果反馈与运用

教师就实训整个过程和每个小组提交的实训报告进行评价反馈，包括实训取得的成效、需要改善的地方以及实训后需要提升或拓展的方面，使实训项目的整个过程形成一个完整的闭环系统。

三、实训项目 3——公共组织绩效管理

（一）实训目的与要求

通过实训，使学生感受组织绩效管理的魅力和意义所在，理解公共组织绩效评估的过程，思考绩效评估框架和如何建构评估指标体系以及如何把绩效评估结果进行反馈与运用，特别是结合中国公共组织绩效管理的现状，在借鉴国外公共部门绩效管理的经验和总结自身特色与成就的基础上，针对性探究中国公共组织绩效管理存在问题，思考公共组织绩效管理改进及完善的路径与举措。

（二）知识准备与书籍阅读

1. 知识准备

要求了解和掌握的知识：绩效管理的基本理念，公共组织与私人组织的差异，政府组织绩效管理的公共性等。

2. 书籍阅读

[1] [美]达尔·福赛斯. 更快 更好 更省：美国政府的管理绩效[M]. 范春辉，译. 南京：

江苏人民出版社，2014.

[2] [美]阿里·哈拉契米. 政府业绩与质量测评——问题与经验[M]. 张梦中，丁煌，等，译. 广州：中山大学出版社，2003.

[3] 林春丽. 公共组织绩效管理案例精选[M]. 南宁：广西人民出版社，2013.

（三）实训准备与组织安排

实训场地主要在实训室进行，辅之以室外；教师提前准备好案例材料及相关评价表格。

实训分组进行，每组学生 8 ~ 10 人，每组选举小组长 1 名，每个小组先做一个绩效管理培训游戏，从游戏中思考探讨绩效管理的基本问题；然后阅读绩效管理材料和结合中国实际，思考中国公共组织绩效管理的现状、存在的问题和改进的路径与举措，然后由每组组长总结并汇报小组讨论的结果。

（四）实训内容与具体步骤

1. 项目实训：绩效管理培训游戏

（1）游戏目的。

通过该游戏的三个步骤，体会绩效管理中可能出现的问题，如考核目的、考核目标、考核标准等。由此作出总结，以避免在现实的绩效考核中犯类似错误。

（2）游戏程序。

第一步：请所有人在纸上分别划上“—”“｜”“—”“｜”，然后让大家四周看一下其他人画的。

第二步：告诉所有人我们这次要画一个正方形，然后再让大家四周看一下其他人画的。

第三步：告诉所有人我们这次要画一个边长 2 cm 的正方形，继续让大家四周看一下其他人画的。

（主要参考：刘勤. 管理学实训教程[M]. 上海：上海财经大学出版社，2013：113.）

2. 项目实训材料

政府绩效管理的推进机制之中美比较

从 2008 年党中央和国务院提出推行政府绩效管理制度以来，将近 8 年过去了，中央层面尚未出台统一的规范指导性文件；由于缺乏全国统一的指导规范，地方层面的绩效管理实践不仅五花八门，而且随着主要领导人的调动，绩效管理在目标定位、总体框架、内容重点和运行机制等方面出现重大变化或反复，存在不同程度的可持续困境。可见，强化和完善绩效管理的推进机制，已经成为提升国家治理能力的迫切要求。

一、绩效管理推进机制的内涵与考察要素

基于零星分散的国际文献和本文研究目标，对绩效管理的推进机制作出如下界定：围绕绩效管理实施做出的权威性制度安排，包括相关主体及其在绩效管理中的角色，主体间的相互关系，推动绩效管理得以有效实施的手段。其中的“权威性”意味着，相关主体应具有法定权威和影响力，手段也应具有一定程度的强制性和约束力，从而能得到管理对象的遵从。根据这一更狭义的界定，其他主体（合作伙伴、专业团体和公众）及其角色属于公众参与而非推进机制的研究对象，专业团体和媒体的倡议、呼吁或舆论施压等手段，也由于缺乏强制性约束力而被排除在推进机制的范畴之外。在绩效管理推进机制研究处于初步阶段的情况下，简约化的界定也有利于中外比较。

二、美国绩效管理推进机制及其特征

美国联邦政府绩效管理的推进机制可以概括为“立法主导下的多部门协同推进”。其主要特色表现在几个方面：第一，从组织安排看，绩效管理专门立法和立法部门的持续介入，管理和预算办公室持续的技术指导，政府问责署的督查监督，构成了推进绩效管理的权威性组织网络。第二，权威主体之间的分工和责任相对明晰，运作体现出规范化和精致化，包括法律规定的具体性或精细化，相关主体指导和监督具有规范化手段或载体（如 OMB 一年一度的 A-11 通知，政府问责署两年一度的“高风险清单”等），相关机构出台的文件的规范化和精细化。第三，绩效管理运作过程的透明和信息公开，包括法律、政策和技术规范的公开，部门绩效管理所有产出（战略规划、年度绩效计划、优先目标及其进展状况、年度绩效报告）的公开。这为社会监督提供了良好条件，社会主体不仅可以监督特定部门的产出是否符合法规要求，而且通过不同部门产出的横向比较，确认绩效管理实施的相对严谨性和有效性。总而言之，立法主导、协同推进、规范化与精致化、透明公开以促进社会监督，是美国绩效管理推进机制的特色，也是绩效管理得以持续有效推进的制度保障。

三、中国绩效管理推进机制的历史与现状

通过简要的历史回溯可以发现，从绩效评估到绩效管理，中央层面的主管部门先从人事部转到中纪委监察部，又从中纪委监察部转到中编办。每个主管部门都大致经历了机构搭建、学习消化、启动试点、总结经验几个阶段，在即将出成果的时候发生职责转移，于是进入下一个从机构搭建到总结经验的过程。结果是，提出推行绩效管理七年过去了，中央尚未出台统一的规范性指导文件。

与绩效管理整体推行缓慢同时存在的是，中央相关部门实施了两个平行的的绩效评估体系：一是中央组织部持续推行的“地方党政领导班子和领导干部综合考核评价体系”，要求按德、能、勤、绩、廉五个类别设置测评内容和评价要点；二是财政部推行的“预算绩效管理”和“财政支出（项目支出）绩效评价体系”。两个体系与绩效评估体系相近而又相对独立，内容上既重叠交叉又存在一些不一致的地方。也许是得益于特定部门持续主抓，加上两个部门形成自上而下的系统，这两个评估体系在持续性、动态调适、制度规范化建设和实施力度方面体现出明显的优势。

就地方而言，2008 年中央决定推行绩效管理，2009 年开始地方政府掀起了绩效管理的热潮。由于中央没有出台统一的指导规范，地方层面推进机制呈现出五花八门、百花齐放的状态。首先值得关注的是哈尔滨市专门立法推行绩效管理的尝试。从 2007 年 8 月调研起草，至 2009 年 6 月 12 日经黑龙江省人大常委会审议批准，《哈尔滨市政府绩效管理条例》共设 7 章 48 条，明确了哈尔滨市政府绩效管理的宗旨、基本原则、适用范围、机构职责，并对绩效计划、绩效评估、绩效信息、绩效诊断、绩效问责等方面做了具体规范。这是国内首部政府绩效管理的专门立法，并誉为政府绩效管理的“哈尔滨模式”。遗憾的是，立法目的之一是克服人亡政息现象，但随着“一把手”的工作调动，条例也未能真正开花结果，成了绩效管理的一个法规范本，而不是人们期待的实践模式。另外一个立法推动的例子是杭州市。2015 年 9 月 28 日，浙江省第十二届人民代表大会常务委员会第二十三次会议批准了《杭州市绩效管理条例》，对绩效管理机构和职能、绩效评估及其结果运用等做了规定。杭州绩效管理的制度化和规范化基于20多年的实践经验，立法的实际效果尚待观察。

除了哈尔滨并不算成功和杭州尚待观察的立法推动尝试，其他地方绩效管理的推进机制呈现出行政主导的鲜明特色。值得一提的是，中国绩效管理中的行政主导特别表现为“一把手主导”或者说推进机制的人治色彩比较浓。地方政府的绩效管理被普遍视为“一把手工程”，“一把手”的高度重视是绩效管理有效实施的决定性因素，从而使主管机构设置退居次要地位。

四、完善绩效管理推进机制的三个重要问题

第一，绩效管理的立法问题。针对绩效管理推进过程中存在的问题，专门立法被视为根本的解决途径，因而日益受到学界重视。我们的结论是：地方层面立法效用有限，中央层面的绩效管理立法从提上日程到进入排队审议过程尚待时日；绩效立法的学术研究应予鼓励，但不能期待立法解决推进过程中的迫切问题。

第二，绩效管理主管部门的选择。中央层面绩效管理主管部门经历了人事部、中纪委监察部、中编办的变化，地方更呈现出五花八门的状态。不过，随着中央主管部门的调整，地方绩效管理主管机构在名称和隶属关系等方面会逐步趋同。因此，中央层面主管部门选择和相应制度安排有重要示范意义。那么，设立专门机构是否更有优势？至少理论上可以这样说：依托现有机构，对这些机构来说绩效管理是辅业，而专设机构只能把绩效管理视为主业；绩效管理推行不力或效果不彰，现有机构可以转回主业，专设机构的存在价值会受质疑且没有退路。福建省和杭州市绩效管理能够持之以恒，或许与这一安排有关。

第三，绩效管理的协同推进与框架统一。前面提到，与绩效管理并行推进的还有中央组织部的“地方党政领导班子和领导干部综合考核评价体系”和财政部的“财政支出（项目支出）绩效评价体系”。绩效管理推进机制的完善需要进行统筹思考。美国政府的绩效管理虽然涉及多元主体，但其特色是围绕统一框架的协同，从而形成“劲往一处使”的合力。我国三套体系有重叠交叉，并行会竞争有限资源。体系不一致和矛盾的地方，则会给被评估者造成困惑。当然，三套体系各有侧重，如何统一框架并形成协同推进的合力尚待深入研究。

（资料来源：周志忍，徐艳晴. 政府绩效管理的推进机制：中美比较的启示[J]. 中国行政管理，2016（4）：139-145.）

3. 学生及小组的工作

（1）对于绩效管理培训游戏，每个人对每一步都进行思考并讨论：看到什么了？存在什么问题？为什么？假设某人的工作就是画“边长 2 cm 的正方形”，绩效管理怎么做？没有得出自己观点前不允许相互讨论。

（2）根据绩效管理实训材料，每个人基于自身对国内外绩效管理的研究和中国国情，思考并讨论中国政府绩效管理存在的困境、完善的路径及具体的举措。

（3）小组成员间在发表自己观点的基础上，进行学术性讨论，不允许使用攻击性或不文明语言。

（4）小组在充分讨论的基础上形成小组结论并提交实训报告。

（五）实训考核方式与评价标准

1. 实训考核方式

由实训教师根据小组实训过程的整体表现、小组自我评价和小组提交的实训报告等进行综合性的评价，最后得出小组的实训成绩。

2. 实训评价标准

实训评价主要体现在两个方面：一是过程评价（占 30%），主要评价小组成员的实训参与积极性程度、实训过程的组织纪律性等；二是总结性评价（占 70%），主要评价小组讨论及提交实训报告的准确性、深度性及解决方案的科学性、前瞻性等。

（六）实训结果反馈与运用

教师就实训整个过程和每个小组提交的实训报告进行评价反馈，包括实训取得的成效、需要改善的地方以及实训后需要提升或拓展的方面，使实训项目的整个过程形成一个完整的闭环系统。

第十章　“公共行政学”课程实训

第一节　“公共行政学”实训教学大纲

一、基本信息

课程性质：专业能力培养课程。
总学时/总学分：51/3。
实训学时/实训学分：6/0.5。
实训对象：公共事业管理专业（本科）。
先修课程：政治学、公共管理学。

二、实训目的及要求

“公共行政学”是公共事业管理专业（本科）学生必修的专业课，课程教学目的是使学生系统、完整、准确地掌握公共行政学的基本原理和基础知识，理解政府在国家社会生活中的地位和作用，认识中外行政改革的动态和行政管理的发展趋势，以全新的视角和开放的视野，将中国传统的行政管理思想、国外前沿的行政管理理论与中国行政管理实践紧密结合，提升关注现实、运用所学理论知识分析和解决现实问题的能力。

实训教学则是以理论联系实际的方式提升学生了解和把握当前公共行政实践问题的能力，尤其是对当代中国公共行政问题的理解和分析能力，促使学生逐步形成观察、思考、分析和解决有关公共行政管理实践问题的能力。

三、实训安排

“公共行政学”课程实训总学时是6学时，根据实训项目和实训内容，时间安排在相关章节之后，由任课教师负责组织实施。

四、实训形式

根据实训项目和实训内容要求可采取角色扮演、情景模拟、案例分析等形式。

五、实训考核方式

“公共行政学”课程实训是其课程教学的一个环节，实训成绩单独考核，由指导教师根据每个同学实训期间的综合表现，参照各实训项目考核标准，按百分制考核评定成绩，实训成绩是该门课程考核成绩的重要组成部分。

第二节 “公共行政学”实训项目

本节实训项目有 3 项，具体内容及安排见表 10-1。

表 10-1 公共行政学实训项目表

序号	项目名称	实训内容	实训学时	实训形式	实训类型	实训地点
1	为什么人员增加了却不能收到预期效果	讨论分析如何提高组织效率	2	案例分析与讨论	综合性	教室
2	制作公共部门组织结构图	绘制给定材料中的组织结构图	2	情景模拟	设计性	实训室
3	少做现场决策多做现场调研	讨论分析如何提高决策质量和决策效率	2	案例分析与讨论	综合性	教室

一、实训项目 1——为什么人员增加了却不能收到预期效果

（一）实训目的与要求

实训目的：通过案例分析讨论，使学生了解并掌握行政组织、人事行政相关知识，提高学生解决行政组织管理相关问题的能力和判断力。

实训要求：

（1）认真阅读案例材料。

（2）充分挖掘案例材料所能说明的各种问题，列举出案例中的各个问题和关键点。

（3）寻找运用各种原理和分析工具的机会，清晰地表达自己观点。

（4）观点要经过充分的推理，要有论点或证据。

（二）知识准备与书籍阅读

1. 知识准备

要求了解和掌握的知识：行政组织的含义，行政组织结构，行政组织的构成要素，行政组织的原则，行政组织的类型，人事行政的含义，人事行政的基本思想，人事行政的范围和内容，人事行政的原则等。

2. 书籍阅读

[1] 彭和平. 公共行政学[M]. 北京：中国人民大学出版社，2017.

[2] [美]劳伦斯・彼得. 彼得原理[M]. 北京：机械工业出版社，2013.

[3] [英]诺斯古德・帕金森. 官场病：帕金森定律[M]. 上海：三联书店，1982.

（三）实训准备与安排

（1）准备和分发案例材料给学生。

（2）将学生分组，每组 10 ~ 12 人，讨论材料中给定问题，记录并上交。

（3）每组选出一人组成评委（要成单数），评委对每组点评打分并提交总结报告。

（四）实训内容与步骤

1. 案例情景

A 县某政府办公室原有工作人员六名，其中正、副主任各一名，干事四名。多年来，办公室主任老王一直主持日常工作，副主任老张平时与其他四名干事一样从事具体工作。当遇到一些重大事情时，一般由老王、老张商量后再布置下去。办公室工作开展得还算比较顺利。

随着办公室事务的日渐增多，四名干事常常忙不过来，正好办公室编制未满，老王就向局里提出了增加人员的要求，不久局里物色到了工程师老赵，他四十多岁，党员，长期从事技术工作，勤恳踏实，多次被评为劳模。大家都觉得老赵素质好，技术过硬，除了口头表达较差以及交际能力较差以外，没有其他不足之处，于是上报局党委，任命老赵为办公室副主任。

老赵到任后，办公室主任老王立即召集全体办公室人员开会，谈了三点意见：第一，理顺办公室的工作关系，由老王统筹整个办公室工作，原由他分管的工作移交老赵分管；第二，干事小李、小陆的工作要向老赵汇报，另外两名干事的工作要向老张汇报，如果工作遇到老赵、老张解决不了的问题时，再请示老王；第三，今后办公室的重大事情都由老王、老张、老赵三人共同商量决定。

老赵到任后努力工作，并努力学习业务，他待人热情和气，受到大家好评。但办公室工作又出现新问题：一是干事们比过去更忙了。二是办公室上下内部之间的信息不如以前畅通了。三是一些急需解决的问题，由于要等三位主任一起商量，因而常常耽误了时间，影响了效率。老赵也感到苦恼，为什么人员增多，办公室的办事效率反而没有提高？

2. 问题

（1）为什么增加了人却没有达到预期效果？

（2）针对上述情况，应该怎么做？

3. 步骤

（1）课程老师提供情景说明，描述问题背景。

（2）学生按分组阅读并讨论案例材料。

（3）各组派代表陈述讨论结果，评委给每组打分并点评。

（五）实训考核标准

考核标准：组织纪律 20 分，材料中原因分析 30 分，材料中应对对策 30 分，讨论结果整理上交 20 分。

（六）实训成果及评价

各组提交讨论结果，评委小组提交讨论总结报告。评委按打分标准对每组讨论情况及讨论结果打分。课程指导教师对学生评委小组打分。

（七）实训结果反馈与运用

课程指导教师认真阅读各组讨论报告及评委小组总结报告进行点评，并把点评结果反馈给学生，包括实训取得的成效、需要改善的地方以及实训后需要提升或拓展的方面。

二、实训项目 2——制作公共部门组织结构图

（一）实训目的与要求

实训目的：通过公共部门组织结构图的制作，使学生了解并掌握组织结构形式、组织结构图的关系等。

实训要求：

（1）会用 Office 办公软件制作组织结构图。

（2）弄清组织结构图中的平行关系、隶属关系、包含关系。

（二）知识准备与书籍阅读

1. 知识准备

要求了解和掌握的知识：组织结构的含义，组织结构图的定义，组织结构图的关系，组织结构图的构成，组织结构图的制作工具与方法等。

2. 书籍阅读

[1] 彭和平. 公共行政学[M]. 北京：中国人民大学出版社，2017.

[2] 夏书章. 行政管理学[M]. 广州：中山大学出版社，2013.

[3] 李传军. 公共组织学[M]. 北京：中国人民大学出版社，2015.

（三）实训准备与安排

本实训项目不分组，每人一台电脑，各自在实训室独立完成。

（四）实训内容与步骤

1. 项目情景

某校公共管理系，下设公共管理教研室、土地资源管理教研室、社会工作教研室、系办公室、党总支办公室、系工会、系团总支、武陵山区公共治理研究所。

公共管理系职位分配：系主任 1 人，分管教学副主任 1 人，分管科研副主任 1 人，各教研室主任各 1 人，系工会主席 1 人，党总支书记 1 人。

公共管理系职位隶属关系：系主任下辖公共管理教研室、土地资源管理教研室、社会工作教研室、系办公室、武陵山区公共治理研究所；系副主任协助系主任管理本系教学与科研工作；系党总支书记与系主任职位平级，管理辅导员、工会及学生工作。

武陵山区公共治理研究所为虚拟组织，所长由系主任兼任。

2. 问题

根据上述材料关系，绘制某校公共管理系组织结构图。

3. 步骤

（1）阅读材料，分析材料中各部门、机构之间的关系等。
（2）制作组织结构图。
（3）将部门名称填入组织结构图中。
（4）检查上下级隶属关系等是否表示清楚。
（5）提交组织结构图。

（五）实训考核标准（表 10-2）

表 10-2 制作公共部门组织结构图实训成绩评定表

序号	制作要求	得分
1	能用 Office 办公软件绘出组织结构图	30
2	框图美观	10
3	各部门层次关系清晰、准确	30
4	各部门名称填写准确	30
总分		

（六）实训成果及评价

每位学生提交组织结构图，由课程指导教师按实训考核标准评定成绩。

（七）实训结果反馈与运用

课程指导教师把评定成绩反馈给学生，并对绘制组织结构图中所出现的问题加以说明。

三、实训项目 3——“少做现场决策，多做现场调研”案例讨论

（一）实训目的与要求

实训目的：通过实训，使学生了解行政决策过程及影响行政决策的因素，熟悉并掌握行政决策的主要类型。

实训要求：
（1）认真阅读案例材料。
（2）充分挖掘案例材料所能说明的各种问题，列举出案例中的各个问题和关键点。
（3）寻找运用各种原理和分析工具的机会，清晰地表达自己的观点。
（4）观点要经过充分的推理，要有论点或证据。

（二）知识准备与书籍阅读

1. 知识准备

要求了解和掌握的知识：行政决策的含义，行政决策的种类，行政决策程序，行政决策

科学化，行政决策技术与体制等。

2. 书籍阅读

[1] 彭和平. 公共行政学[M]. 北京：中国人民大学出版社，2017.

[2] 夏书章. 行政管理学[M]. 广州：中山大学出版社，2013.

[3] [美]赫伯特·西蒙. 管理行为——管理组织决策过程的研究[M]. 北京：北京经济学院出版社，1988.

（三）实训组织与安排

（1）准备和分发案例材料给学生。

（2）将学生分组，每组 10 ~ 12 人，讨论材料中给定问题，记录并上交。

（3）每组选出一人组成评委（要成单数），评委对每组点评打分并提交总结报告。

（四）实训内容与步骤

1. 案例情景

2012 年 1 月 6 日上午 10 时 20 分，某区政协委员在政协会议上提交一份提案，建议坚决清除环境污染源。该提案指出，自 2008 年以来，每天在某小区垃圾转运台停留“过夜”的生活垃圾严重影响了周边生态环境，居民苦不堪言。

2 分钟（10 时 22 分）后，区委书记批示：“事关 8 万小区居民的健康大事，须尽快落实解决。”

3 分钟后，一名常委和一名副区长带着初步方案，赶到现场。

10 时 45 分，几位领导现场办公，决定运出“过夜”的生活垃圾，准备 100 万元专款购置 2 台价值 40 万元的垃圾车，调配专人负责清运。

10 分钟后，第一车生活垃圾运出小区。

11 时 10 分，落实了治理资金 100 万元。

至此，一项 50 分钟前才在该区政协会议上提交的提案获得解决。11 时 20 分，区委书记将该提案的回复方案传达给每一位政协提案委员……

2. 问题

（1）现场办公值得提倡吗？

（2）结合案例材料，如何提高决策质量和决策效率？

3. 步骤

（1）课程老师提供情景说明，描述问题背景。

（2）学生按分组阅读并讨论案例材料。

（3）各组派代表陈述讨论结果，评委对每组打分并点评。

（五）实训考核标准

考核标准：组织纪律 20 分，材料中原因分析 30 分，材料中应对对策 30 分，讨论结果整理上交 20 分。

（六）实训成果及评价

（1）各组提交讨论结果，评委小组提交讨论总结报告。
（2）评委按打分标准对每组讨论情况及讨论结果打分。
（3）课程指导老师对学生评委小组打分。

（七）实训结果反馈与运用

课程指导老师认真阅读各组讨论报告及评委小组总结报告，进行点评，并把点评结果反馈给学生，包括实训取得的成效、需要改善的地方以及实训后需要提升或拓展的方面。

第十一章 “公共政策学”课程实训

第一节 “公共政策学”实训教学大纲

一、基本信息

课程性质：专业能力培养课程。
总学时/总学分：51/3.0。
实训学时/实训学分：17/1.0。
实训对象：公共事业管理专业（本科）。
先修课程：管理心理学、公共管理学、政治学概论、社会学概论。

二、实训目的及要求

1. 实训目的

了解公共政策分析的概念、特点、类型；理解公共政策分析的内容；掌握公共政策分析的模型概念、特点；理解公共政策系统分析的内容；掌握公共政策系统分析的方法；掌握政策量化分析方法；掌握政策量化分析的软件应用。

2. 实训要求

要求学生在课外认真学习与实训内容相关的知识。为了保证实训课时的充分利用，要求学生做好实训前的各项准备工作，熟悉实训的目的、要求、内容和步骤。实训时要认真操作，不能做与实训无关的其他事情。要独立完成实训，所写的实训报告要有特色。

三、实训安排

“公共政策学”实训总学时 17 学时，每个项目 4～5 学时。

实训一般分组进行，每组 5～7 人，在教师指导下开展项目安排的活动，完成规定任务，提交书面材料。材料及工具：电脑、U 盘、SPSS 软件、草稿纸。

四、实训考核方式

实训成绩是“公共政策学”实训课程综合成绩的重要组成部分。考核方式以自测与抽查相结合；平时考查与期末考核相结合。考核标准：实训成绩由实训考勤（10 分）、实训参与程度（15 分）和实训内容要求（75 分）构成。实训成绩按五级分制确定，即优秀、良好、中等、及格、不及格。

第二节　“公共政策学”实训项目

本节实训项目有 4 项，具体内容及安排见表 11-1。

表 11-1　公共政策学实训项目表

序号	项目名称	实训内容	实训学时	实训形式	实训类型	实训地点
1	实际政策分析	创业政策、教育政策、文化政策等	5	案例分析	综合性	教室
2	公共政策评估的实施	选取具体的公共政策、确定公共政策评估标准、确定评估主体、确定评估手段、实施评估、总结	4	情景模拟	综合性	教室外
3	政策量化分析方法	选取具体的公共政策，进行量化分析	4	案例分析	综合性	教室外
4	政策执行偏差的原因分析	选取具体的政策,进行分析	4	社会调查	验证性	实训室

一、实训项目 1——实际政策分析

（一）实训目的与要求

通过实例，使学生掌握一些基本政策，如创业政策、教育政策、文化政策等。

（二）知识准备与书籍阅读

1. 知识准备

要求了解和掌握的知识：社会公共问题、公共利益与公共代价、利益集团、社会成员、经济环境、政治环境、自然与社会环境、国际环境等。

2. 书籍阅读

[1] 陈庆云．公共政策分析[M]．北京：北京大学出版社，2006.

[2] 宁骚．公共政策[M]．北京：高等教育出版社，2000.

[3] 陈振明．政策科学[M]．北京：中国人民大学出版社，1998.

[4] 托马斯・戴伊．理解公共政策[M]．彭勃，等，译．北京：华夏出版社，2004.

[5] 药师寺泰藏．公共政策[M]．北京：经济日报出版社，1991.

（三）实训准备与安排

实训场地主要在室外进行；教师提前准备好相关政策文本材料及相关评价表格。

实训分组进行，每组学生 5 ~ 7 人，并确定负责人，每小组先对相关政策文本材料进行阅读，然后进行小组讨论，最后每人撰写个人总结报告并由每组负责人汇报小组讨论的结果。

（四）实训内容与步骤

1. 实训材料

大学生创业优惠政策

上到国家下到各省市，对大学生自主创业都持支持和鼓励的态度，各地在政策支持方面所提供的资金帮助有差异，提供的免费创业服务也有自己特色。

国务院：对符合条件的大学生自主创业的，可在创业地按规定申请创业担保贷款，贷款额度为10万元；毕业2年以内的普通高校学生从事个体经营（除国家限制的行业外）的，自其在工商部门首次注册登记之日起3年内，免收管理类、登记类和证照类等有关行政事业性收费；还有相关的税收优惠和贴息。有创业意愿的大学生，可免费获得公共就业和人才服务机构提供的创业指导服务，包括政策咨询、信息服务、项目开发、风险评估、开业指导、融资服务、跟踪扶持等“一条龙”创业服务；自主创业大学生可享受各地各高校对自主创业学生实行的持续帮扶、全程指导、一站式服务，同时开设创新创业教育课程强化创新创业实践。

黑龙江：大学生可以优先转入相关专业学习，允许保留学籍休学创业创新，和毕业生一样享受国家的自主创业扶持政策，到2020年，将有10%的应届高校毕业生参加创业培训。哈尔滨对大学生创业项目给予补贴。凡大学生在哈市创业的，在城镇创业的对其创业项目给予2 000元的一次性创业项目补贴。为鼓励大学生返乡创新创业，对返乡到农村（乡镇及以下）创业的大学生给予3 000元的一次性创业项目补贴。对科技含量高、市场潜力大、能在短时间内形成经济增长点的优秀和重点科技创业项目，经评审给予20万元至30万元经费资助。开展大学生创业大赛与大学生创业典型评选活动，大力扶持网络创业。

江西：高校学生休学创业最多可保留7年学籍，财政每年注入1 000万元资金充实青年创业就业基金，每年重点支持1 000名大学生返乡创业。

天津：对高校毕业生、留学回国人员注册资本50万元以下的公司可零首付注册，开辟“绿色通道”支持自主创业。

浙江杭州：大学生创业项目申请无偿创业资助的，资助金额的额度从原来的最高10万元提高到20万元；“实行房租补贴机制”——大学生创业园所在城区政府为入园企业提供两年50平方米的免费用房，对在创业园外租房用于创业的，由纳税地财政在两年内按标准给予房租补贴，补贴标准为第一年补贴1元/平方米·天、第二年补贴0.5元/平方米·天（实际租用面积超过100平方米的，按100平方米计算；房租补贴超过实际租房费用的，按实际租房费用补贴）。

重庆：半年以上未就业有固定户口的大学毕业生可在其户口所在地居委会登记，申请3 000～4 000元人民币的银行抵押和担保贷款；自谋职业的毕业生，根据本人意愿，可将户口和人事档案暂存就读学校2年或由市大中专毕业生就业指导中心存管2年，存管期间免收档案管理费。

四川：大学生创业可享有万元创业补贴、创业培训补贴和在校大学生创业担保贷款贴息等福利。

福建：2014—2017年，引领3万名大学生实现创业，在全省各地和高校扶持建设50个创业孵化基地（创业园）。每年为1 000名创业大学生提供孵化服务，评选资助一批优质大学生创业项目。

江苏南京：河西金融集聚区的专项资金将由每年 6 000 万元，扩充至每年 1 亿元。建邺区财政将每年安排 3 000 万元，设立专项扶持资金，用于扶持大学生创业小额担保贷款贴息等，凡在建邺区工商登记注册的初始创业大学生，按每人 1 000 元的标准给予创业补贴。凡经市级验收评定为“大学生创业园”的，给予 30 万元的一次性建园奖励补贴。

陕西：高校毕业生可接受 SYB 模块培训（“创办你的企业”），培训合格后 6 个月内成功开业且在开业后 6 个月内提供不少于 3 次后续跟踪指导服务，开业单位（企业）正常经营的，再按 800 元/人对创业培训机构给予补贴；每人每年可享受一次；组织相关专家对创业项目进行论证，提供开业过程中的信息咨询，指导办理工商、税务注册登记手续；个人自主创业且符合申请小额担保贷款条件的，可申请不超过 10 万元的贷款扶持；合伙经营或组织起来就业的，可申请不超过 50 万元的贷款扶持。

山东：扩大省级大学生创业孵化基地、创业园区支持范围，通过财政奖补支持，鼓励政府、高校和企业建设一批孵化条件好、承载能力强、融创业指导服务为一体的创业孵化基地和创业园区，为劳动者提供优良的创业平台。

安徽合肥：给予创业培训补贴和房租、水电费补贴，为大学生提供最高 10 万元小额担保贷款。

内蒙古：重点支持大学生到新兴业态创业，支持社会力量举办创业沙龙、创业大课堂、创业训练营等创业培训活动。

西藏拉萨：首个大学生创业孵化园预计将于 2016 年 6 月完工建成，届时，拉萨市的大学生们可以在孵化园内直接享受到减免场租费等多项“政策红包”。

新疆乌鲁木齐：在天山区建创业孵化基地，既为创业者提供场地、给予政策帮扶，还让在校大学生进行创业实习，为他们今后的创业积累经验。

2. 实训内容

要求学生用政策分析理论，围绕具体某一项政策为主题，设计一份分析提纲，并进行讨论，撰写总结报告。

3. 实训步骤

（1）围绕具体某一项政策，进行政策分析。

（2）设计分析提纲。

（3）进行讨论。

（4）撰写总结报告。

（5）对总结报告进行评估。

（五）实训考核标准

该实训考核为独立考核，实训总成绩由三部分构成：实训出勤占 10%，工作表现占 15%，分析提纲和总结报告质量占 75%。

（六）实训成果及评价

每个小组按要求设计好分析提纲并提交给指导教师，指导教师对每份分析提纲和总结报告进行评阅和评分。

（七）实训结果反馈与运用

要求每组学生完成具体某一项政策的分析，教师检查并批阅分析提纲，并在实训课上进行讲评、讨论和总结。

二、实训项目 2——公共政策评估的实施

（一）实训目的与要求

通过本次实训，要求学生能够熟练掌握公共政策评估的方法，能够有针对性地对具体公共政策进行正确的评估。

（二）知识准备与书籍阅读

1. 知识准备

要求了解和掌握的知识：评估对象、评估目的、评估功能、评估类型、评估主体、评估标准、评估指标、评估过程、评估方法等。

2. 书籍阅读

[1] 陈振明. 公共政策分析[M]. 北京：中国人民大学出版社，2003.
[2] 陈振明. 政策科学：公共政策分析导论[M]. 北京：中国人民大学出版社，2003.
[3] 张国庆. 现代公共政策导论[M]. 北京：北京大学出版社，1997.
[4] 陈庆云. 公共政策分析[M]. 北京：北京大学出版社，2006.
[5] 张金马. 公共政策分析：概念、过程、方法[M]. 北京：人民出版社，2004.
[6] 威廉·邓恩. 公共政策分析导论[M]. 北京：中国人民大学出版社，2002.

（三）实训准备与安排

实训一般分组进行，每组 5 ~ 7 人，并确定负责人，在教师指导下完成具体某一项政策的评估任务，并提交具体某一项政策的样本。

（四）实训内容与步骤

1. 实训材料

全面两孩政策

中国共产党第十八届中央委员会第五次会议，对计划生育政策进行了重大调整，提出：促进人口均衡发展，坚持计划生育的基本国策，完善人口发展战略，全面实施一对夫妇可生育两个孩子政策，积极开展应对人口老龄化行动。我国进入“全面两孩”政策时期。党的十八届五次会议公告指出，“全面实施一对夫妇可生育两个孩子政策，积极开展应对人口老龄化行动”。应对人口老龄化，是全面放开实施两孩政策的重要目标。国家卫计委主任指出：这次政策的实施，将有利于优化人口结构、增加劳动力的供给、减缓人口老龄化的压力、促进人口的均衡发展，有利于促进经济持续健康发展、促进全面建成小康社会的第一个百年目标的实现，也有利于更好地落实计划生育基本国策，促进家庭的幸福和社会的和谐。国家卫计委

副主任就“全面两孩”政策实施背景进行了解读：一、实施全面两孩政策是从我国战略全局出发作出的重大决策部署。“全面两孩”政策实施，有利于更好满足群众的生育意愿，促进家庭的幸福和社会和谐；有利于优化人口结构，减缓老龄化压力，增加劳动力供给；有利于促进经济持续健康发展，在短期和长期内都有利于经济发展。二、实施全面两孩政策时机成熟，条件具备。“全面两孩”政策实施，是在深入细致的研究论证后作出的重大战略决策，是在劳动年龄人口比较充裕，社会抚养负担比较轻的有利时机进行的调整；单独两孩政策的平稳实施为全面两孩政策奠定了基础，积累了经验。计划生育工作从1980年的公开信发表到现在已经有35年的历史。社会全面取消生育限制的呼声越来越高，众多学者通过出版书籍、网上言论等多种形式表达了愿望。但是，“全面两孩”政策实施并不是全面取消生育限制，而是在坚持计划生育的基本国策上进行的进一步调整。那么，为什么我国没有全面取消生育限制？最为主要的原因就是我国人口总量过大、人口众多的基本国情长期不会根本改变。目前我国人口总量是13.68亿，预测到2020年将是14.3亿，到2030年将是14.5亿。就是到了峰值以后缓慢下降，到2050年还有13.8亿。过去我国主要是控制人口过快增长，控制人口数量。现在我国人口政策要向提高人口素质、优化人口结构合理分布上转变，实现我国由人口大国向人力资本强国的转变。“全面两孩”政策是根据我国人口发展形势、人口与经济社会发展变化的状况，有计划、有步骤实施的人口调整政策。

2. 实训内容

公共政策评估是指评估主体依据一定的评估标准，通过一系列的评估指标和评估方法评判政策实施效果的系统过程。本实验要求学生对某一项公共政策进行评估，经过准备、实施和结束三个阶段。要求学生用政策评估理论，撰写评估报告。

3. 实训步骤

（1）围绕某一项政策，进行政策评估。

（2）准备阶段。

为了使公共政策评估取得较好的成绩，在评估实施之前必须进行扎实、细致的准备工作。它是评估工作的基础和起点，也是评估政策得以顺利进行的前提。评估方案是实施评估的依据，其合理程度在一定程度上决定着政策评估的质量，乃至政策评估活动成败，所以制定政策评估方案是准备阶段最为重要的任务。一般而言，准备阶段主要包括下列任务。

① 确定评估对象。这一环节解决的问题是“评什么”。确定评估对象实质上是解决评估客体及其时间和空间范围的问题。选择评估对象必须遵循有效性与可行性相结合的原则。由于社会的复杂性，公共政策绝对不是独立发挥作用的，而是相关政策共同发挥作用，或者说，公共政策的效果具有协同性，所以很难清楚地划分一项公共政策作用的时间和空间范围。因此，确定合适的评估对象不仅是准备阶段的关键，而且是整个政策评估过程的重要环节。

② 明确评估目的。这一环节解决的问题是“为什么评”。评估目的决定了公共政策评估的基本方向。只有解决了评估什么，为什么评估的问题，才能确定评估主体、评估标准、评估指标和评估方法等，也才能使参与评估的主体形成共识，统一评估思想。

③ 选择评估标准。这一环节解决的问题是“以什么标准评”。公共政策评估是对客观事物的价值判断。选择合适的评估标准对政策评估的质量非常重要。对于特定的评估对象，如果评估标准内容范围的过大或者过小，同一项标准过高或者过低，都无法达到原定的评估目的，

甚至会得出错误的评估结论。

④ 确定评估主体。这一环节解决的问题是“谁来评”。评估主体的多元性、独立性和专业性要求对其确定要特别谨慎。评估主体包括哪些类型的人，每一种类型的人在总体中比例是多少，或者说，这些人在评估决策中的权重如何确定，都需要认真的安排。

⑤ 确定评估手段。这一环节解决的问题是“用什么评”。政策评估是一项通过收集大量的相关数据，采用科学的评估手段和方法，对相关政策的实施效果进行的价值判断，其中涉及相当多的数据处理和价值判断，所以运用什么样的评估手段对评估结果非常重要。

上述五项任务也称为评估方案的五个基本要素，即评估者（主体）、评估对象（客体）、评估目的（出发点）、评估标准（准则）和评估方法（手段）。这五项要素构成一个完整的政策评估体系。

（3）实施阶段。

实施阶段是整个政策评估活动中最为重要的阶段。实施评估阶段关键是一些具体调查方法和评估方法的运用，该阶段的主要任务包括以下三个方面。

① 收集政策信息。实施政策评估时，评估主体需要利用各种调查手段，全面收集政策制定、政策执行、政策影响和政策效益等方面的信息。为了保证所获信息具有全面性、系统性和准确性，需要综合采用各种科学方法来收集信息。常用的方法有：观察法、查阅资料法、调查法、个案法、实验法等。

② 分析政策信息。数据收集后，更为重要的任务是分析数据。在结合政策实施的背景、时间、社会环境和其他相关政策的影响等因素的前提下，对所收集有关政策的原始数据和信息资料进行系统的整理、归类、统计和分析。

③ 得出评估结论。综合运用适合的评估方法，对政策进行评估，得出评估结论。在实施评估的过程中，评估者应该坚持评估材料的完整性和具体分析的科学性两个原则，客观、公正地反映出政策的实际效果。

（4）结束阶段。

结束阶段的主要任务是撰写评估报告、总结评估工作和评估结论的运用。

① 撰写评估报告。评估阶段结束后，评估主体应该撰写书面的评估报告。评估报告应该是总结评估主体，基于明确的评估目的、合理的评估标准和科学的评估方法对特定公共政策实施效果进行评估后得出评估结论。它比较全面地反映了公共政策执行过程的实际情况，特别是政策执行、政策影响和政策效益等方面的结论。评估报告除了对政策效果进行客观陈述、对政策进行价值判断、提出政策建议以外，还应包括对评估过程、评估方法和评估中的一些重要问题进行必要说明，对评估工作的优缺点进行总结，为提高今后的政策活动水平服务。该报告应该通过书面报告的形式提交相关机构。

② 总结评估活动。除了撰写评估报告外，对评估活动进行认真总结也是结束阶段的重要任务。首先，要自我检验、统计分析评估信息所得出的结果的可信度和有效度。其次，让评估结论与政策设计者、决策者、执行者、参与者会面，以便发挥评估的诊断、监督、反馈、完善和开发作用，提高政策的科学性。结束阶段还要注意妥善处理决策者与评估者之间的分歧，最大限度地实现决策者与评估者之间对评估报告的协调。

③ 评估结论的运用。公共政策评估结论的正确运用对评估活动具有重要意义。政策评估结论可以帮助决策者发现政策制定及执行过程中存在的问题，同时还有下列三个方面的作用：

一是评估结论可以作为政策制定和实施机构的上级部门或组织部门对被评估政策制定和执行的相关机构或个人进行奖惩的参考依据；二是被评估政策的制定和执行机构可以通过评估结论发现问题、改进工作；三是通过定期有选择地发布的评估结果可以作为加强社会舆论监督的手段。

（五）实训考核标准

该实训考核为独立考核，实训总成绩有三部分构成：实训出勤占 10%，工作表现占 15%，分析提纲和总结报告质量占 75%。

（六）实训成果及评价

每个小组按要求设计好评估提纲并提交给指导教师。指导教师对每份评估报告进行评阅和评分。

（七）实训结果反馈与运用

要求每组学生完成某一项政策的评估，教师检查并批阅分析评估报告，并在实训课上进行讲评和总结。

三、实训项目 3——政策量化分析方法

（一）实训目的与要求

通过实训，使学生掌握基本的政策量化分析方法。

（二）知识准备与书籍阅读

1. 知识准备

要求了解和掌握的知识：类别测量、顺序测量、距离测量、条形图、饼图、折线图、集中趋势、离散趋势、相关关系、回归分析等。

2. 书籍阅读

[1] 陈庆云. 公共政策分析[M]. 北京：北京大学出版社，2006.

[2] [美]托马斯・戴伊. 理解公共政策[M]. 10 版. 彭勃，等，译. 北京：华夏出版社，2004.

[3] 李钢，等. 公共政策内容分析方法[M]. 重庆：重庆大学出版社，2007.

（三）实训准备与安排

实训一般分组进行，每组 5 ~ 7 人，并确定负责人，在教师指导下完成政策量化分析任务。

（四）实训内容与步骤

1. 实训材料

量化分析与质性分析同属经验研究，指向经验问题，但量化分析是区别于质性分析的另

一种思维方式，其资料采取数字的形式，一般指的是统计数据，例如统计指标、政府预算或者是通过电话访谈以及面对面访谈所搜集的调查资料。量化分析来自以建立知识的客观性为目的的实证主义方法论传统，以变量形式，探求事物之间的因果关系。量化分析在方法观、研究对象、研究者、研究目的、研究表述及资料收集上均与质性分析有所差异。

2. 实训内容

要求学生用政策分析理论，围绕某一项政策，进行政策量化分析，撰写总结报告。

3. 实训步骤

（1）围绕某一项政策，进行政策量化分析。
（2）设计分析提纲。
（3）进行讨论。
（4）撰写总结报告。
（5）对总结报告进行评估。

（五）实训考核标准

该实训考核为独立考核，实训总成绩有三部分构成：实训出勤占 10%，工作表现占 15%，分析提纲和总结报告质量占 75%。

（六）实训成果及评价

每个小组按要求设计好分析提纲并提交给指导教师。指导教师对每份分析提纲和总结报告进行评阅和评分。

（七）实训结果反馈与运用

要求每组学生完成具体某一项政策的量化分析，教师检查并批阅分析提纲，并在实训课上进行讲评和总结。

四、实训项目 4——政策执行偏差的原因分析

（一）实训目的与要求

使学生掌握政策执行偏差的原因分析的常用方法与过程。

（二）知识准备与书籍阅读

1. 知识准备

要求了解和掌握的知识：公共政策执行的特点、公共政策执行原则、公共政策执行的地位和作用、公共政策执行手段、公共政策执行资源、公共政策执行偏差、公共政策执行偏差的矫正等。

2. 书籍阅读

[1] 丁煌. 政策执行阻滞机制及其防治对策——一项基于行为和制度的分析[M]. 北京：

人民出版社，2002.
[2] 戴艳军，吴非. 我国公共政策执行中的失控及对策探析[J]. 行政政策论坛，2003（3）.
[3] 宁国良. 论公共政策执行偏差及其矫正[J]. 湖南大学学报，2000（9）.

（三）实训准备与安排

实训一般分组进行，每组 5 ~ 7 人，并确定负责人，在教师指导下完成实验任务。

（四）实训内容与步骤

1. 实训材料

“小康村”内的伤心别墅

新疆维吾尔自治区昌吉市北沟村是远近闻名的“小康村”。远远望去，一幢幢色彩亮丽的两层“小洋楼”整齐地排列着，宛若一道风景——这是北沟一村 43 户农民的住房。19 栋色彩亮丽的别墅曾是北沟一村的骄傲，而如今，村民们却满面愁容，他们已无力归还为建别墅而欠下的贷款。43 户村民中，已有 17 户不得不卖掉别墅来还债。

2001 年，昌吉市启动了城市扩容工程，北沟一村正好在扩容工程的规划区内。经多次协商，40 户村民中的 38 户同意在城市规划区内建新居民点。同时市政府、城郊办事处和村委会的负责人参观了几家高档别墅区后，被豪华的小洋楼的富丽堂皇打动，号召村民在规划内的城区范围内兴建楼房。根据当时干部们的分析，把居民点建在城市的新区，对今后发展二三产业有利，也有利于改善生活环境，提高生活质量；另外，随着城市的发展，新房将来肯定会升值，加之耕地也会被政府征用，还可以获得一笔拆迁赔偿款。

43 户村民和村委会达成意见，倾其所有积蓄支付了楼房首付款；再由市政府协调农村信用社，每家贷款 8 万元 ~ 9 万元，建设起别墅区。

然而，正当村民等着新区尽快发展、政府尽快征用他们耕地的时候，情况有了变化。2004 年，随着国家宏观调控政策的加强，银根紧缩，土地严管，刚具雏形的昌吉市新区放慢了发展速度。农民期望的土地征用、二三产业兴旺的目标没有等来，等来的却是银行催要每年 6 000 ~ 7 000 元的贷款利息。不少村民不得不卖掉别墅还债。

近日，昌吉市委、市人民政府做出政策调整，对在北沟村卖掉住房的 11 户村民给予四项帮扶措施：在北沟一村居民点周围建设商业门面房，每户分配一间，用店铺收入解决他们今后的生活问题；加强对这 11 户村民的技能培训，增强他们劳动致富的本领；引导、鼓励周边企业优先安排这 11 户村民；在该村开展党员干部“一帮一”结对子活动，使这 11 户村民的生活尽快好起来。

案例思考：分析政策执行偏差的原因并提出对策。

2. 实训内容

要求学生掌握政策执行偏差的原因分析的常用方法与过程。

3. 实训步骤

（1）政策执行偏差的原因分析。

公共政策执行偏差表现形式多样，其产生的原因也是复杂的，具体分析主要有以下几个方面。

① 公共政策科学化程度不高。

政策本身的科学性、正确性是政策有效执行的根本前提。科学的正确的政策能被执行者所认同，被调适对象所拥护，因而能到有效执行。反之，政策执行必然在政策执行者和调适对象的消极应付和抵制中搁浅。而某些公共政策制定时，不能准确地针对政策问题，不能及时有效地解决相应的社会问题。主要表现在以下几个方面：首先，政策缺乏明晰性，政策目标错位或模糊不清。模棱两可、含糊不清的政策，使政策执行者与政策目标群体无所适从；同时，缺乏明晰性的政策会引起政策的界限不清，导致对政策的随意变通。其次，政策缺乏协调性，政出多门、政策相互矛盾或“打架”，使政策执行者难以把握正确的执行标准。再次，政策缺乏合理性，政策不可行，政策过于抽象，或缺乏具体的操作方案，使政策的实际执行过程很困难，甚至不可能。最后，政策缺乏稳定性和连续性，朝令夕改，随意变动，使执行主体无所适从。

② 利益目标的冲突。

每个人都是追求效用最大化的经济理性主义者，官员也不可避免地陷入利益目标的冲突中，实际上对每个官僚而言，他们都是个人利益、部门（层级）利益和公共利益的三重代表，尽管职务要求他们只追寻社会公共利益，但很少有人能这么做，个人利益和部门利益常常左右着他们行为。当政策执行者的利益与政策制定者或目标群体的利益发生冲突时，如果一项公共政策威胁到自身利益，执行者就有可能抵制这一政策，或通过各种手段来维护、补偿和扩大自身的利益。要使政策执行者在执行政策的过程中始终保持绝对的“价值中立”实际上是难以做到的。

③ 公共政策执行体制不健全。

政策执行体制是影响政策执行因素中重要的一环。健全的体制有利于发挥政策的作用。但现行的政策执行体制却是不能令人满意的。这主要表现在以下方面：一是政策执行的权力配置机制不合理。自 1949 年以来，我国行政职权配置经历了九次大的改革，但纵向间的中央与地方的权力规范，横向执行机构职能配置交叉重叠等矛盾依然尚未真正解决。一方面，权力过于集中，组织缺乏合理的权力制约机制，不利于调动下级组织的积极性，不能因地制宜，容易产生一刀切，从而导致政策敷衍和政策照搬。另一方面，执行权在不同地区、不同职能部门之间的配置不协调，机构之间或机构部门人员之间的权责不明确，争功诿过，政策执行中思想分歧，行动异步。甚至在执行过程中互设障碍，相互拆台。二是政策执行的信息沟通机制不健全。庞大的官僚层级系统中，信息的逐级传递会出现不可避免的过滤和扭曲。当中央向地方下传政策时，由于中央的政策更多的是宏观性和指导性的，需要地方根据实际情况，制定具体实施方案，就可能出现对信息的噪声干扰和解读失真。信息在向上传送时，下级只是有选择地上传他们的信息，地方政府的报喜不报忧，更让民情民意时有被忽略。横向执行机构间缺乏沟通协调，政策目标得不到合理分解和整合，产生执行偏差。三是政策执行的监控机制欠缺。政策执行中缺乏必要的监督和法制约束，使政策执行情况得不到及时检查，对造成政策失控者缺乏严厉惩处，从而使政策执行中的失范得不到及时防治和纠正，政策执行力削弱。

④ 公共政策执行人员素质不高。

在政策的执行阶段总要依靠一定的执行机构与人员，所以执行人员的素质就会对政策的执行顺利与否产生重大影响。目前在政策执行过程中表现出来的一系列问题说明我们的政策执行人员在自身素质上仍需要很大提高。执行人员的素质缺陷表现为：第一，执行人员的专业知识水平有限，不能正确理解政策的精神实质和内在机理，不能正确认识政策的基本内涵和具体要求。第二，执行人员的能力有限，不能有效地计划和组织实施政策，领导能力、沟通能力、协调能力、创新能力的不足，导致目标群体的不信任和不支持，失去政策执行应具有的威望。第三，执行人员缺乏战略主见和迎接挑战的心理素质，缺乏百折不挠的坚强意志和积极创新的拼搏精神，不能经受住各种挫折与打击，造成政策执行半途而废或减量减质。第四，执行人员的法制观念淡薄，不严格按照政策办事，变化的随意性很大，人治色彩浓厚。

⑤ 执行手段单一粗暴。

执行方式单一，手段粗暴，缺乏科学性。这表现在：一是滥用行政手段，目前有相当一部分执行主体不考虑被执行对象的认识水平、心理承受力等实际情况，而是一味采取高压手段以势压人，对执行对象动辄命令、强制，使执行对象从心理和行为上都难以接受。在政策执行的过程中普遍存在暴力执法现象，导致干群关系紧张，影响了执行效果，不利于完成政策执行任务。二是法律手段使用不够。依法行政是政策执行者的基本要求。但许多时候，政策执行者不严格按照法律规章办事，有法不依、执法不严等现象还在相当大程度上存在。法律手段没有发挥充分的作用。三是忽视思想教育手段的正确运用。政策宣传是思想教育的一个重要方面。政策执行人员政策宣传时要么不全面，政策解释不到位，没有把政策精神真正贯彻到群众心中去。要么宣传过度，执行人员通过报纸、电视、电台等多种媒体大张旗鼓地宣传政策，却没有拿出实际的执行行动来，使群众的政策期望经常落空，出现抵触情绪。

⑥ 政策执行资源不足。

政策资源的充足性是政策有效执行的保证。俗话说："巧妇难为无米之炊"，必要经费的不足、人力的不足，政策执行技术支撑不力，信息的不流畅，政策执行者的权威不够都是产生政策执行偏差的客观因素。当前，政策执行过程中出现的"上有政策，下有对策"的现象与政策资源的不充足是分不开的，特别是权威资源的流失。从公共政策执行失控的情况看，主要是中央宏观公共政策在执行中的失控，失控的发源地在地方政府执行机关。中央是国家宏观公共政策的制定者，因而是最高和最有权威的政策施控主体，其施控力和权威直接决定着公共政策的有效执行。地方官员的权力来自中央由上自下的层层授权，而这种授权也必然带来很大的自由裁量权，中央的意志经过层层转移，也不可能精确地传递给地方基层，权力会在层层的传递中发生流失。

（2）公共政策执行偏差的矫正。

公共政策执行偏差严重影响政策目标的实现。针对政策执行过程中所存在的种种问题，有必要采取切实的措施，消除执行障碍，使政策执行回到正确方向，提高政策执行效率。

① 科学诊断政策问题，制定科学合理的政策。

在制定政策的过程中，需要科学地诊断问题，细致地分析问题，脚踏实地地研究问题，以制定更加科学的公共政策，减少来自政策本身的障碍。政策的正确性是政策有效执行的根本前提。正确的政策符合社会发展的客观规律，代表人民的根本利益，能够促进社会的发展，给人民带来利益，能被执行者所认同，被调适对象所拥护，因而能到有效执行。反之，政策执行必然在政策执行者和调适对象的消极应付和抵制中搁浅。政策的正确性首先要求的是内容的正确、方向的正确，其次要求政策制定具有科学的理论基础、严密的逻辑关系和科学的规划程序。政策的具体明确性是政策有效执行的关键所在，是政策执行者的行动依据，也是对政策执行进行评估和控制的基础。一项政策要能够顺利执行，从技术上和操作上来说，它必须具体明确，即政策方案和目标具体明确，政策措施和行动步骤明确。同时政策的具体明确性还要求政策目标是切实可行的，是可以进行比较和衡量的，政策目标的完成必须是政策执行者职权范围内的事，政策方案应该指出所期待的结果，并有明确规定完成的期限。公共政策反映了一个执政党在一个时期内的基本政治倾向和对其掌握的政策资源的分配，因此，必须保证公共政策的相对稳定性。政策如果朝令夕改，变化多端，执行起来必然困难重重。当然在政策变革和社会大幅度发展期间，政策的改革和创新是必须的，但还是应坚持政策的连贯性，因为其决定着一国的政治稳定。而且不同的政策之间，现在和过去的政策应该保持内在联系，中央政策和地方政策在基本精神上都应该保持统一。同时，必须考虑政策之间的联系，搞好政策配套。注意不同层次、不同功能的政策配套，防止配套政策不到位而使政策执行难。为使公共政策达到上述要求，确保政策的高质量，公共政策的制定要坚持法制化、科学化、民主化。首先，公共政策的制定必须符合法律规章和制定程序，避免公共政策制定的盲目性和不规范性，保证政策制定的合法性。其次，公共政策的制定必须坚持科学化原则，制定严格的执行界限、科学的操作程序、准确的评估标准。再次，公共政策的制定必须坚持民主化原则，强调公众参与，广泛集中民智，追求社会公平、公正，确保政策的制定切合实际。最后，要加强公共政策执行的成本和收益分析。加强政策变通和利益协调，消除政策执行主体和目标群体之间的利益隔阂，争取获得目标群体更多的理解和支持，通过对受损利益群体的适当利益补偿来促进公共政策的有效运转和政策目标的实现。

② 深化行政体制改革，建立有效的政策执行机制。

公共政策总是在一定的体制下产生和运转，管理体制对政策执行有很大的制约作用，它能整合各种政治资源，协调政策执行机构内部与其组织机构之间的各种关系，为政策执行提供制度保障。完善的行政体制是公共政策顺利运作的根本要求。通过行政改革，优化政府组织结构，建立办事高效、运作协调、行为规范的行政管理体系。首先是合理划分中央与地方的事权，建立集分结合、职权明确、分工协作、科学规范的中央与地方关系体制，使公共政策走上良性运行轨道。其次，理顺各部门之间的关系，明确各部门的权力和责任，合理配置行政权力，提高政策执行的效率。最后，通过精简政府机构简化政策执行流程。政策执行是一种典型的组织行为，是在行政组织体系内从上到下的贯通过程，行政组织结构、层次是否合理对政策执行的效果产生直接影响。因此，优化政府组织结构，减少层次是简化政策执行流程、防止政策执行失控的组织保证。强化政策执行的沟通协调。加强政府部门在政策执行过程中的整合程度，建立一套上下级之间、地方之间、部门之间公共政策执行的整合协调机制。

③ 提高政策执行人员的素质。

公共政策执行是一项涉及广泛的行为，其行为后果即政策效果与公共政策执行水平密切相关，而公共政策执行水平的高低在一定程度上是由公共政策执行者的素质所决定的。公共政策执行者是政策实施中的能动因素，他们的政治思想道德素质、心理素质和知识能力素质的优劣决定着能动性发挥的大小。首先，必须提高公共政策执行者的思想政治素质，增强大局观念，防止和克服以权谋私、地方保护主义和部门保护主义，自觉抵制各种腐朽思想的侵蚀；高度重视政策执行者的道德素质，政策执行者应该做遵守社会公德和职业道德的楷模，应该成为遵纪守法、廉洁奉公的典范。其次，必须提高公共政策执行者的专业技术水平，提高政策执行的实践能力；政策执行者要学习掌握各种文化知识，精通专业知识，建立合理的知识结构，努力学习，勤于实践。再者，还必须不断增强执行人员的实际工作经验，善于处理与公众的关系，养成吃苦耐劳、不怕挫折的品格，培养创新和积极进取的精神。

④ 确保必要的政策执行资源投人。

要给予充足的政策资源。无论是什么政策，多么好的政策，如果负责执行政策的机构缺乏必要的充足的用于政策执行的资源，那么执行的结果也必将达不到政策目标所期望的要求。充足的政策资源包括：必要的经费、必要的人力资源、必要的政策执行技术支撑、必要的信息资源、必要的权威资源。不同的政策主体在政治、经济、军事等方面掌握着不同的资源，具有不同的运用资源的能力，并在社会成员心中形成不同的而相对稳定的评价。必要的经费和人力是政策执行的物质基础，许多政策都有相应的规定；信息是政策执行活动的必要条件，政策方案要保证政策执行者有畅通的信息渠道和充足的信息资源，否则，执行者就无法制定出切实可行的计划，也无法对政策执行过程实施有效的控制；权威是政策执行的根本保证，是政策有效执行的又一特殊而重要的资源，政策执行活动的基本特点是需要很多人的共同活动，而共同活动的“首要条件也就是要有一个能处理一切所管辖问题的支配作用的意志”。这个意志就是权威；必要的政策执行的技术支撑是达成政策目标的工具。没有它的支撑，政策目标也无法实现。

⑤ 加强对公共政策执行的监督。

政策合法化为公共政策的有效执行奠定了基础，然而，“徒法不足以自行”，合法化的公共政策并不能自动得到有效执行。公共政策执行过程中仍然可能会出现政策歪曲、政策截留甚至政策抗拒等现象，正如美国著名行政学家埃莉诺·奥斯特罗姆所指出的，“在每一个群体中，都有不顾道德规范、一有可能便采取机会主义行为的人；也都存在这样的情况，其潜在收益是如此之高以至于极守信用的人也会违反规范。因此，有了行为规范也不可能完全消除机会主义行为。”所以，在政策执行过程中，必须建立行之有效的监督机制和责任机制。

⑥ 多角度调节目标群体。

目标群体也是利益群体，也想追求自身利益的最大化。假如政策有利于目标群体，就轻易被他们接受，因此，要想让目标群体接受政策，顺畅执行政策，重要的是进行政策宣传、解释，使合法化的、科学化的政策的可接受性高。同时，强化目标群体的政治社会化程度。任何国家都要通过家庭、学校教育、大众传媒等渠道使人们完成有利于该社会制度的社会化过程。成功的政治社会化能扩大对公众的政策宣传，增强公众的政治参与性和政策认同感，自动倾向于接受政府制定的公共政策，积极配合政策的执行。

（五）实训考核标准

该实训考核为独立考核，实训总成绩有三部分构成：实训出勤占 10%，工作表现占 15%，分析提纲和总结报告质量占 75%。

（六）实训成果及评价

每个小组按要求设计好操作提纲并提交给指导教师，指导教师对每份操作提纲和总结报告进行评阅和评分。

（七）实训结果反馈与运用

要求每组学生完成相应任务，教师在实训课上进行讲评、讨论和总结。

第十二章　“公共经济学”课程实训

第一节　“公共经济学”实训教学大纲

一、基本信息

课程性质：专业能力培养课程。
总学时/总学分：51/3。
实训学时/实训学分：10/1。
实训对象：公共事业管理专业（本科）。
先修课程：管理学原理；公共行政学；西方经济学。

二、实训目的及要求

“公共经济学”课程实训的教学目的是让学生在掌握公共经济学理论体系及方法的基础上，能理论联系实际，形成分析公共部门的经济活动，探讨存在的实际问题和解决问题能力。实训是让学生理论联系实际，学会掌握运用公共经济学理论知识必不可少的实践环节。通过课程实训，一方面增强学生对公共经济学基本知识的理解和感性认识，便于学生掌握公共经济学的基本概念、基本原理和基本方法；另一方面提高学生发现问题、分析问题和解决问题的实际能力。

三、实训安排

“公共经济学”课程实训总学时是 10 学时，根据实训项目和实训内容，时间安排在相关章节之后，由任课老师负责组织实施。

四、实训形式

根据实训项目和实训内容要求可采取角色扮演、情景模拟、现场观摩及上机操作等实训形式。

五、实训考核方式

“公共经济学”课程实训是“公共经济学”课程教学的一个环节，实训成绩单独考核，由指导教师根据每个学生实训期间的综合表现，参照各实训项目考核标准，按百分制考核评定成绩，实训成绩作为该课程综合成绩的重要组成部分。

第二节　“公共经济学”实训项目

本节实训项目有 3 项，具体内容及安排见表 12-1。

表 12-1　公共经济学实训项目表

序号	项目名称	实训内容	实训学时	实训形式	实训类型	实训地点
1	公共决策中的偏好显示与加总模拟	模拟集体成员对公共产品的评价及权衡选择	2	情景模拟	综合性	教室
2	多数票规则下的几种投票情形演示	演示投票悖论、阿罗不可能定理及中间投票人定理	4	情景模拟	验证性	实训室
3	公债流通市场认知及操作	参观证券公司，上机模拟公债交易	4	现场观摩、上机操作	综合性	教室外实训室

一、实训项目 1——公共决策中的偏好显示与加总模拟

（一）实训目的与要求

实训目的：掌握公共决策中的偏好显示方式和偏好加总方式，了解各种偏好显示方式和偏好加总方式的优缺点。

实训要求：（1）认真看清实训项目材料。

（2）项目模拟、演示中要严肃、认真，清晰地表达自己的观点。

（3）讨论中观点要经过充分推理，寻找运用各种原理和分析工具的机会。

（二）知识准备与书籍阅读

1. 知识准备

要求了解和掌握的知识：公共物品含义与判断，公共选择的含义，多数规则下的公共物品供给，投票与决策，决策的决定因素等。

2. 书籍阅读

[1] 高培勇．公共经济学[M]．北京：中国人民大学出版社，2012.

[2] [美]詹姆斯·M. 布坎南．民主过程中的财政[M]．上海：上海三联书店，1982.

[3] [英]丹尼斯·C. 缪勒．公共选择理论[M]．北京：中国社会科学出版社，2017.

（三）实训组织与安排

将学生分组，每组 8～10 人，每组人数可为单数，也可为双数，但所分小组人数必须单

数和双数都有，然后每组就项目中的问题进行公共决策，得出决策结果。

（四）实训内容与步骤

1. 项目情景：春游地点的选择

阳春三月，春暖花开，正是春游好时节。怀化学院××级公共事业管理专业××班决定组织开展一次春游活动。可是到底去哪儿春游，大家众说纷纭，意见不一。有想去湘西凤凰的，有想去看洪江古商城的，有想就近爬爬市里中坡山的。那么，这次春游到底去哪儿？

2. 问题

分组演示决定春游地点。

3. 步骤

（1）分组并选出小组组长，组长负责主持并记录。

（2）第一次由小组组长决定采取怎样的方式来决定这次春游的地点，并按其方式决定出春游的地点。（把方式和结果记录下来）

（3）再由小组长指定一人，由他（她）来决定采取决定这次春游的地点的方式（要求新方式，不能跟前面相同），同样按其方式决定出春游的地点。（把方式和结果记录下来）如此换人决定春游地点方式直到没有新方式。

（4）组长主持讨论总结本组的决策方式有哪些，在选择春游地点中存在什么问题及怎么解决。

（5）各小组长交流、总结，并选出代表作总结发言。

（五）实训考核标准（表12-2）

表12-2　公共决策中的偏好显示与加总实训成绩评定表

实训项目名称	公共决策中的偏好显示与加总模拟
过程评价40分	1. 小组成员参与程度　得分 2. 组织纪律性　得分
总结分析评价60分	1. 加总方式总结　得分 2. 公共决策存在的问题分析　得分 3. 解决问题的对策措施　得分
总分	

说明：该成绩为小组成绩，也为每位小组成员成绩，每一小项满分是20分，共五项，满分100分。

（六）实训成果及评价

各组提交小组决定方式记录及讨论报告，课程指导教师按考核标准对每组打分。

（七）实训结果反馈及运用

课程指导教师认真阅读各组讨论报告并把点评结果反馈给学生，包括实训取得的成效、需要改善的地方以及实训后需要提升或拓展的方面。

二、实训项目 2——多数票规则下的几种投票情形演示

（一）实训目的与要求

实训目的：了解多数票规则下可能出现的几种投票结果，掌握投票悖论、阿罗不可能定理、中间投票人定理及消除投票悖论的方法。

实训要求：（1）认真看清实训项目材料。

（2）项目模拟、演示中要严肃、认真，清晰地表达自己的观点。

（3）讨论中观点要经过充分推理，寻找运用各种原理和分析工具的机会。

（二）知识准备与书籍阅读

1. 知识准备

要求了解和掌握的知识：公共选择的含义，多数规则下的公共物品供给，投票与决策，决策的决定因素，政治均衡，单峰偏好与多峰偏好等。

2. 书籍阅读

[1] 高培勇．公共经济学[M]．北京：中国人民大学出版社，2012.

[2] [美]詹姆斯·M. 布坎南．民主过程中的财政[M]．上海：上海三联书店，1982.

[3] [英]丹尼斯·C. 缪勒．公共选择理论[M]．北京：中国社会科学出版社，2017.

（三）实训组织与安排

挑选 30 个学生分成 10 组，每组 3 人，每组就项目中的方案进行投票表决，教师掌握投票表决结果，引导出投票结果的循环性（投票悖论），集体讨论怎样消除投票悖论，引出阿罗不可能定理、中间投票人定理。

（四）实训内容与步骤

1. 项目情景：投票规则下的春游地点的选择

阳春三月，春暖花开，正是春游好时节。怀化学院××级公共事业管理专业××班决定组织开展一次春游活动，可是到底去哪儿春游，大家众说纷纭，意见不一。有想去湘西凤凰的，有想去看洪江古商城的，有想就近爬爬市里中坡山的。于是形成三种方案：A 方案代表去湘西凤凰；B 方案代表去洪江古商城；C 方案代表去爬中坡山。

2. 问题

就项目中的方案进行投票表决。

3. 步骤

（1）每组分别就 A、B、C 三个方案进行投票表决。

（2）教师询问每组投票表决结果，看有没有出现表决不出结果的。

（3）对表决不出结果小组的学生，将其偏好选择排序，然后进行方案两两表决，看出现什么情况。（引出投票悖论）

（4）所有学生集体讨论怎样消除投票悖论。（引出阿罗不可能定理）

（5）总结投票结果有趣现象，引出中间投票人定理。

（五）实训考核标准

本次实训旨在通过方案表决演示，引出多数票规则下可能出现的几种投票情形，让学生们掌握投票悖论、阿罗不可能定理及中间投票人定理概念。重点在于演示、引导，不在方案表决或表决结果，因此，本次实训不进行考核，没有考核分。

（六）实训成果及评价（略）

（七）实训结果反馈与运用

课程指导教师当场认真点评投票演示过程及结果，包括实训取得的成效、需要改善的地方以及实训后需要提升或拓展的方面。

三、实训项目 3——公债流通市场认知及操作

（一）实训目的与要求

实训目的：通过现场参观证券公司，直观感受什么是公债的流通市场，通过上机操作，掌握证券、债券交易的基本技能。

实训要求：（1）证券公司参观要虚心好学，尽可能多地了解证券知识。

（2）模拟证券、债券交易上机操作，在掌握基本交易流程操作的基础上，尽可能掌握一些交易技巧。

（二）知识准备与书籍阅读

1. 知识准备

要求了解和掌握的知识：公债的含义，公债的种类，公债的发行，一级市场，二级市场，证券交易知识，公债的应债来源等。

2. 书籍阅读

[1] 高培勇. 公共经济学[M]. 北京：中国人民大学出版社，2012.

[2] 高培勇. 国债运行机制研究[M]. 北京：商务印书馆，1995.

[3] 吴晓求. 证券投资学[M]. 北京：北京经济学院出版社，2014.

（三）实训组织与安排

根据学生人数与证券公司情况，分批次或整体参观证券公司，时间安排 2 课时；上机操作时间安排 2 课时，1 人 1 台电脑。

（四）实训内容与步骤

1. 项目情景一：证券公司参观

实地参观证券公司，了解证券开户流程、证券交易规则、证券交易基本操作等。

步骤：

（1）证券公司安排人员讲解相关证券知识。

（2）参观证券公司相关各部门。

2. 项目情景二：上机操作

模拟完成证券（股票或债券）交易过程，即交易软件下载安装、选股、委托买入、委托卖出、撤单、成交查询等环节，能看懂大盘指数、K线图、分时图等基本技术指标。

步骤：

（1）证券交易软件下载、安装。

（2）课程指导教师交易知识讲解。

（3）学生模拟交易，包括选投、委托买卖、撤单、成交查询等。

（五）实训考核标准（表12-3）

表12-3　公债流通市场认知及操作实训成绩评定表

实训项目名称	公债流通市场认知及操作
证券公司观摩40分	1. 组织纪律性　得分 2. 参观过程中表现　得分
上机操作60分	1. 交易流程掌握程度　得分 2. 交易知识了解程度　得分 3. 组织纪律性　得分
总分	

说明：每一小项满分是20分，共五项，满分100分。

（六）实训成果及评价

课程指导教师根据学生现场表现及上机操作表现，当场按考核标准对学生打分。

（七）实训结果反馈与运用

课程指导教师当场对学生操作给予指导与演示，解答学生提问。

第十三章　“公共部门人力资源管理”课程实训

第一节　“公共部门人力资源管理”实训教学大纲

一、基本信息

课程性质：专业能力培养课程。
总学时/总学分：51/3.0。
实训学时/实训学分：17/1.2。
实训对象：公共事业管理专业（本科）。

二、实训目的及要求

“公共部门人力资源管理”课程实训以公共部门的人力资源为主要研究对象，实训内容主要包括公共部门人力资源的选拔与录用、常用公文写作、公共部门人力资源的培训与开发三个部分。为了提高公共事业管理专业学生的专业认知感，适应现今公务员考试的考核内容，更好满足市场对管理人才的要求，实训要求实时现场模拟公共部门人力资源管理中的相关项目，通过实训的操作体验公共部门人力资源的相关过程，从而更好地理解公共部门人力资源管理的理论知识，较快地适应日后的管理工作，着力培养应用型人才以满足社会需要。

三、实训安排

实训总学时为 54 学时，其中实训实验 17 学时，分 4 次进行，分别安排在课程的相关章节之后。

四、实训形式

实训形式主要采取以学生自主模拟和分享学习的开放式教学组织，教师可以在实训过程中进行个别指导。

五、实训考核方式

每个实训项目必须写成实训报告，内容包括实训目的、实训内容、实训步骤、实训结果、问题讨论与心得等。该实训占本门课程成绩的40%，具体由实训成绩考核和实训报告组成。实训成绩是该课程综合成绩的重要组成部分。

第二节　“公共部门人力资源管理”实训项目

本节实训项目有4项，具体内容及安排见表13-1。

表13-1　公共部门人力资源管理实训项目表

序号	项目名称	实训内容	实训学时	实训形式	实训类型	实训地点
1	结构化面试	历年公务员面试经典试题现场模拟、模拟评议、面试总结	5	情景模拟	综合性	实训室
2	非结构化面试	非领导小组讨论、主题辩论、案例分析、情景模拟等、面试评议、面试总结	5	情景模拟	综合性	实训室
3	常用公文写作	常用公文分类、小组讨论学习、撰写常用公文、展示学习成果、公文竞赛等	3	分享学习	综合性	实训室
4	培训规划设计	培训需求分析、培训规划设计、培训安排	4	情景模拟	综合性	实训室

一、实训项目1——结构化面试

（一）实训目的与要求

（1）初步掌握公共部门人力资源管理选拔与录用的相关知识点。

（2）了解结构化面试需要准备的知识储备、文件材料，以及与面试所涉及的角色。

（3）真实体验结构化面试的整个过程。

（4）实训期间，了解实训室管理相关规定并注意安全。

（二）结构化面试的理论基础

结构化面试是指面试的内容、形式、程序、评分标准及结果的合成与分析等构成要素，按统一制定的标准和要求进行的面试。

结构化面试主要包括情境问题、工作知识问题、工作样本模拟问题、工作要求问题四个方面，全面考察面试人员的一般工作能力、组织领导能力和个性特征等素质。

（三）实训准备与安排

前期要求掌握的知识：公共部门人力资源管理选拔与录用的相关知识、结构化面试的相关知识，Internet的操作、国家及地方的时事政策信息。

硬、软件准备：计算机、Windows操作系统、Office办公软件、独立办公室、时钟、计时器。

（四）实训内容与步骤

（1）将班级成员分成三组：一组担任结构化面试的组织者，组织面试官和面试人员按照规定程序进行结构化面试，并统计公示面试成绩；一组担任结构化面试的面试者，分小组真实体验结构化面试的过程和面试题目；最后一组担任面试官，了解面试的考评标准，客观公正进行考核评分。

（2）一轮面试模拟之后，由面试官和其他面试人员对面试进行全面评价与个人点评，在互动交流中有针对性地提高。

（3）每组的身份进行轮换，全方位感受结构化面试的组织、考评标准和面试技巧。

（五）实训考核方式与评价标准

1. 实训考核标准

结构化面试考核主要考量面试者的面试礼仪、语言表达能力、问题分析能力、处理问题能力等各方面的综合素质。同时还会考察到面试者在面试高压环境下的心理调适，对知识的储备与运用，对国内外时事的理解与发挥。

2. 实训成果及评价

实训成果主要从模拟面试整个过程的角色扮演中进行评价，面试模拟评分是主要的评价内容。主要通过两个方面来评议，一是过程评价（30%），主要评价小组成员的参与性、组织形式的多样性、面试内容的科学性、组织过程的纪律性等；二是总结性评价（70%），主要包括小组讨论及面试回答的准确性、丰富性，问题分析及解决方案的深度性、科学性，实训汇报的表现与形式等进行评议。根据考核标准的要求，教师为面试者进行面试客观地评分，并针对其模拟表现进行探讨式评议，广泛吸收教师和其他学生的意见。实训结束后，每个学生完成模拟总结报告，总结整个模拟训练的感受与收获，反思面试中的不足之处，以备日后改进与提升。

（六）实训结果反馈与运用

通过结构化面试的实训训练，细心观察实训参与学生的参与情况，结合学生的自我模拟总结报告，不断完善教学实训项目，以满足学生对实训的需要，提升学生课程实践能力。

二、实训项目 2——非结构化面试

（一）实训目的与要求

（1）初步掌握公共部门人力资源管理选拔与录用的相关知识点。

（2）了解非结构化面试需要准备的知识储备、文件材料，以及与面试所涉及的角色。

（3）真实体验非结构化面试的整个过程。

（4）实训期间，了解实训室管理相关规定并注意安全。

（二）非结构化面试的理论基础

非结构化面试就是没有既定的模式、框架和程序，主考官可以“随意”向被测者提出问题，而对被测者来说也无固定答题标准的面试形式。主考官提问问题的内容和顺序都取决于其本身的兴趣和现场应试者的回答。

非结构化面试的形式多种多样，一般来说采用案例分析、脑筋急转弯、情景模拟等方式。

（三）实训准备与安排

前期要求掌握的知识：公共部门人力资源管理选拔与录用的相关知识、结构化面试的相关知识，Internet 的操作、国家及地方的时事政策信息。

硬、软件准备：计算机、Windows 操作系统、Office 办公软件、独立办公室、计时器。

（四）实训内容与步骤

（1）非结构化面试的形式具有多样性，优先选择几项常用或学生感兴趣的面试方式进行分组组织，各组安排实训面试题目和考评标准，独立组织非结构化面试。

（2）一轮面试模拟之后，由面试官和其他面试人员对面试进行全面评价与个人点评，在互动交流中有针对性地提高。

（3）每组的身份进行轮换，全方位感受结构化面试的组织、考评标准和面试技巧。

（4）非结构化面试具有灵活性，在条件成熟的情况下，邀请学院其他教师或者专业面试教师进行面试模拟的个别指导，从而较快提高面试能力。

（五）实训考核方式与评价标准

1. 实训考核标准

非结构化面试考核主要考量面试者的面试礼仪、语言表达能力、问题分析能力、处理问题能力等各方面的综合素质。同时还会考察面试者在面试高压环境下的心理调适，对知识的储备与运用，对国内外时事的理解与发挥。

2. 实训成果及评价

实训成果主要从模拟面试整个过程的角色扮演中进行评价，面试模拟评分是主要的评价内容。根据考核标准的要求，教师为面试者进行面试客观地评分，并针对其模拟表现进行探讨式评议，广泛吸收教师和其他同学的意见。实训结束后，每个学生完成模拟总结报告，总结整个模拟训练的感受与收获，反思面试中的不足之处，以备日后改进与提升。

（六）实训结果反馈与运用

通过非结构化面试的实训训练，细心观察实训参与学生的参与情况，结合学生的自我模拟总结报告，不断完善教学实训项目，以满足学生对实训的需要，提升学生课程实践能力。

三、实训项目 3——常用公文写作

（一）实训目的与要求

（1）初步掌握公共部门常用公文写作的相关知识点。

（2）了解公文写作需要准备的知识储备、文件材料，以及与公文处理所涉及的角色。

（3）理解并熟悉公文处理的过程和具体工作，真实体验公文写作及处理的整个过程。

（4）实训期间，了解实训室管理相关规定并注意安全。

（二）常用公文写作的理论基础

现代公文，主要指党政机关在实施领导和行政管理过程中形成的具有法定效力和规范体式的文书，是进行领导管理和公务活动的重要工具，也泛指各级各类机关、社会团体、企事业单位制订、使用的公务文书。

公文写作，是指公务文书的写作，是文件的拟稿工作，它是机关制发文件的第一个工作环节。

行政公文种类包括以下 15 种：命令、决定、公告、通告、通知、通报、议案、报告、请示、批复、意见、函、纪要、公报、决议。事务公文包括计划、总结、调查报告、领导讲话稿、典型材料等。

（三）实训准备与安排

前期要求掌握的知识：公共部门人力资源管理选拔与录用的相关知识、常用公文写作的相关知识、办公室自动化应用、Internet 的操作、国家及地方的时事政策信息。

硬、软件准备：计算机、Windows 操作系统、Office 办公软件。

（四）实训内容与步骤

（1）进行公共部门常用公文写作的知识学习，了解公文写作的重要性，明确常用公文的分类，理解办公室自动化的新动态，熟练掌握常用公文的写作及处理，便于开展后期的实训操作。

（2）针对常用公文的分类进行分组，小组成员之间自主讨论学习，全面理解本组的公文相关知识及公文处理流程。

（3）各小组分别整理学习成果，可采取多种方式共同分享给其他小组，进而展开探讨式学习，从互动交流中掌握各类常用公文的写作及处理。

（4）通过知识竞赛或者公文写作竞赛等多种模拟形式，加强学生自主知识学习，提高学习的趣味性，巩固所学的公文知识。

（5）针对公文写作中常出现的问题及注意事项，重点提出以进行分享学习；并根据实训学习，各小组分别完成其他组的分类公文的写作，从而全面掌握公文的写作及处理。

（五）实训考核方式与评价标准

1. 实训考核标准

实训考核主要考察常用公文的知识储备、常用公文的写作能力、公文的处理能力，并根据分享学习的成果汇报的表现进行综合评价。

2. 实训成果及评价

实训成果主要评价内容是公文的知识储备与写作。分享学习是实训的主要方式，各小组可采取多种多样的分享方式。根据考核标准的要求，教师根据分享学习汇报的实训成果、实训汇报表现及常用公文实践写作三个方面进行客观评分。

（六）实训结果反馈与运用

通过常用公文写作的实训训练，细心观察实训参与学生的参与情况，结合学生的分享学习汇报，不断完善教学实训项目，以满足学生对实训的需要，提升学生课程实践能力。

四、实训项目4——培训规划设计

（一）实训目的与要求

（1）初步掌握公共部门人力资源培训设计的相关知识点。

（2）了解人力资源培训设计需要准备的知识储备、文件材料、信息收集分析。

（3）真实体验公共部门人力资源培训设计的整个过程。

（4）实训期间，了解实训室管理相关规定并注意安全。

（二）培训规划设计的理论基础

公共部门人力资源管理是指以国家行政组织为主要对象，依据法律规定对其所属的人力资源进行规划、录用、任用、使用、工资、保障等管理活动和过程的总和。

公共部门人力资源规划是指国家人事行政主管机构以及各级国家行政机关、国有企事业单位，根据一定时期内组织制定的发展战略与目标，运用科学的知识和方法进行预测，并确定公共部门对人力资源需求状况的管理过程。公共部门人力资源规划的内容主要包括：随着组织内外部环境的变化，组织对人力资源需求提出的新要求；根据组织近期和长期的目标，预测组织未来人力资源的需求及评估等。

（三）实训准备与安排

前期要求掌握的知识：公共部门人力资源规划的相关知识、培训设计的相关知识、办公室自动化应用、Internet的操作、国家及地方的时事政策信息。

硬、软件准备：计算机、Windows操作系统、Office办公软件、会议室。

（四）实训内容与步骤

（1）进行培训设计的相关知识梳理，了解培训设计的基本程序，掌握培训设计的基本方法。

（2）以培训服务对象或项目进行分组，各小组独立组织培训服务需求调查，从而有针对性地设计公共部门人力资源培训项目。

（3）在大量资料分析的基础上，根据不同的培训需要选择适合的培训方式，开展合理的人力资源培训。

（4）收集培训反馈信息，总结培训设计的经验与不足，撰写培训设计报告。

（五）实训考核方式与评价标准

1. 实训考核标准

实训考核主要考核培训设计报告的完整性、可行性与科学性，人力资源培训实践的被培训者的培训效果反映，实训者的培训总结的内容。

2. 实训成果及评价

实训成果主要是人力资源培训模拟和培训设计报告。根据考核标准的要求，教师为学生的人力资源培训模拟进行客观的评分，并针对其模拟表现进行探讨式评议，广泛吸收教师和其他学生的意见。实训结束后，每个学生独立完成培训设计报告，总结整个模拟训练的感受与收获，反思不足之处，以备日后改进与提升。

（六）实训结果反馈与运用

通过培训规划设计的实训训练，细心观察实训参与学生的参与情况，结合学生的培训设计报告，不断完善教学实训项目，以满足学生对实训的需要，提升学生课程实践能力。

第十四章　“公共部门危机管理”课程实训

第一节　“公共部门危机管理”实训教学大纲

一、基本信息

课程性质：专业能力培养课程。
总学时/总学分：51/3.0。
实训学时/实训学分：24/1.5。
实训对象：公共事业管理专业（本科）。
先修课程：管理学原理、公共管理学、公共行政学、政治学。

二、实训目的及要求

“公共部门危机管理”课程实训教学是实现公共事业管理专业应用型人才培养的重要环节。该课程实训旨在培养学生对公共危机事件进行应急处置、善后处理、危机预防与预警的能力等。同时，通过“公共部门危机管理”课程实训环节的教学，加深学生对“公共部门危机管理”基本概念、基本过程、基本策略、主要技巧等的理解程度，使学生较系统地掌握危机预警与监测、应急处置、善后处理等的基本原理、策略、方法与技巧，培养学生构建公共部门危机管理组织体系，制订应急预案，构建预警体系，进行应急处置、善后处理、危机管理评估等方面的能力。

三、实训安排及程序

“公共部门危机管理”实训项目总学时为 24 学时，实训时间安排在章节理论课之前或之后，具体时间由课程教学团队的指导教师协商确定。6 个实训项目皆分小组进行，每组人数因实际情况有所不同，一般在 8～10 人。小组在教师指导下完成从实训方案设计、资料收集、实地调研到资料分析与实训方案落实整个过程的操作，并提交书面报告或项目设计书等。第三个项目与第六个项目属综合实训项目，由第一、二、三、五、六个实训项目等综合而成。实训过程包括：每组独立且团队成员合作设计实训方案、完成实训项目、每组组长汇报实训情况并撰写小组实训报告与项目设计书、实训指导老师对实训情况进行反馈与点评、学生根据反馈与点评进行修改并上交实训作品等环节。

四、实训考核方式

实训考核方式以团队合作式项目化考核方式为主，学生以小组为单位上交实训作品与相关原始资料，教师根据出勤情况、工作方案、原始资料与作品及实训项目所产生的社会影响等进行考核。考核时各部分的比例关系根据具体项目的实际情况进行调整，一般社会影响类的实效性评价与过程材料占60%以上。实训成绩按四级分制确定，即优秀、良好、及格、不及格。学生课程实训的综合表现计入平时成绩，占平时成绩的30%。原始资料主要依据实训过程中学生的调研材料、会商时的会议记录材料、活动时的相片、所上交的实训作品等进行评价；社会影响评价或通过答辩的方式进行评价，即由专家根据学生上交的报告随机提问，并给予等级评价，或以相应的政府部门专家评价的方式进行评价，由所提供服务或拟提供服务的政府部门等的专家等给予评价，或两种方式共同进行。

第二节 “公共部门危机管理”实训项目

本节实训项目有6项，具体内容及安排见表14-1。

表14-1 公共部门危机管理实训项目

序号	项目名称	实训内容	实训学时	实训形式	实训类型	实训地点
1	公共危机事件识别与评价	利用风险因子表等识别公共危机事件，分析其成因，并对风险程度等进行评价	2	情景模拟	验证性	社会组织与实训室
2	公共危机事件的预警与监测体系构建	分析某单位的危机事件的监测与预警系统，提出改进性建议	4	考察与研讨	设计性	政府部门
3	公共危机事件的应急处置模拟	应急处响应、应急指挥中心的构建、应急组织体系构建及管理、应急策略选择等	4	软件训练与社会调研	综合性	实训室
4	公共危机事件的善后处置模拟	居民生活秩序的恢复、事件的原因调查、灾民安置与心理健康辅导、相关责任的追究、预案修订、制度与法制建设等	4	案例分析与讨论	验证性	政府部门学校
5	公共危机管理体系构建	体系的组成、各部门的职责、人员配置等	4	案例分析与讨论	设计性	政府部门实训室
6	应急预案编制	应急预案的组成与撰写	4	案例分析与讨论	设计性	政府部门实训室

一、实训项目1——公共危机事件识别与评价

（一）实训目的与要求

该实训项目为验证性实训项目。通过实训，培养学生的公共危机管理意识和风险识别能

力。学生通过收集资料、调查研究等，全面了解我国当前公共危机事件多发、频发、高发的现状及危机事件的严重危害，使学生了解公共危机识别的意义与紧迫性。同时，通过危机识别与评估，使学生掌握危机因子表识别法、因果树法、关联法等公共危机事因素识别法使用的原理、应用的步骤及应用的技巧，掌握危机评价的基本过程及单因素评价与综合因素评价两种评价方法，初步具备特定危机事件危机因素识别指标体系构建、利用单因素、综合因素进行危机因素识别与评价的能力。

（二）知识准备与书籍阅读

1. 知识准备

根据风险识别模型、社会稳定性理论、风险评价模型与社会稳定风险评估原理等，重大行政决策等可能存在众多隐患，如决策无法之授权、决策程序不科学、民众参与度不高、可行性不强等，致使决策在实际运行过程中受到阻力，严重时引发群体性事件。根据奥古斯丁、希斯、皮尔森等人的理论，危机事件的爆发一般会经过危机因素的积累、负能量的积聚致使社会安全阀功能丧失再到危机事件局部爆发，最后到危机事件全面爆发的过程，故在危机事件爆发之前利用一定的指标和一定的方法可对危机因素进行较全面的识别与评价，并可较准确的预测危机因素的未来发展趋势，为后续的应急处置、预警与监测及善后处置等提供基础。根据国家公安部、政法委等的文件精神，我国的危机事件一般可分为特别重大、重大、较大与一般四级。政法部门等特别规定，群体性事件的损失程度可分为五级、发生概率也分为五级，可通过风险损失与风险概率可计算出风险影响，进而依据风险影响对风险进行综合评价。

2. 书籍阅读

[1] 唐钧. 社会稳定风险评估与管理[M]. 北京：北京大学出版社，2014.

[2] 张燕. 风险社会与网络传播[M]. 北京：社会科学文献出版社，2014.

[3] 闪淳昌. 应急管理：中国特色的运行模式与实践[M]. 北京：北京师范大学出版社，2011.

（三）实训准备与组织安排

实训主要采取教师讲授与情景模拟相结合的方式进行。首先,教师在课内重点讲授公共危机识别与评价的基本原理，主要包括概念、识别模型、评价模型等，带学生进行简单的案例分析；其次，教师帮助学生选择 1 个怀化市政府部门的重大行政决策或重大项目作为危机源，拟对此危机源的危机因素进行识别；其次，分别采用单因素评价、综合因素评价等方法对危机的可能性损失进行评价；最后，学生制作 PPT，专人负责讲述。

实训分组进行，每组学生 6 ~ 8 人，每组选举小组长 1 名，每组先在教师的指导下进行选题，其次分工合作完成各项任务，然后共同完成汇报用的 PPT。

（四）实训内容与具体步骤

1. 实训内容

（1）公共危机事件的演化过程。

（2）用风险因子表法等识别危机的风险暴露与风险因素。

（3）采用单因素、综合因素法对风险因素进行评价。

2. 实训的具体步骤

（1）模拟接案并组建队伍。针对怀化市政府部门近期制定或出台的政策或拟实施的项目，从中选择 1 个，作为危机识别与评价的对象，模拟与政府部门签订评估合同。组建危机识别与评估队伍，明确团队成员的任务及内部分工，明确识别与评估的目标。

（2）制订风险评估方案。重点包括选择危机识别的方法、危机评价的模型、危机识别与评估的范围与内容、危机识别与评估的理论依据与政策制度依据、社会调查方案等。

（3）收集法律资料进行合法性评估。合法性不足是重大行政决策等的主要风险因素之一，故识别与评估须从合法性评估开始，这包括收集重大行政决策所涉及的所有法律、法规、制度与政策，从行政程序的合法性、决策内容与各部门法的吻合性、决策与经济社会发展规划的符合性等。

（4）设计调查问卷。调查问卷指标应涉及民众的了解度、认可度、支持度、容忍度、与经济社会发展的契合度、民众心理行为的调适度、与环境的整合度等。

（5）实地调研与识别风险。各小组成员深入基层，识别利益相关者，采取座谈法、观察法等了解民众的利益诉求及利益损失情况，采用问卷调查了解民众的了解度、认可度等。

（6）单因素风险分析。利用风险因素识别表法识别危机因素，并采用五级评价法对单个危机因素的发生概率、损失程度与风险程度。

（7）综合风险研判。充分考虑单个危机因素间的相关性，利用矩阵法对整个危机源的总体风险进行评价。

（8）预控对策探讨。学生查阅资料，分析危机因素演化的进程，探讨各危机因素生成的原因，针对地提出控制的对策。

（9）风险定级。对危机源进行初次定级（未落实控制对策前的影响程度定级）与二次定级（落实控制对策后的影响程度定级）。

（10）撰写《A 政策社会稳定风险分析与评估报告》。

（五）实训考核方式与评价标准

1. 实训考核方式

依据小组参与实训过程中的表现、所收集资料的完善程度、所分析原因与根源的正确程度、所提对策的可控程度、稳定风险识别与评价的准确程度、所撰写报告的规范程度及所提交材料的真实程度等进行评价，采取评审的方式进行。

2. 实训评价标准

实训总成绩由四部分构成：危机因素控制对策占 20%，社会调研与利益相关者识别占 25%，危机因素识别与评估占 35%，答辩占 20%。

评价标准：优秀——社会调研与利益相关者识别到位、危机因素识别全面准确、单因素风险评价准确且多因素评价合理、控制对策全面且针对性强，报告格式规范且内容正确；良好——社会调研与利益相关者识别到位、危机因素识别全面较准确、单因素风险评价较准确且多因素评价较合理、控制对策较全面且具有一定的价值，报告格式规范且内容正确；不及格——社会调研与利益相关者识别不到位、危机因素识别不全面、单因素风险评价出错误、控制对策笼统且缺乏操作性，报告格式不规范；其他为及格。

（六）实训结果反馈与运用

教师就实训整个过程和每个小组所提交风险评估报告及答辩会进行评价反馈，包括实训过程中的表现、所收集资料的完善程度、所分析原因与根源的正确程度、所提对策的可控程度、稳定风险识别与评价的准确程度、所撰写报告的规范程度及所提交材料的真实程度等，指出有待进一步完善之处，从而使实训项目的整个过程形成一个完整的闭环系统。学生所完成的优秀作品交给武陵山中心专家与怀化市预防与化解风险协会专家评审，且将经专家认可的对策提交给怀化市政法委、怀化市应急管理办公室供相应单位决策时参考。

二、实训项目 2——公共危机事件的监测与预警

（一）实训目的与要求

该实训项目为设计性实训项目。教学目的是使学生加深对公共危机监测与预警理论的理解，认识公共危机监测与预警的重要性与当前我国公共危机事件预警体系的基本组成，掌握社会安全事件监测的一般方法与技巧，具备一定的大型活动监测与预警体系构建与实施的能力。

（二）知识准备与书籍阅读

1. 知识准备

根据信号侦测原理，通过长期地、连续地收集、核对、分析监测目标的动态分布、影响因素、影响范围和后果等资料，运用逻辑推理和科学预测的方法、技术，可对某些危机事件出现的约束性条件、未来发展趋势和演变规律等作出估计与推测，将相关信息及时上报和反馈，并发出确切的警示或信息，使政府与民众提前了解危机发展的状态，以便及时采取应对策略，防止或消除不利后果。

2. 书籍阅读

[1] 刘鹏. 城市公共危机预警研究[M]. 北京：中国翻译出版社，2014.

[2] 张燕. 风险社会与网络传播[M]. 北京：社会科学文献出版社，2014.

[3] 罗建军. 突发事件应对案例[M]. 长沙：湖南科学技术出版社，2011.

（三）实训准备与组织安排

实训主要采取教师讲授与实地考察相结合的方式进行。首先，教师在课内重点讲授公共危机预警与监测的基本原理，主要包括概念、预警体系、监测模型等；其次，教师联系公安局、卫生局、食监局、地震局等单位，了解各单位的预警体系与监测体系；再次，分小组安排学生到四单位进行考察学习，了解和掌握四单位的预警与监测体系；最后，学生总结，并制作 PPT，专人负责讲述。

实训分组进行，每组学生 15 ~ 20 人，每组选举组长与副组长各 1 名，每组先在教师的指导下查阅资料，其次分工合作完成考察学习的各项任务，然后共同完成汇报用的 PPT。

（四）实训内容与具体步骤

1. 实训内容

（1）A 部门公共危机管理之预警与监测体系的组成、特点。

（2）A 组织预警与监测体系的不足与改进对策。

2. 实训的具体步骤

（1）利用案例教学，教师讲授预警与监测的基本理论。

（2）教师联系四大局相应专家，分别来校介绍各自的预警与监测体系。分小组进行，每个小组安排 1 位专家负责讲授。

（3）学生收集相应部门危机预警与监测体系的资料，加深对相应体系的认知。

（4）学生分小组赴相应单位考察学习各单位的预警与监测体系。

（5）学生查阅资料，利用理论对危机预警与监测体系的现状分析，发现问题、分析原因并提出对策。

（6）上交题为《A 单位公共危机预警与监测体系的思考》的学习考察总结。

（7）教师点评，专家评分。

（五）实训考核方式与评价标准

1. 实训考核方式

依据小组参与实训过程中的表现、所收集资料的完善程度、问题及原因分析的准确程度、所提对策的可行程度、所撰写材料的规范程度及所提交材料的真实程度等进行评价，采取考核的方式进行。

2. 实训评价标准

实训总成绩由四部分构成：活动参与占 20%，现状与问题分析占 25%，完善对策占 35%，学习总结占 20%。

评价标准：优秀——活动积极参与、现状与问题分析全面且深刻、所提对策切实可行且针对性强，文本格式规范且内容正确；良好——活动较积极参与、现状与问题分析全面准确、所提对策具有可行性与针对性，文本格式较规范且内容正确；不及格——活动没有参与、主要问题没有发现、所提对策笼统且缺乏针对性，文本格式不规；其他为及格。

（六）实训结果反馈与运用

教师就实训整个过程和每小组所提交学习总结等进行评价反馈，包括实训过程中的表现、所收集资料的完善程度、所分析原因与根源的正确程度、所提对策的可行程度、所撰写文本的规范程度及所提交材料的真实程度等，指出有待进一步完善之处。学生所完成的优秀作品通过教师转交武陵山中心专家与怀化市预防与化解风险协会专家评阅，且将经专家认可的对策提交给相关部门供决策时参考。

三、实训项目 3——公共危机事件的应急处置

（一）实训目的与要求

该实训项目为综合性实训项目。通过案例教学与视频观摩的方法，加深学生专业理论的

同时，使学生了解应急处置的相关法律，熟悉应急处置的一般程序，包括应急响应、预案启动、应急指挥、应急救援等的过程，使学生知晓公共危机应急处置的主要内容，理解掌握公共危机事件应急处置的基本过程、策略与方法，初步形成学生进行应急处置的基本技能，同时使学生具备构建团队对危机事件进行应急处置的能力。

（二）知识准备与书籍阅读

1. 知识准备

根据公共危机控制理论，公共法危机事件的全面爆发需要一个过程，找准关键点并果断采取措施是危机控制的着眼点。危机事件爆发以后，相关部门应迅速进行应急响应，及时启动预案，组建危机事件处理指挥中心与专门的危机事件处理组织体系，并选择正确的方法与策略对危机事件进行处理。危机事件处理组织体系至少应由救援组、医疗组、后勤保障组、交通运输组、办公室等部门组成，常用的危机事件处理策略有隔离、转嫁、中止、减损与利用等。

2. 书籍阅读

[1] 闪淳昌. 应急管理：中国特色的运行模式与实践[M]. 北京：北京师范大学出版社，2011.

[2] 罗建军. 应急管理概论[M]. 长沙：湖南科学技术出版社，2011.

[3] 罗建军. 突发事件应对案例[M]. 长沙：湖南科学技术出版社，2011.

（三）实训准备与组织安排

实训主要采取教师案例教学与视频观摩相结合的方式进行。教师首先在课内通过案例重点讲授公共危机应急处置的基本原理，主要包括应急响应、预案启动、应急指挥、应急救援等；其次，组织学生观看 1-2 个我国重大危机事件应急处置的视频；然后，组织学生进行讨论；最后，学生总结，写出观摩的案例分析报告，制作 PPT，专人负责汇报。

实训分组进行，每组学生 7 ~ 9 人，每组选举组长 1 名，每组首先在教师的指导下分析教师课内讲授的案例，进行观摩；其次分组进行研讨，关键从应急响应、应急救援队伍建设、应急救援与预案启动等方面进行研讨；最后共同完成报告与汇报用的 PPT。

（四）实训内容与具体步骤

1. 实训内容

（1）应急管理体系的组成及功能。

（2）应急处置过程。

（3）应急处置的策略与技巧。

2. 具体步骤

（1）应急处置案例分析，通过案例分析教师讲授基本理论。

（2）视频观摩，如中国近年重大公共危机事件的处置过程。

（3）学生收集武陵山片区应急管理案例，以组为单位进行研讨，发现问题并利用理论进行评价与案例分析。

（4）提出提升政府部门应急处置能力的对策。

（5）应急事件新闻发言模拟。

（6）上交实训报告《A危机事件案例分析报告》。

案例：

常吉高速槽罐车爆炸　3名消防员牺牲

10月6日上午，怀化市沅陵县境内的常吉高速官庄镇1117段地穆庵隧道西口，一场侧翻车祸导致2人当场死亡。在随后的救援过程中，出事的液化气槽罐车突然发生爆炸，冲击波辐射超过500米。来不及撤离的3名消防人员胡友生、吴奇龙、杨勇再也没有爬起来。而在远处，被疏散的50多名乘客无一伤亡。事发28小时后，爆炸的槽罐里残留的液化气依然在燃烧。

路边埋下重20吨的“定时炸弹”

沅陵县消防大队接到高速交警的报警是在10月6日的9时10分，一辆满载液化气的槽罐车发生侧翻后撞破护栏，翻滚着冲出路面，偌大的液化气槽罐躺在路基北面，如同在地穆庵隧道西口装上了一个重达20吨的“定时炸弹”。

10时15分，10名消防官兵和两台救援车辆到达现场，罐体受损，未发生泄漏，车头被挤压变形。到11时30分，驾驶室内被困的两人被成功救出抬上救护车（后经确认死亡）。此时现场两端拥堵的车流还在延长，而这个满载20吨液化气的槽罐仍有泄漏的可能。

50余名乘客成功疏散

11时50分许，在消防官兵清理出一个“安全通道”后，因拥堵而滞留现场附近的社会车辆上50余名乘客被成功疏散。

随后，安监等部门调集车辆设备开始对侧翻罐车的液化气实施倒罐处置，消防承担现场安全防护，在距离事故罐车40米处架设1支移动水炮，沅陵消防中队的胡友生、吴奇龙等4名消防官兵从距离事故点约120米的高速公路下方小溪旁，利用手台机动泵取水，铺设水带做好不间断供水准备。

液化气槽罐突然泄漏发生爆炸

12时左右，液化气槽罐在没有任何预兆的情况下突然发生撕裂、液化气开始泄漏，白色的气体瞬间笼罩现场。短短一两秒，高浓度的液化气就将地穆庵隧道西口“塞”住，伴随着巨响，橘红色的火光从一片灰白背后闪出。

当人们的视野逐渐恢复清晰时，停放在距离事发槽罐车约二三十米处的两辆消防车已经变成了带着火苗的灰黑色铁壳。沅陵消防中队中士胡友生、上等兵吴奇龙及合同制消防员杨勇已经牺牲。

“能看到爆炸产生的气浪扫过，冲击波辐射超过半公里。”一名受伤的消防战士告诉记者。

直到10月7日下午，发生爆炸的槽罐内残留的液化气仍在燃烧，已经持续了28小时，而地穆庵隧道在爆炸中也一定程度受损。

目前，常吉高速马底驿至官庄段已基本恢复双向通行。公安部消防局专家已赶至事发现场，事故原因正在调查之中。

（资料来源：10·6怀化气罐车爆炸事故[EB/OL]. [2012-10-10][2013-05-25]. http://baike.so.com/doc/9904398-10251620.html.）

（五）实训考核方式与评价标准

1. 实训考核方式

依据小组参与实训过程中的表现、案例的分析情况、问题及原因的正确度、所提对策的可行程度、所撰写材料的规范程度及所提交材料的真实程度等进行评价，采取考核的方式进行。

2. 实训评价标准

实训总成绩由四部分构成：活动参与占 20%，现状与问题分析占 25%，完善对策占 35%，案例分析报告占 20%。

评价标准：优秀——活动积极参与、现状与问题分析全面且深刻、所提对策切实可行且针对性强，文本格式规范且内容正确；良好——活动较积极参与、现状与问题分析全面准确、所提对策具有可行性与针对性，文本格式较规范且内容正确；不及格——活动没有参与、主要问题没有发现、所提对策笼统且缺乏针对性，文本格式不规范；其他为及格。

（六）实训结果反馈与运用

教师就实训整个过程和每个小组所提交案例分析报告等进行评价反馈，包括实训过程中的表现、所收集资料的完善度、所分析原因的正确度、所提对策的可行度、所撰写文本的规范度及所提交材料的真实度等，指出有待进一步完善之处，对部分较差的作品要求学生重新实训。学生所完成的优秀作品交给武陵山中心专家与怀化市预防与化解风险协会专家评审，且将经专家认可后可考虑增补到怀化市公共危机管理案例分析库中。

四、实训项目 4——公共危机事件的善后处置

（一）实训目的与要求

该实训项目为验证性实训项目。通过实训，加深学生对善后处置重要性的认知程度、对善后处置理论的理解程度，使学生领悟公共危机事件善后处置的主要内容，掌握善后处置过程中的基本方法与技巧，具备进行应急事件善后处理的能力。

（二）知识准备与书籍阅读

1. 知识准备

根据公共危机善后处置理论，应急处置结束后，须配套解决与控制与危机相关问题以巩固危机管理的成果，同时也须总结经验，从危机中获利，并进行必要的社会组织变革，此即为危机事件的善后处置。善后处置的主要内容包括恢复机构的正常运作、事故调查、清算损失、资料记录与保存、补偿损失、稳定人心、完善预案与制度等，为达到善后处置的目的，应构建公共危机后的安抚机制、公共危机后的转变机制、公共危机后的重建机制、公共危机后的社会心态恢复机制、公共危机后的社会调整机制等。

2. 书籍阅读

[1] 闪淳昌. 应急管理：中国特色的运行模式与实践[M]. 北京：北京师范大学出版社，2011.

[2] 江川. 突发事件应急管理[M]. 北京：人民出版社，2013.
[3] 罗建军. 突发事件应对案例[M]. 长沙：湖南科学技术出版社，2011.

（三）实训准备与组织安排

实训主要采取教师案例教学与案例讨论相结合的方式进行。教师首先在课内通过案例重点讲授公共危机善后处置的基本原理，主要包括概念、主要内容、基本程序与基本方法等，其次，组织学生观看汶川大地震善后处置的视频；然后，组织学生进行讨论；最后，学生总结，写出视频观摩的总结报告，制作 PPT，专人负责汇报。

实训分组进行，每组学生 7～9 人，每组选举组长 1 名，每组首先在教师的指导下分析教师课内讲授的案例，进行观摩；其次分组进行研讨，关键从安抚机制、转变机制、重建机制、社会心态恢复机制、社会调整机制等方面进行研讨；最后共同完成报告与汇报用的 PPT。

（四）实训内容与具体步骤

1. 实训内容

（1）善后处置机制的组成及功能。
（2）善后处置的主要内容。
（3）善后处置的策略与技巧。

2. 具体步骤

（1）善后处置案例分析，通过案例分析教师讲授基本理论。
（2）收集汶川地震善后处置的其他资料，以组为单位进行研讨汶川地震善后处置的主要内容。
（3）总结汶川地震善后处置的成功经验。
（4）总结出大型自然灾害善后处置的主要内容。
（5）撰写汶川地震善后处置情况分析报告。
（6）教师点评。

案例 1：直击汶川大地震。
案例 2：

汶川地震后的善后处置

2008 年 5 月 12 日 14 时 28 分，四川汶川发生里氏 8.0 级强烈地震，并波及周边省份，造成大量人员伤亡和财产损失。地震发生后，在党中央、国务院的坚强领导下，全国人民众志成城，抗震救灾取得阶段性胜利，灾区群众的基本生活有了保障，灾后重建工作已经全面展开。

100 万套过渡房建设过半

据初步统计，地震造成四川、甘肃、陕西等地城镇房屋倒塌约 4 900 万平方米，严重损坏约 9 600 万平方米，部分城镇几乎夷为平地。国务院决定，用 3 个月时间建造 100 万套过渡安置房（活动板房），作为灾区群众 3～5 年内的临时家园。

全国各个对口支援省市立即行动起来，各地财政先行垫付资金，调集投入大量人力、物力，迅速展开板房生产、运输、选址、场平、安装各项工作。前线突击队克服道路交通条件差、生活条件艰苦、余震不断等困难，发扬连续作战的精神，大大加快了过渡安置房建设工作进度。许多援建省市不等不靠，主动承担了原本应由灾区承担的道路疏通、场地平整、设施配套等工作，由此投入了大量额外的人力、物力、财力。在建设高峰期，各援建省市共组织投入现场施工人员超过 80 000 人，大型机具 2 300 余台。

有关部门采取开设专列、设置专用通道、免收通行费等措施，并协调有关企业加强板房原料生产，努力克服资金不足、原材料价格上涨、供应紧缺、运输困难、燃料不足等突出问题。截至 2010 年 7 月 23 日，地震灾区过渡安置房（活动板房）已安装 564 200 套。过渡安置区的临时医院、学校和商业网点也在逐步建立。在雨季来临之际，为灾区群众提供了舒适、避风、遮雨、卫生的生活之所，特别是保证了地震灾区高考的顺利进行和中小学校复课的用房急需。

对汶川地震房屋倒塌或严重损坏、无家可归的农户，中央财政安排 400 亿元，专项用于补助农户重建住房。民政部编制完成《四川甘肃陕西三省地震灾区农房倒损恢复重建规划》，用两年时间完成四川、甘肃、陕西三省农房恢复重建。

为了帮助农村灾民建设安全、抗震、实用的永久性住房，住房和城乡建设部组织编辑了《汶川地震灾后重建农民自建房设计图集》，免费赠送给农户。同时选派了八批有经验的专家长驻灾区，深入田间地头现场服务指导，帮助农民做好农房重建。

灾后重建规划出台

灾后重建，规划先行。2009 年 7 月 3 日，国务院发布《关于做好汶川地震灾后恢复重建工作的指导意见》，为灾后重建规划提出了基本目标：力争用 3 年左右时间完成灾后恢复重建的主要任务，使灾区群众的基本生活生产条件达到或超过灾前水平，并为可持续发展奠定坚实基础。

记者从有关部门获悉，灾后重建总体规划初稿已经形成，目前已经进入了汇总、衔接和最后文本的修改完善阶段。专项规划正在交互衔接中平行推进，已进入修改完善阶段，争取在 8 月中旬完成编制工作。

根据重建规划，为了多渠道筹集重建资金，中央财政将建立地震灾后恢复重建基金，专项用于地震灾后恢复重建。灾区各级地方财政，也要调整支出结构，加大对恢复重建的投入力度。按照中央确定的对口支援方案，支援方和受援方要充分协商，确保人力、物力、财力落实。

灾后重建地区还将获得众多优惠政策。包括增值税扩大抵扣范围，减免企业所得税、个人所得税、土地增值税等，对受灾严重地区减免部分政府性基金和行政事业性收费。实施倾斜的信贷政策，灵活运用存款准备金、再贷款等多种政策工具增强灾区金融机构的贷款能力。及时提供恢复重建用地，合理增加灾区城镇用地规模。鼓励外地企业到灾区以及企业进入工业园区集中发展，并采取提供岗位补贴、社会保险补贴、小额担保贷款贴息、职业介绍和培训补贴、定向招工等，加大对受灾地区的就业援助力度。

“让群众住上安全、经济、实用、省地的房子”。两年来，灾区大地上，一座座新房陆续拔地而起。四川省建设厅统计数据显示，截至 2010 年 4 月 30 日，汶川地震灾区农房重建已全部开工，其中已完工 145.61 万户，占需重建的 145.9 万户的 99.8%。城镇住房重建已开工 25.72 万套，占需重建的 25.91 万套的 99.3%，其中已完工 21.16 万套，占需重建的 81.7%。城镇住房维修加固 134.81 万套已全部完成。

“曾经被夷为平地的城镇，如今美丽得让人惊叹”。残存的钟楼、遍地的废墟，曾是震后汉旺镇给人们最深刻的记忆。可今天当你再次走进汉旺镇时，很难想象自己位于一个曾经遭受灭顶之灾的西部小镇：一排排如同别墅一般的 4 层小楼错落有致；学校里红色的塑胶跑道扮靓校园；蓝天白云之下，孩子们在嬉戏打闹，稚嫩的笑声悦耳喜人。随意走进一个小区，映入眼帘的是小桥流水、亭台绿树，融合了苏州园林和川西民居风格的小楼显得格外的清新雅致。记者了解后才知道，这个小区是受灾群众的廉租房，房租很便宜，每平方米月租金只要 2 角钱。

"农业大省、强省的称号没有丢"。两年来，四川省一手抓毁损设施的恢复和重建，一手抓农业生产的恢复和发展，全省农村建设取得显著成效，粮食生产实现连续增产。2009 年全省农民人均纯收入 4 462 元，增长 8.3%；全省农村公路恢复重建 2.1 万公里；解决了 368 万群众饮水问题。目前，184 个农村建设项目全部开工并进展顺利，其中农业灾后恢复重建已完成投资近 60 亿元。

"最坚固的是学校，最现代的是医院"。经过近两年的灾后恢复重建，灾区公共服务不仅已基本恢复正常，而且软硬件水平较震前都有了质的提升。据了解，截至 2010 年 5 月 5 日，四川 39 个重灾县需恢复重建的 3 000 多所学校，近九成已竣工，一座座漂亮、安全的学校拔地而起；截至 4 月 30 日，四川地震灾区在建的医疗卫生项目 2 200 多个，占规划的 95%，近六成已竣工，一家家先进、牢固的医院震后"重生"，为灾区群众撑起健康"保护伞"；一处处新落成的就业援助中心更给受灾群众带去了劳动技术和就业岗位。

（资料来源：汶川地震后的重建纪实[EB/OL].[2010-05-10][2012-04-28].www.nex.xinhuanet.com.）

（五）实训考核方式与评价标准

1. 实训考核方式

依据小组参与实训过程中的表现、所收集资料的完善程度、所概括的善后处置内容的全面性、主要经验总结的到位程度、所撰写材料的规范程度及所提交材料的真实程度等进行评价，采取考核的方式进行。

2. 实训评价标准

实训总成绩由四部分构成：活动参与占 20%，善后处置内容分析占 25%，经验总结占 35%，分析报告占 20%。

评价标准：优秀——活动积极参与、内容概括全面、经验总结到位，文本格式规范且内容正确；良好——活动较积极参与、概括较全面、经验总结较全面，文本格式较规范且内容正确；不及格——活动没有参与、内容概括不清楚、经验总结不清晰，文本格式不规范；其他为及格。

（六）实训结果反馈与运用

教师与专家就实训整个过程和每个小组所提交学习总结等进行评价反馈，包括收集资料的完善程度、所概括的善后处置内容的全面性、主要经验总结的到位程度、所撰写材料的规范程度及所提交材料的真实程度等，指出有待进一步完善之处，并要求所有学生在反馈意见的基础上进行修改。学生所完成的优秀作品交给武陵山中心专家与怀化市预防与化解风险协会专家备案，所提之科学且具有可行性的建议将被怀化市应急办采用以完善危机事件的应急预案。

五、实训项目 5——公共危机管理体系构建

（一）实训目的与要求

该实训项目为设计性实训项目。通过实训，使学生全面理解危机管理组织体系的组成与功能，认知公共危机管理组织体系建设的必要性，掌握构建公共危机管理组织体系的基本过程，具备构建危机管理团队并对危机管理团队实行有效管理的能力。

（二）知识准备与书籍阅读

1. 知识准备

根据组织结构与功能、组织设计基本原则等理论，组织所应完成的功能、使命与其组织结构高度相关，两者之间相互影响、相互制约。根据这一观点，在常态化的危机管理过程中，政府部门应设立应急管理办公室对地方性的公共危机管理进行常态化的协调，而在危机事件发生之应急状态时，应组建由指挥决策中心、事故现场指挥中心、支持保障中心、媒体中心、信息管理中心等组成的危机管理组织体系以对危机事件进行有效的调控。另外，公共危机管理组织体系构建时应坚持成本控制原则、可操作性原则、实事求是原则、分工合作原则等。

2. 书籍阅读

[1] 闪淳昌. 应急管理：中国特色的运行模式与实践[M]. 北京：北京师范大学出版社，2011.

[2] 江川. 突发事件应急管理[M]. 北京：人民出版社，2013.

[3] 罗建军. 突发事件应对案例[M]. 长沙：湖南科学技术出版社，2011.

[4] 熊卫平. 危机管理[M]. 杭州：浙江大学出版社，2015.

（三）实训准备与组织安排

实训主要采取教师案例教学与案例讨论相结合的方式进行。首先，教师在课内通过案例重点讲授公共危机管理组织体系的基本理论，主要包括概念、主要组成、构建原则等；其次，组织学生比较俄罗斯与美国危机管理组织体系的异同，解释异同产生的原因，并从中总结出危机管理组织体系构建的一般原则；再次，查找资料，在教师的指导下全面分析当前我国的危机管理组织体系，发现问题、分析原因并提出对策；最后，学生设计出《怀化市 A 体系（如公安部门、卫生部门等）危机管理组织体系》，制作 PPT，专人负责汇报。

实训分组进行，每组学生 12～15 人，每组选举组长 1 名，每组首先在教师的指导下分析教师课内讲授的案例，分组收集相关资料；其次分组进行研讨，比较两国的异同，分析中国的实际情况；最后共同完成设计与汇报用的 PPT。

（四）实训内容与具体步骤

1. 实训内容

（1）公共危机管理体系的组成。

（2）公共危机管理体系各部门的职责。

（3）公共危机管理体系的人员配置。

（4）公共危机管理体系的内部协调机制。

（5）公共危机管理中领导的作用与能力要求。

2. 具体步骤

（1）通过案例分析教师讲授基本理论。

（2）材料收集。学生以小组为单位收集中国近些年来重大危机事件的危机管理组织体系。

（3）学生以小组为单位研讨收集材料，总结出危机管理组织体系的一般构成。

（4）学生收集俄罗斯与美国危机管理组织体系的相关资料，比较二者的异同及形成的原因，总结出一般原则。

（5）收集怀化市某一部门危机管理的实际情况，分析其现有组织体系的特点、不足，针对性地探讨对策。

（6）设计出部门的危机管理组织体系，上交作品。

（7）教师点评与学生修改。

案例：

汶川地震的组织领导体系

领导人员构成：四川汶川县发生大地震，中央成立抗震救灾总指挥部。为加强对抗震救灾工作的领导，中央决定成立抗震救灾总指挥部，由温家宝同志任总指挥，李克强、回良玉同志任副总指挥，全面负责当前的抗震救灾工作。

组织机构：下设 9 个工作组，分别为抢险救灾组、群众生活组、地震监测组、卫生防疫组、宣传组、生产恢复组、基础设施保障和灾后重建组、水利组、社会治安组。各组职责划分如下：

抢险救灾组

负责清理灾区现场，搜索营救被困群众和受伤人员，发动基层干部群众开展自救互救，组织救援人员和物资的空运、空投工作。由原总参谋部牵头，公安部、安全监管总局（国家安全生产应急救援指挥中心）、地震局、武警部队、原成都军区参加。

群众生活组

负责制订实施受灾群众救助工作方案以及相应的资金物资保障措施，搞好灾区生活必需品供应，指导有关地区做好因灾倒房群众的紧急安置，保障灾区群众基本生活，保障灾区市场供应，接受和安排国内捐赠、国际援助，处理涉外事务。由民政部牵头，外交部、发展改革委、财政部、住房城乡建设部、农业部、商务部、红十字会参加。

地震监测组

负责地震监测和次生灾害防范，调集必要的技术力量和设备，密切监视震情发展，全力做好余震防御；加强对重大地质灾害隐患的监测预警，一旦发生险情及时组织疏散群众；加强河湖水质监测和危险化学品等污染物防控，切实保障核设施运行安全。由地震局牵头，科技部、国土资源部、环境保护部、气象局、国防科工局参加。

卫生防疫组

负责医疗救助和卫生防疫，组织医疗救护队伍，调集医疗器械、药品，对受伤人员进行救治；检查、监测灾区饮用水源和食品，防范和控制各种传染病等疫病的暴发流行。由原卫生部牵头，发展改革委、农业部、质检总局、食品药品监管局、原总后勤部、武警部队参加。

宣传组

负责灾情和抗震救灾信息新闻发布、宣传报道工作，做好向国外和港澳台地区通报情况，及时准确发布灾情，加强舆情收集分析，正确引导国内外舆论。由中央宣传部牵头，外交部、原广电总局、台办、新闻办、港澳办、地震局参加。

生产恢复组

负责帮助群众抓紧开展生产自救，对受灾的工矿商贸和农业损毁情况进行核实，指导制订科学恢复生产方案，积极落实有关扶持资金、物资，开展恢复生产工作。由工业和信息化部牵头，发展改革委、财政部、商务部、人力资源社会保障部、农业部、国资委、安全监管总局、保监会、国防科工局参加。

基础设施保障和灾后重建组

负责铁路、公路、桥梁、隧道等交通设施，供电、供水、供气、通信等设施抢修维护；组织调集抢险救援装备，做好储备物资和医药调度，切实保障灾区抢险应急物资供应；协调运力，优先保证应急抢险救援人员和救灾物资的运输需要；组织研究拟定灾后重建规划，指导协调灾后重建工作。由发展改革委牵头，工业和信息化部、民政部、财政部、住房城乡建设部、交通运输部、铁道部、农业部、国资委、原广电总局、安全监管总局、银监会、电监会、邮政局、民航局、国家电网公司参加。

水利组

负责灾区水库安全，河道受灾造成变形的治理，研究解决饮用水源安全等问题。由水利部牵头，发展改革委、财政部、国土资源部、环境保护部、住房城乡建设部、原卫生部、农业部、地震局、气象局、电监会、总参作战部参加。

社会治安组

负责协助灾区加强治安管理和安全保卫工作，预防和打击各种违法犯罪活动，维护社会治安，维护道路交通秩序，加强对党政机关、要害部门、金融单位、储备仓库等重要场所的警戒，切实维护社会稳定。由公安部牵头，教育部、司法部、人民银行、银监会、证监会、旅游局、信访局、武警部队参加。

国务院办公厅负责承办总指挥部会议和总指挥、副总指挥召开的专题会议；统一收集、汇总、分析、报送、发布重要信息；负责总指挥部议定事项的督促落实；做好有关地区、部门以及军队、武警等方面重要事项的沟通、联络和协调；完成总指挥部交办的其他事项。

（案例来源：2008 年汶川大地震：众志成城抗震救灾[EB/OL]. [2009-09-24][2012-04-28]. http://news.sina.com.cn/c/sd/2009-09-24/160318719466.shtml.）

（五）实训考核方式与评价标准

1. 实训考核方式

依据小组参与实训过程中的表现、所收集资料的完善程度、所概括的组织体系构成的完善程度、主要原则总结的到位程度、我国危机管理组织体系现状分析的科学性与合理性、所设计的怀化市某部门危机管理组织体系的科学性、系统性及实用性、所撰写材料的规范程度及所提交材料的真实程度等进行评价，采取考核的方式进行。

2. 实训评价标准

实训总成绩由四部分构成：活动参与占 20%，两国的比较分析占 25%，经验与原则总结占 35%，我国或怀化市组织体系优化设计及作品占 20%。

评价标准：优秀——活动积极参与、全面准确、经验原则总结全面，设计的体系实用、文本格式规范；良好——活动较积极参与、比较全面准确、经验原则总结较全面，设计的体系完整有一定的实用价值，文本格式较规范；不及格——活动没有参与、比较没有发现问题、经验原则总结错误，设计体系紊乱，文本格式不规范；其他为及格。

（六）实训结果反馈与运用

教师就实训整个过程和每个小组所提交学习总结等进行评价反馈，包括所收集资料的完善程度、所概括的组织体系构成的完善程度、主要原则总结的到位程度、我国危机管理组织体系现状分析的科学性与合理性、所设计的怀化市某部门危机管理组织体系的科学性、系统性及实用性、所撰写材料的规范程度及所提交材料的真实程度等，指出有待进一步完善之处，从而使实训项目的整个过程形成一个完整的闭环系统。学生所完成的优秀作品交给武陵山中心专家与怀化市预防与化解风险协会专家评审，且将经专家认可的报告反馈给怀化市应急办等部门。

六、实训项目 6——应急预案编制

（一）实训目的与要求

该实训项目为综合性实训项目。通过实训，加深学生对应急预案重要性的认识与对应急预案基本理论的理解，熟悉国家应急预案体系的基本组成，掌握应急预案的一般格式、编制的基本原则与主要内容，使学生具备编制企事业单位总体预案与各类活动预案的能力。

（二）知识准备与书籍阅读

1. 知识准备

根据全国应急管理总体预案、突发事件应对法等，危机管理须预案先行。即应急预案是为迅速、有效、有序地开展应急行动而预先制定的方案，它是明确事前、事发、事中、事后的各个进程中，谁来做，怎样做，何时做以及相应的资源和策略等的行动指南，有效的危机管理须提前制订完善的应急预案。应急预案的制订应该坚持法制性、简洁性、统一性、成本控制性与可操作性的原则。应急预案应由组织指挥体系与职责、预防和预警机制、处置程序、应急保障措施、恢复与重建措施等主要部分组成，具有风险针对性、全面性、简洁性与可控制性等特点。

2. 书籍阅读

[1] 熊卫平. 危机管理[M]. 杭州：浙江大学出版社，2015.

[2] 江川. 突发事件应急管理[M]. 北京：人民出版社，2013.

[3] 罗建军. 突发事件应对案例[M]. 长沙：湖南科学技术出版社，2011.

[4] 罗建军. 中华人民共和国突发事件应急管理法律法规汇编[M]. 长沙：湖南科学技术出版社，2011.

（三）实训准备与组织安排

实训主要采取教师案例教学与模拟实操相结合的方式进行。教师首先在课内通过案例重点讲授应急预案的基本理论，主要包括概念、主要组成、制订原则等，其次，组织学生深入行政机关与企事业单位调研，全面了解单位的情况，为设计预案做好准备；然后，查找对应部门的法律法规与国家级预案、部级预案与湖南省的相应领域的预案；最后，学生设计出《怀化市 A 组织应急预案》，制作 PPT，专人负责汇报。

实训分组进行，每组学生 8 ~ 9 人，每组选举组长 1 名，每小组先在教师的指导下分析教师课内讲授的案例，分组收集相关资料。其次分组查找对应部门的法律法规与国家级预案、部级预案与湖南省的相应领域的预案等资料。然后深入单位进行调研，获取第一手资料。最后，最后共同完成设计与汇报用的 PPT。

（四）实训内容与具体步骤

1. 实训内容

（1）调研对象的风险识别与评估。

（2）相关法律法规的收集。

（3）风险控制对策制订。

（4）危机管理预案制订。

2. 具体步骤

（1）通过案例分析教师讲授基本理论。

案例：湖南省人民政府突发公共事件总体应急预案，案例来源：罗建军. 突发事件应对案例[M]. 长沙：湖南科学技术出版社，2011.

（2）教师带领学生概括出应急预案的主要内容。

（3）学生比较中国总体预案与湖南省总体预案，提炼出应急预案制订的基本原则与一般过程。

（4）学生以小组为单位深入行政事业单位与企业等调研，进行风险因子识别。

（5）学生在教师的指导下评估风险因子，采用单因素法与综合因素法。

（6）学生研讨出预控对策。对策应从预警与监测、应急响应、应急处置、善后处置等环节进行讨论。

（7）制订危机管理预案。由已经探讨的预警与监测、应急响应、应急处置、善后处置等方面的措施汇成核心部件，并根据规范性文本要求进行修改与完善。

（8）教师点评，学生修改。

（五）实训考核方式与评价标准

1. 实训考核方式

依据小组参与实训过程中的表现、所概括的主要原则完善程度、风险因素识别的全面程度、风险因素评价的准确程度、风险控制对策的完善程度、预案的实用价值、预案文本的规范程度及所提交材料的真实程度等进行评价，采取考核的方式进行。

2. 实训评价标准

实训总成绩由四部分构成：活动参与占 20%，经验与原则总结占 25%，风险识别、评估与控制措施占 25%，应急预案占 30%。

评价标准：优秀——活动积极参与、经验原则总结准确，风险识别与评估全面且准确、风险控制对策具体、预案文本格式规范；良好——活动较积极参与、经验原则总结较准确，主要风险因子识别与评估较准确、风险控制对策较具体、预案文本较格式规范；不及格——活动不参与、经验原则总结不准确，风险识别与评估不准确、风险控制对策缺乏针对性、预案文本格式不规范；其他为及格。

（六）实训结果反馈与运用

教师就实训整个过程和每个小组所提交学习总结等进行评价反馈，包括所概括的主要原则完善程度、风险因素识别的全面程度、风险因素评价的准确程度、风险控制对策的完善程度、预案的实用价值、预案文本的规范程度及所提交材料的真实程度等，指出有待进一步完善之处，使实训项目的整个过程形成一个完整的闭环系统。学生所完成的优秀作品交给武陵山中心专家与怀化市预防与化解风险协会专家评审，且将经专家认可的预案转交给怀化市政法委、怀化市应急管理办公室以做参考。

第十五章 “公共关系学”课程实训

第一节 “公共关系学”实训教学大纲

一、基本信息

课程性质：专业能力培养课程。
总学时/总学分：51/3.0。
实训学时/实训学分：17/1.0。
实训对象：公共事业管理专业（本科）。
先修课程：管理学原理、公共管理学、社会学心理学、经济学。

二、实训目的及要求

“公共关系学”课程实训教学是突出公共事业管理专业应用型人才培养的重要教学环节，课程实训旨在培养学生公关策划、公共实务处理等能力。通过“公共关系学”课程的实训环节的教学，使学生对“公共关系学”基本概念、基本原理与公共关系的运作过程等基本原理的理解加深，使学生加深对对象型公共关系的基本策略、媒体运用、沟通交流、公关调研等的基本技巧和对公关技巧、基本方法与基本策略的掌握，培养学生的公关策划、公关事务处理、组织形象塑造、重大专题活动组织和危机公关能力。

三、实训安排及程序

“公共关系学”实训总学时为 17 学时，实训时间可安排在章节理论课之前或之后，具体时间由实训指导教师与学生协商确定。在每个项目实训前，学生将进行分组，每组 6 ~ 7 人，每组选举一名小组长，协助指导教师和带领小组成员完成实训项目；在项目实训过程中，每组独立且团队成员合作完成实训项目；项目实训后，每组组长汇报实训情况并撰写小组实训报告；然后由实训指导教师或专家对实训情况及作品质量情况进行反馈、点评，最后学生根据反馈与点评进行修改并上交实训作品。

四、实训考核方式

实训考核方式以项目化考核方式为主要方式，学生以小组为单位上交实训作品与相关原始资料，教师根据出勤情况、工作方案、原始资料与作品及实训项目所产生的社会影响等进行考核，考核时各部分的比例关系根据具体项目的实际情况进行调整，一般社会影响类的实效性评价与过程材料占 50%以上。实训成绩按四级分制确定，即优秀、良好、及格、不及格。学生课程实训的综合表现计入平时成绩，占平时成绩的 30%。原始资料主要依据实训过程中学生的调研材料、会商时的会议记录材料、活动时的相片、所上交的实训作品等进行评价；社会影响评价或通过答辩的方式进行评价，即由专家根据学生上交的报告随机提问，并给予等级评价，或通过服务的对象——社会组织评价的方式进行评价，由所提供服务或拟提供服务的社会组织等给予评价，或两种方式共同进行评价。

第二节 “公共关系学”实训项目

本节实训项目有 6 项，具体内容及安排见表 15-1。

表 15-1 公共关系学实训项目表

序号	项目名称	实训内容	实训学时	实训形式	实训类型	实训地点
1	公关人员能力素质研究	公关人员的基本素质、公关人员的能力结构分析	2	社会调研	验证性	教室
2	公共关系传播设计	对某一特定的公共关系项目设计传播类型、媒介、手段与活动等	3	情景模拟	设计性	社会组织
3	政府形象塑造	分析某一政府部门组织形象现状，并进行形象再造设计	3	情景模拟	设计性	政府
4	公共关系项目策划	对某一单位的公关现状进行调研，为此单位制订公关策划书	3	社会调研	设计性	社会组织
5	赞助活动设计	为社会组织的赞助活动进行设计	3	情景模拟	设计性	社会组织
6	新闻发布会	新闻发布会的准备、新闻发布会模拟	3	情景模拟	综合性	教室

一、实训项目 1——公关人员能力素质研究

（一）实训目的与要求

该实训项目为验证性实训项目。旨在让学生通过深入社会组织的公共关系部门的调查研究，全面认知公共关系人员的知识结构、素质结构与能力结构的现状，并分小组探讨提升社会组织的公共关系能力的途径。在调研的基础上，通过查阅资料，全面了解公共关系人员的知识、素质与能力结构，明确我国当前不同社会组织的公共关系人员能力素质培养的途径与措施，为课程后续学习奠定基础。

（二）知识准备与书籍阅读

1. 知识准备

要求了解和掌握的知识：刺激——反映理论、冰山理论、公关主体理论。

2. 书籍阅读

[1] 任正臣. 公共关系学[M]. 北京：北京大学出版社，2012.
[2] 周安华. 公共关系学[M]. 北京：中国人民大学出版社，2004.
[3] 阿伦森. 社会心理学[M]. 侯玉波，译. 北京：人民教育出版社，2012.

（三）实训准备与组织安排

实训主要采取社会调研的方法进行。教师首先在课内重点讲授公共关系人员知识、素质与能力结构之组成的基本框架，安排学生调研任务；其次，学生选择某一特定的社会组织作为调查对象，收集该组织公共人员知识、素质与能力结构方面的资料，并针对性地设计好调查问卷；然后，学生深入社会组织进行调查，完成数据整理、分析、撰写调查报告等任务；最后，教师对学生调查过程、调查报告完成情况进行点评等。

实训分组进行，每组学生 6 ~ 7 人，每组选举小组长 1 名，每组首先在教师的指导下进行选题，其次分工合作完成调查任务，然后共同完成调查报告。

（四）实训内容与具体步骤

1. 实训内容

（1）社会组织公共关系人员知识、素质与能力结构现状调查。

（2）社会组织公共关系人员知识、素质与能力培养途径探讨。

2. 具体步骤

（1）基本理论的简单介绍。

（2）调查目的、内容等说明。教师详细介绍调查的目的，告知学生调查的主要内容。

（3）调查对象与方法的选择。教师分组安排学生调查的对象，并根据调查对象的特征帮助学生选择调查方法。

（4）设定问题清单，设计调查问卷。与公关人员访谈的问题主要包括四类，一是公关人员应具备怎样的知识结构；二是公关人员的应具备哪些意识；三是公关人员应培养哪些能力；四是公共关系人员的职业道德规范主要有哪些。问卷调查法涉及的主要问题亦围绕上述四个方面展开。

（5）进行问卷调查、访谈或观察。访谈法应为最主要的方法，应将访谈的整个过程详细记录，对访谈对象的谈话全程录音。

（6）数据整理与分析。将访谈调查的结果与实际观察的结果进行对比分析，从中找出公共关系人员在知识、素质与能力结构方面存在的不足。

（7）小组研讨问题及解决的对策。

（8）小组撰写调查报告，上交实训过程的纸质原始材料，上交实训报告纸质稿与电子稿。

（9）教师点评与总结。

（五）实训考核方式与评价标准

1. 实训考核方式

依据小组参与实训过程中的表现、社会调查方案与调查问卷、所提交的材料等进行评价，采取考核的方式进行。

2. 实训评价标准

实训总成绩由三部分构成：方案占 20%，过程材料占 25%，实训报告质量占 55%。

评价标准：优秀——方案完整、过程材料充实、报告格式规范、报告内容正确；良好——方案较完整、过程材料较充实、报告格式较规范、报告内容正确；不及格——方案不科学，过程材料缺乏、报告内容错误；其他为及格。

（六）实训结果反馈与运用

教师就实训整个过程和每个小组所提交实训报告进行评价反馈，包括社会调查问卷设计中存在的问题、样本点的无偏性、调查方法中的不足、结论的非全面性、调查报告的规范性等，指出有待进一步完善之处，从而使实训项目的整个过程形成一个完整的闭环系统。对特定社会组织公关人员知识、素质与能力现状的调查将反馈给该组织，由该组织对学生作品的质量进行评价。学生所提对策如具有可行性，将由组织直接采用。

二、实训项目 2——公共关系传播设计

（一）实训目的与要求

该实训项目为设计性实训项目。该实训旨在使学生更深刻理解公共关系传播的四大要素及其相互关系，深入理解公共关系传播目标选择的因素、公共关系传播媒介选择的参考因素等，初步具备一定的从事公共传播设计的能力，包括传播内容设计、传播方式设计、传播媒介设计等的能力。

（二）知识准备与书籍阅读

1. 知识准备

根据信息传播理论、媒体选择理论与决策理论，信源、信宿、信息与传播媒介是公共关系传播的四大基本要素，在信息由信源向信宿传播的过程中，公共关系的传播受噪声与传播环境等的影响，同时，信息传播的目的、信源的权威性等对信息的内容与方式、媒介等有决定性的影响，而传播的信息、方式与媒介之间相互影响，相互制约。故理想的传播设计应基于对传播环境、信源、信宿、传播媒介等全面调研与综合考虑的基础上进行。

2. 书籍阅读

[1] 周安华. 公共关系学[M]. 北京：中国人民大学出版社，2004.
[2] 郭国庆. 市场营销学通论[M]. 北京：中国人民大学出版社，2012.
[3] 陶应虎. 公共关系原理与实务[M]. 北京：清华大学出版社，2006.

（三）实训准备与组织安排

实训主要采取案例分析与社会调研相结合的方式进行。首先，教师在课内重点讲授公共关系传播设计理论的基本框架，明确学生深入社会组织调研的主要任务；其次，学生选择某

一特定的社会组织作为调研对象，了解该组织公共关系现状，特别是传播环境及现有的传播媒介等；再次，以小组为单位，确定公共关系传播的目标、内容、方式与媒介等；最后，教师对学生调研过程、完成的《A 组织的公共关系传播计划书》进行点评。

实训分组进行，每组学生 6 ~ 7 人，每组选举小组长 1 名，每组首先在教师的指导下进行选题，其次分工合作完成调研任务，然后共同完成内容设计、方式设计与媒介设计等任务，并共同完成传播计划书。

（四）实训内容与具体步骤

1. 实训内容

（1）A 组织公共关系现状调研。

（2）A 组织公共关系传播设计的环境分析（SWOT 分析）。

（3）A 组织公共关系传播设计的目标、内容、方式与媒介选择。

2. 具体步骤

（1）利用案例教学，教师讲授公共关系传播设计的基本理论。

① 阅读材料。

KX 公关公司的公关传播设计

KX 公关公司受美国向日葵协会的委托，为教育台湾公众，提高他们对美国葵花油有益健康的认识，增加产品的试用消费量，于 1998 年 12 月—1999 年 9 月策划和实施了一项基于该协会对台湾市场的调查的推广美国葵花油的整合传播活动。

台湾人喜欢在家做饭，又极其关注健康，蔬菜油在烹调过程中就成为一种不可或缺的原料，而在选择食用油时，人们最重要的标准是：有益健康；油烟少；价格便宜。在活动开展之前，葵花油在台湾市场的知名度一般，使用率仅为 30%。台湾公众认为葵花油是一种较少或无油烟、较少或不含胆固醇的健康蔬菜油。但在试用度方面，葵花油仍次于豆油，虽然豆油被认为是一种品质较低的油品，但它更经济实惠，市场占有率较高。

KX 公关公司根据有关的市场信息和台湾的市场行情，进行一系列的项目调查和策划，确定了公关目标是增强美国葵花油的形象，即是人们的首选食用油且价格合理。其他需要传递的重要信息还有：葵花油油烟少或无油烟，可以保持厨房的清洁，它是台湾消费者的最健康的选择。另外还要强调的是，使用葵花油来烧菜是一种快乐的体验。本项目旨在台湾全岛范围内的以下受众中提高葵花油有益健康的知名度。目标公众包括 30 ~ 49 岁关注健康的消费者；关注健康的家庭主妇；消费品、健康、食品类专业媒体和综合类大众媒体；食用油方面的专业人士和营养学方面的意见专家。基于台湾消费者购物谨慎这一事实，充分利用对美国葵花油优点的科学研究发现，并结合市场调查所揭示的公众对葵花油的认识，以引起媒体的兴趣，这是教育台湾公众的最有效途径之一。

接下来 KX 公关公司展开了一系列公关活动，首先和台北医科大学营养学系教授合作为美国向日葵协会编纂了一篇科学评论文章。并通过电视烹调节目主持人和食品评论家这样的专业人士宣传产品，其做法是在台湾三大城市台北、台中、高雄三个商店举办“美国葵花油周”，在每个城市，由一位名厨师用葵花油烹饪特别的菜肴，旁边有一位主持人做现场讲解。

现场总共发放了 1 500 份美国向日葵协会的宣传小册子和 700 本食谱。

为了进一步扩大台湾公众对产品品牌的认知度，KX 公司组织了一个媒体午餐会，以将美国向日葵协会正式介绍给台湾媒体和一般大众。为进一步建立与媒体的良好关系，午餐会上该公司向媒体发放了特别设计的葵花油礼品包，其中包括新闻稿、一本由《美食天下》杂志设计的有创意的葵花油食谱和一瓶试用油。10 000 本食谱随同《美食天下》月刊发放给订户，另外 3 000 本在其他公关活动的现场发放。产品试用的机会使得台湾的消费者可以直接领略美国葵花油的超级品质及其特有的性能，如显著减少油烟。在增进与台湾各地食用油进口商的关系和收集当地市场信息的努力方面，KX 公司陪同美国向日葵协会的官员拜访了全岛的食用油供应商和进口商。其他一些树立品牌形象的行为包括：赞助电视烹饪节目，在主要的消费品报纸和烹饪杂志上安排中文广告，他们还在 *Yummy* 杂志上以插页广告的形式刊登了用葵花油特别设计的四种食谱，一些主要报刊上还刊发了专门的评论文章，凯旋-先驱公司还与发行量达 110 万份的《中国时报》合作，举办了一个用葵花油做食用油的食谱创作大赛。比赛规则、截止日期、换领美国葵花油食谱的印花由 KX 公司和赞助商统一企业、标准食品企业共同制定，并开通了一条免费热线。裁判为两位名厨和一位营养学家，20 位获奖者的名单公布在一个半页报纸的彩色广告中并被逐个通知领奖。

（案例来源：马可尼. 公共关系实践与案例[M]. 北京：电子工业出版社，2008.）

② 回答问题。

KX 公关公司确定的公关目标是什么？为实现公关目标采取了哪些公关活动？

本项目的目标公众有哪些？

本项目选择了哪些传播媒介？

如何体现公关的管理职能？结合实际进行分析。

案例中是如何进行信息传播的？

③ 教师总结，传播公共关系传播设计的理论知识。

（2）学生分组，教师指导各小组选择特定的社会组织对象作为服务对象，并对社会组织进行调研，内容涉及组织的愿景、使命与战略目标、组织公共关系传播设计的内部环境、外部环境等、已有的公共关系现状等。

（3）组织公共关系传播的目标确定。目标必须具体、清晰，具有可行性，且与组织的愿景、使命与战略目标等相一致。

（4）信息内容设计。根据社会组织的愿景、使命与战略目标与社会组织公共关系（或公共关系活动）传播的目标等设计传播信息的内容。

（5）传播方式设计。传播过程中必然用到人际传播与大众传播两种方式，现代传播方式一般以大众传播为主、人际传播为辅。

（6）传播媒介设计。基于实际情况，运用传播媒介组合来实现传播目标。

（7）撰写《A 组织公共关系传播计划书》，并上交作品。

（8）教师课内点评，学生根据点评情况再次修改。最后定稿交社会组织评阅。

（五）实训考核方式与评价标准

1. 实训考核方式

依据小组参与实训过程中的表现、社会调查方案与调查问卷、所提交的材料等进行评价，由教师、学生与服务的对象（社会组织）共同进行评价，各占 40%、20%与 40%。

2. 实训评价标准

各评价主体的评价须包括四部分：方案占 20%，过程材料占 25%，计划书质量占 25%，计划的实用性占 30%。

评价标准：优秀——方案完整、过程材料充实、计划书格式规范、计划书内容正确、应用性强；良好——方案较完整、过程材料较充实、计划书格式较规范、计划书内容正确、应用性较强；不及格——方案不科学，过程材料缺乏、计划书内容错误、应用性缺乏；其他为及格。

（六）实训结果反馈与运用

教师、社会组织就实训整个过程和每个小组所提交传播计划书进行评价反馈，评价与反馈内容包括社会组织公共关系状况调研的内容、公共组织文化与制度环境、SWOT 分析、组织公共关系传播的目标、内容与媒介等，指出有待进一步完善之处，从而使实训项目的整个过程形成一个完整的闭环系统。学生修改后的《A 组织公共关系传播计划书》将反馈给该组织由该组织对其应用性进行评价，并为该组织进行传播设计时参考。

三、实训项目 3——政府部门组织形象再塑造

（一）实训的目的与要求

该实训项目为创新性实训项目。旨在加深学生对政府再造理论的理解，使学生全面了解当前中国地方基层政府组织形象之现状，熟悉中国地方政府基层组织之历史演变脉络，增强对中国基层政府组织形象再造之紧迫性、必然性的认识，在此基础上，使学生掌握组织形象塑造的基本过程，掌握组织形象调研的基本方法，具备剖析政府组织形象问题与解决问题的能力。

（二）知识准备与书籍阅读

1. 知识准备

根据组织形象理论、预期理论、产品或服务理论等，政府部门的形象主要包括公众形象（内部公众形象，如领导、工作人员等；外部公众形象）、服务形象（服务的数量、质量、态度、理念）、标志物的形象等。可通过调研政府部门的预期形象、实际形象，分析二者之间的差距来认识政府部门形象上存在的问题，并通过剖析问题的成因来找到提升政府部门形象的对策，为政府部门形象塑造提供建设性意见。

2. 书籍阅读

[1] 曹劲松. 政府形象传播[M]. 南京：江苏人民出版社，2012.

[2] 任正臣. 公共关系学[M]. 北京：北京大学出版社，2012.

（三）实训准备与组织安排

实训主要采取社会调研的方式进行。首先，教师在课内重点讲授公共组织形象的一般理

论，安排学生深入基层政府部门调研的主要任务；其次，学生选择某一特定的政府部门作为调研对象，了解该组织内部公众、外部公众、产品或服务的形象、建筑物的形象等，特别是内部公众之领导与公务人员的形象等；再次，以小组为单位，分析政府部门组织形象与预期形象之间的差距；最后，教师对学生调研过程、《A 部门组织形象再造报告》完成情况进行点评等。

实训分组进行，每组学生 6 ~ 7 人，每组选举小组长 1 名，每组首先在教师的指导下进行选题，其次分工合作完成调研任务，然后研讨政府部门实际形象与预期形象的差距，探讨原因并提出对策，最后共同完成《A 部门组织形象再造报告》。

（四）实训内容与具体步骤

1. 实训内容

（1）A 部门组织形象现状调研（含预期形象）。

（2）A 部门实际形象与预期形象之间的差距分析。

（3）A 部门组织形象再造途径。

2. 具体步骤

（1）教师讲授组织形象理论。

（2）学生查阅文献资料，全面了解中国政府组织形象的定位。

（3）学生查阅学术资料，熟悉组织形象调研的指标体系，适度调整后设计出调研的指标体系。

（4）师生共同设计调查问卷，拟定访谈问题。

（5）学生实地调研。与政府部门的领导、公务人员、工作人员交流，观察领导与公务员的言行，随机抽样调查。

（6）预期形象与实际形象之间的比较及原因分析。

（7）提出对策建议，撰写《某部门（政府）组织形象再塑造报告》。

（8）上交报告给教师评阅，教师提出修改意见。

（9）学生根据教师的修改意见进行修改。

（10）政府部门领导评阅，教师课内点评。

（五）实训考核方式与评价标准

1. 实训考核方式

依据小组参与实训过程中的表现、社会调查方案与调查问卷、所提交的材料等进行评价，由教师、学生与服务的对象（政府部门领导）共同进行评价，各占 40%、20%与 40%。

2. 实训评价标准

各评价主体的评价须包括四部分：调研方案占 20%，过程材料占 25%，报告书质量占 25%，对策的实用性占 30%。

评价标准：优秀——方案完整、过程材料充实、报告格式规范、报告内容正确、应用性强；良好——方案较完整、过程材料较充实、报告格式较规范、报告内容正确、应用性较强；不及格——方案不科学，过程材料缺乏、报告内容错误、应用性缺乏；其他为及格。

（六）实训结果反馈与运用

教师、公共部门就实训整个过程和每个小组提交的组织形象再造报告书进行评价反馈，评价与反馈内容包括指标的选择、问卷的设计、比较方法的应用、调查数据的科学性与正确性、结论的科学性与实用性等，指出有待进一步完善之处，使实训项目的整个过程形成一个完整的闭环系统。项目完成的最终报告将交特定的政府部门评阅，由部门领导从科学性、实用性、理论性、学术性等角度对报告的社会效应进行评价并为相应政府部门的决策提供参考。

四、实训项目 4——公共关系活动项目策划

（一）实训目的与要求

该项目为设计性实训项目。该实训旨在，加深学生对公共关系活动项目设计理论的理解，使学生熟悉公共关系项目策划的基本过程，掌握项目策划的主要方法与技巧，初步具备从事公共关系项目策划的能力。主要内容包括公共关系目标设定、环境分析、目标公众选择、实施方案制订、经费预算、传播媒介选择、项目评估等的能力。

（二）知识准备与书籍阅读

1. 知识准备

根据公共关系传播理论、决策理论等，公关策划大致分为五个步骤：确定目标、划定公众，制定活动方案，编制预算，撰写公关策划书。其中，制定活动方案包括活动模式的选择、主题选定、安排具体项目、确定活动时机、选择传播媒介等内容，是公共关系活动策划的主要部分。公关策划书应该包括确定问题、环境分析、目标公众分析，方案实施策略，执行规划、经费预算、方案评估等内容。

2. 书籍阅读

[1] 曹劲松. 政府形象传播[M]. 南京：江苏人民出版社，2012.
[2] 阿伦森. 社会心理学[M]. 侯玉波，译. 北京：人民教育出版社，2012.
[3] 任正臣. 公共关系学[M]. 北京：北京大学出版社，2012.

（三）实训准备与组织安排

实训主要采取案例教学与社会调研相结合的方式进行。首先，教师在课内通过案例重点讲授公共关系项目策划（或设计）的一般概念，安排学生深入社会组织进行调研的主要任务；其次，学生选择某一特定的社会组织作为调研对象，了解该组织公共关系之现状等，利用 SWOT 分析等对现状进行分析；再次，以小组（6-7 人）为单位，根据组织之实际状况确定组织公共之目标等；再然后，在教师的指导下，设计活动项目，撰写《A 组织公共关系项目策划书》；最后，教师对学生调研过程、《A 组织公共关系项目策划书》完成情况进行点评等。

实训分组进行，每组学生 6 ~ 7 人，每组选举小组长 1 名，每组首先在教师的指导下进行选题，其次分工合作完成调研任务，然后学生设计活动的目标等，最后共同完成《A 组织公

共关系活动项目策划书》。

（四）实训内容与具体步骤

1. 实训内容

（1）A组织公共关系现状调研（含公关活动）。

（2）A 组织公关活动项目的目标及主题界定、公众对象选择、项目内容选择、活动方案制订、时机与媒介选择、经费预算等。

（3）撰写《A组织的公共关系活动项目策划书》。

2. 具体步骤

（1）教师采用案例教学法讲授基本概念。学生阅读材料，回答问题。

材料1：

PAOS 公司设计的松屋百货公司的公关策划

日本1968年成立的PAOS公司，就曾为不少濒临破产的公司更新了“公司整体形象”，使这些公司恢复了生机。几年前松屋百货公司因为经营不善而不大景气，于是求助于PAOS。PAOS公司经过调查研究，发现该百货公司的顾客多数为年轻人，于是便根据年轻人爱美求新的心理，建议松屋把重点销售场所加以美化，摆上新鲜蔬菜和水果以招待年轻人。PAOS公司还注意到，顾客来松屋购买东西主要是为了送礼，于是就特别设计出一种精制漂亮的包装纸，使许多顾客着迷。PAOS公司还进一步为松屋公司设计各种新奇的宣传广告，一时轰动了当地市场。松屋从此名声大振，经营业务蒸蒸日上，顺利地度过了破产危机。

（案例来源：任正臣. 公共关系学[M]. 北京：北京大学出版社，2012.）

材料2：

“芭蕾”珍珠霜的公关策划

“芭蕾”珍珠霜是江苏一家并不引人注目的工厂以珍珠为原料生产的一种护肤霜。1981年前，这家工厂曾多次想让“芭蕾”步入香港市场，均因方法不对头而问路无门。后来，厂领导从外国一位公关专家谈企业经营与公关的联系问题得到了启发，决定按照公关专家的建议在香港当地选择一位经销商，树立企业形象，打开产品销路。这位经销商的条件是：有爱国思想，愿为祖国出力；最好是江苏人，愿为家乡办事；在香港有一定的实力、地位，具有较大的社会影响，并热衷于“芭蕾”珍珠霜的经营。为了寻找具备这些条件的经销商，他们做了大量工作，甚至发动职工和社会公众推荐他们在香港的亲友、同学、同事。最后终于选中一位苏州籍的香港粮商。

这位粮商在公关方面有一套成功的实践经验，特别在公关宣传和装潢设计方面颇有才能。工厂邀请这位经销商一起参加产品设计、试制和投产的全过程。代理商根据自己在香港多年的公关经验，建议把包装盒设计成白色底色，中间是一双金色的手，双手托着一颗珍珠。整个设计简洁大方，醒目突出。代理商又从自己的公司中拨出150万港元，为“芭蕾”珍珠霜进入香港市场大张旗鼓、鸣锣开道，以至“芭蕾”珍珠霜还没有运到香港，不少市民就知悉其名，翘首以待。“芭蕾”珍珠霜抵达香港后一个月的时间，就建立了130个经销点，形成了庞大的销售网，使“芭蕾”珍珠霜的销售量打破了香港化妆品市场的销售记录。

不久，代理商又根据香港妇女爱佩戴珍珠项链的特点，建议在“芭蕾”珍珠霜的包装纸盒内放置一只小巧玲珑，用泡沫塑料制成的托盘，盘内放一枚镶有珍珠的别针，自然，这样的包装深受妇女和年轻男士们的青睐。工厂又在说明书内特别说明，购买50瓶，就能串成一条珍贵的项链。这些都大大激发了消费者的购买欲望。“芭蕾”珍珠霜一下子变成了抢手的“馈赠礼品”，父亲买来送给女儿，男青年买来送给女友。尽管售价高达65港元一瓶，但全港年均日销售量仍突破千瓶大关。

（案件来源：何云峰. 智者的公关[M]. 上海：上海交通大学出版社，2001.）

① 回答问题。

松屋百货公司的公关策划的新颖之处在哪里？

“芭蕾”珍珠霜的公关策划包括哪些内容？

材料给我们的启示是什么？

② 教师总结并深化公共关系活动项目策划的理论知识。

（2）确定公关调研的主要内容。主要包括组织公关现状、组织的使命、愿景等、组织公关人员及队伍的知识、素质、能力结构、竞争者的基本情况等。

（3）公关目标与目标公众的选择。根据组织已有的公关活动、组织的发展目标、组织的定位、组织产品或服务提供的对象等确定公关目标与目标公众。公关目标要服从于社会组织的战略目标，同时目标必须明确地以数量化的指标表述清楚。公关活动的主题要服从公关活动的目标，主题要新颖，体现时代的特征。不同的公关活动的公众存在区别，公众选择应考虑活动时间、活动主题、活动场所等多方面因素。

（4）公关活动项目设计。基于SWOT分析的基础上，结合国家政府、重大时节、公关目标等综合确定公关活动的具体项目。

（5）活动时机、媒体选择。

（6）公关方案制定。围绕目标、活动，设计具体的实施措施、路径等，制订较完整、切实可行、低成本的公关方案。

（7）公共活动评估方案制订。围绕目标的可达到性、措施的可行性等制订评估方案。

（8）上交项目策划书，教师点评。学生根据点评情况进行修改。

（9）上交项目策划书于特定的社会组织，由社会组织进行评价。

（五）实训考核方式与评价标准

1. 实训考核方式

依据小组参与实训过程中的表现、社会调查方案与调查问卷、所提交的材料等进行评价，由教师、学生与服务的对象（社会组织领导）共同进行评价，各占40%、20%与40%。

2. 实训评价标准

各评价主体的评价须包括四部分：调研方案占20%，过程材料占25%，项目策划书质量占25%，项目策划书的实用性占30%。

评价标准：优秀——方案完整、过程材料充实、策划书格式规范、策划书内容正确、应用性强；良好——方案较完整、过程材料较充实、策划书格式较规范、策划书内容正确、应用性较强；不及格——方案不科学，过程材料缺乏、策划书内容错误、应用性缺乏；其他为及格。

（六）实训结果反馈与运用

教师、公共部门就实训整个过程和每个小组所提交公共关系活动项目策划书进行评价反馈，评价与反馈内容包括社会调研观测点选择、组织的 SWOT 分析及结论、活动项目的主题及公众选择、活动设计、实施措施的保障等，指出有待进一步完善之处，要求学生根据反馈情况进行修改。学生的作品经修改质量合格后，交相应单位的领导审阅，由单位领导对作品的可行性、实效性进行预评估，并给出最终评价。学生所设计的符合要求的方案将为单位等在项目策划时决策参考。

五、实训项目 5——赞助活动项目设计

（一）实训目的与要求

该实训项目为设计性实训项目。社会组织融资管理是社会组织管理者的工作内容之一，赞助作为融资管理的一项重要组成部分，对 NPO 组织发展等具有重要意义，是公共事业管理专业学生所必须具备的能力之一。该实训旨在，使学生了解赞助活动项目设计的一般过程，理解赞助活动的特点，掌握赞助活动的文本格式，初步具备公关广告设计的能力。

（二）知识准备与书籍阅读

1. 知识准备

赞助活动，是指社会组织以不计报酬的捐赠方式，出资或出力支持某一项社会活动、某一种社会事业。根据公共关系传播理论、有效沟通协调的基本技能、理性决策理论等，赞助活动可以表明社会组织的社会责任，这在提高组织的社会效益、经济效益的同时，可以证明企业的经济实力，对于改善社会关系有重要意义。赞助活动的对象可以为体育事业、文化事业、社会福利事业、各种庆典活动、影视剧场、电视节目等。组织赞助活动的基本程序包括制订和研究赞助方案、寻找和研究潜在的赞助商、挖掘和确定赞助商的利益点、撰写赞助计划书、签订赞助协议书、维持与赞助商的关系等。

2. 书籍阅读

[1] 曹劲松. 政府形象传播 M]. 南京：江苏人民出版社，2012.
[2] 阿伦森. 社会心理学[M]. 侯玉波，译. 北京：人民教育出版社，2012.
[3] 任正臣. 公共关系学[M]. 北京：北京大学出版社，2012.

（三）实训准备与组织安排

实训主要采取模拟训练的方法进行。教师先在课内重点讲授赞助活动的一般原理；其次学生针对校内某一项活动，分析活动的资金预算情况，确定赞助额度；选择某一特定的社会组织作为赞助对象，了解该组织的使命、愿景及赞助的意愿等；然后，以小组为单位，根据组织之实际状况设计组织的赞助目标、赞助内容等；在教师的指导下，设计活动项目，撰写《A 组织赞助活动项目策划书》；最后教师对学生调研过程、《A 组织赞助活动项目策划书》完成情况进行点评等。

实训分组进行，每组学生 6 ~ 7 人，每组选举小组长 1 名，每组首先在教师的指导下选择赞助活动的对象、主体等，其次分工合作完成赞助的具体内容，包括学生设计赞助活动的目标、金额、方式等，最后共同完成《A 组织赞助活动项目策划书》。

（四）实训内容与具体步骤

1. 实训内容

（1）A 组织现状调查（含公关活动现状）。

（2）A 组织赞助活动的目标及主题界定、赞助对象选择、赞助方式选择、赞助方案制订、时机与媒介选择、经费预算等。

（3）撰写《A 组织的赞助活动项目策划书》。

2. 具体步骤

（1）教师采用案例教学法讲授基本理论。

（2）组织情况调研。应做好深入细致的调查研究，调查组织自身的公共关系状况、经济状况、赞助活动的影响、被赞助者的公共关系状况等。在此基础上，研究赞助项目的必要性、可行性、有效性。

（3）寻找和研究潜在的赞助商。企业在提供赞助时，多遵循如下原则：赞助的对象是非营利性组织；被赞助的活动或团体，要有利于本企业的生存和发展；视企业的经营情况，决定财政预算支付赞助费用的额度和范围。

（4）挖掘和确定赞助商的利益点。赞助计划书里要对赞助商的获利点明确列出，这是打动赞助商的最核心的东西。

（5）撰写赞助计划书。赞助书的基本格式如下：① 综述，简单介绍调查结果及活动方案。② 活动简介。对活动的背景资料、构思以及主办方进行一定的介绍。③ 活动方案。详细介绍活动时间、地点、期限、活动项目、参与人数和目标受众，表明活动的目标。④ 赞助投资方案，包括详细的赞助内容。⑤ 赞助商的获利点，或叫回报方案，明确列出赞助商所有的展露点、宣传机会和获利点。⑥ 附录。其他相关材料以可增强说服力的材料。

（6）签订赞助协议书。

（五）实训考核方式与评价标准

1. 实训考核方式

依据小组参与实训过程中的表现、社会调查方案与调查问卷、所提交的材料等进行评价，由教师、学生与服务的对象（社会组织领导）共同进行评价，各占 40%、20%与 40%。

2. 实训评价标准

各评价主体的评价须包括四部分：调研方案占 20%，过程材料占 25%，项目策划书质量占 25%，项目策划书的实用性占 30%。

评价标准：优秀——方案完整、过程材料充实、策划书格式规范、策划书内容正确、应用性强；良好——方案较完整、过程材料较充实、策划书格式较规范、策划书内容正确、应用性较强；不及格——方案不科学，过程材料缺乏、策划书内容错误、应用性缺乏；其他为及格。

（六）实训结果反馈与运用

教师、公共部门就实训整个过程和每个小组所提交赞助活动项目策划书进行评价反馈，评价与反馈内容包括赞助对象的选择、赞助组织的选择、共同利益点的挖掘、活动设计、实施措施的保障等方面，同时指出有待进一步完善之处，使实训项目的整个过程形成一个完整的闭环系统。学生上交的作品将交服务对象进行评阅，从实用性、科学性等角度进行评价。

六、实训项目 6——新闻发布会

（一）实训目的与要求

该项目是综合性实训项目。新闻发布会是社会组织对外主动公布组织信息、获取社会民众认同与支持、与外部公众进行能量交换的重要途径，是政府部门公务人员对内外公开有关信息的主要形式之一。该实训旨在，使学生理解新闻发布会的一般原理，熟悉新闻发布会材料准备的一般内容与过程，理解新闻发布会的特点，掌握新闻发布的一些技巧。

（二）知识准备与书籍阅读

1. 知识准备

新闻发布会又叫记者招待会，它是传播信息，谋求新闻界对某一事件客观报道的行之有效的手段，也是组织与新闻界建立和保持联系的一种重要的活动方式。根据刺激—反映理论、有效沟通协调的基本技能、信息传播理论等，举办新闻发布会可以提高组织的知名度，引起公众对组织的关注，还可以建立巩固与媒体的关系，引导公众意见和态度朝着对组织有利的方向转化。在新闻发布之前，须确定发布会主题、统一发布口径、确定发布会的地点和时间、挑选发言人和主持人等，并准备好主要发言稿和报道提纲、安排好需要邀请的记者，制定好预算、布置好会场等，同时须做好有关的应急准备工作。新闻发布会时应采取主动真诚的态度对待记者及回答记者问题，所发布的信息须详略得当且准确无误，且不能随便更改会议程序和延长会议时间。发布会结束后，须及时收集情况、纠正错误，了解与会者反映，并做好有关的宣传报道。

2. 书籍阅读

[1] 曹劲松．政府形象传播[M]．南京：江苏人民出版社，2012.
[2] 稻盛和夫．领导者的资质[M]．曹岫云，译．北京：机械工业出版社，2013.
[3] 任正臣．公共关系学[M]．北京：北京大学出版社，2012.

（三）实训准备与组织安排

实训主要采取影视观摩与模拟训练相结合的方式进行。首先教师在课内重点讲授新闻发言的一般性原理；其次学生以小组为单位在教师的指导下选择怀化市的某一公共危机事件中，拟针对此事件进行发言；学生收集此公共危机事件相关的材料，分别撰写首次发言稿、二次发言稿、三次发言稿，并准备好其他材料，完成发言前的准备工作；给定小组进行新闻发言，其他小组成员模拟地方性的新闻媒体记者进行提问；发言小组撰写时事性新闻报道，其他小组就此次发言撰写评论性新闻报道；最后教师进行点评与总结等。

实训分组进行，每组学生 6～7 人，每组选举小组长 1 名，每组先在教师的指导下选择新闻发言的内容等，其次分工合作完成材料收集与发言稿的撰写工作，再次分工完成发言人、主持人与应急材料准备工作，然后进行新闻发言，最后进行新闻报道撰写及效果评估等工作。

（四）实训内容与具体步骤

1. 实训内容

（1）A 公共危机事件资料的收集、归类与提升。

（2）新闻发言的准备工作，主要包括新闻稿的撰写、资料的整理、发言人的选择、应急材料的准备等。

（3）新闻稿的撰写、新闻发布会的总结与评估等。

2. 具体步骤

（1）教师采用视频教学法，带领学生总结出新闻发言的一般性原理。

材料：国务院新闻发言人洪磊的发言，视频材料来源：http：//www.cctv.com/live/cctv13/。

（2）危机事件材料收集。一是从网络上收集危机事件材料，主要利用百度、搜狐等进行；二是深入访谈、观察、调查危机事件所涉及的部门及各利益相关者，获取真实信息；三是通过文献资料掌握同类事件发生的背景、原因、影响及应对措施。

（3）新闻发布时机、地点及媒体的选择。危机事件至少进行三次发言，时间分别安排在危机事件发生的 8～24 小时内、事件损失情况基本清楚且事件基本上得以控制时、事件处置后事件的原因调查清楚且追究责任划分到位等时点上；地点应选择在事发地、受影响人群聚集地等；媒体选择要与危机的影响程度相匹配，如影响程度只限于怀化市内，则选择怀化市的各新闻媒体即可。

（4）新闻发言稿的撰写，应急预案制订。分别写好首次发言稿、二次发言稿与三次发言稿。共同制订出应急预案，制订详细的新闻发布会工作方案。

（5）新闻发言活动模拟。小组的主持人主持、发言人发言，每次发言后模拟新闻记者提问并由发言人作答；安保人员做好安保工作；纪律人员做好纪律维持工作。

（6）发布会结束后的新闻报道撰写工作。每小组就某危机事件分别占在发言者、新闻记者的角度撰写新闻报道。

（7）新闻发布会效果的评估。此阶段，教师进行总结。

（五）实训考核方式与评价标准

1. 实训考核方式

依据小组参与实训过程中的表现、发言材料、准备材料、工作方案、新闻报道、所提交的其他材料等进行评价，由教师、小组成员自身、其他小组成员等共同进行评价，各占 50%、20%与 30%。

2. 实训评价标准

各评价主体的评价须包括四部分：活动中的表现占 20%，过程中的各类文字材料占 30%，新闻发言及问题回答占 35%，新闻报道占 15%。

评价标准：优秀——活动表现积极、过程材料充实且规范、新闻发言活动程序规范且内容准确、发言过程中回答问题准确、新闻报道撰写规范及时；良好——活动表现积极、过程材料较充实且规范、新闻发言活动程序较规范且发言无误、发言过程中回答问题较准确、新闻报道撰写较规范与及时；不及格——活动表现不积极、过程材料缺乏、新闻发言会漏洞百出、发言过程中回答不出问题、新闻报道撰写不及时；其他为及格。

（六）实训结果反馈与运用

教师、专家就实训整个过程和每小组所提交的材料与活动开展情况进行评价反馈，评价与反馈内容包括危机事件的选择、主持人与发言人的选择、时机与地点选择、新闻发言稿、新闻发言会方案、回答问题、新闻报道等，同时指出有待进一步完善之处，使实训项目的整个过程形成一个完整的闭环系统。

第十六章 “电子政务”课程实训

第一节 “电子政务”实训教学大纲

一、基本信息

课程性质：专业发展能力培养课程。
总学时/总学分：48/3.0。
实训学时/实训学分：16/1.2。
实训对象：公共事业管理专业（本科）。

二、实训目的及要求

“电子政务”课程实训主要通过电子政务教学实践平台来模拟实践，主要从系统后台的人员和功能设置与系统前台服务公众两个方面设计，其中有档案管理、会议管理、政府信息门户、行政审批系统、政府办公系统、公文传输平台、招标采购平台以及国有资产管理八大模块。该平台模拟较为成熟的政府电子政府结构体系，分别以公众、企业、政府公务员等不同的角色体验一体化电子政务体系的设置和运行操作。通过这种生动形象的实际操作和情景式教学方式，让学生对电子政务形成感性认识，大致了解电子政务的整体形态、政府内部管理与外部管理和服务等各个电子政务系统运行的方式。通过实际操作体验电子政务的基本功能，从而感受到实施电子政务的重要性，并能够初步掌握实施电子政务的基本方法和策略。同时，体会电子政务给政府传统办公带来的巨大变革，领悟实现电子政务的真正意义。

（一）实训安排

总学时为 48 学时，其中实训实验 13 学时，调查 3 学时。分 5 次进行，分别安排在相关章节之后。

（二）实训形式

实训形式主要采取以模拟实践操练和调查分析的开放式教学组织，进行电子政务教学实践平台模拟验证，教师可以在实训过程中进行个别指导。

三、实训考核方式

每个实训项目必须写成实训报告，内容包括实训目的、实训内容、实训步骤、实训结果、问题讨论与心得等。该实训占本门课程成绩的40%，具体由实训平台成绩考核和实训报告组成。实训成绩是该课程综合成绩的重要组成部分。

第二节 “电子政务”实训项目

本节实训项目有5项，具体内容及安排见表16-1。

表16-1 电子政务实训项目表

序号	项目名称	实训内容	实训学时	实训形式	实训类型	实训地点
1	文档管理	公文传输系统、公文发布、公文处理、档案管理、系统信息管理、文档服务	3	情景模拟	综合性	实训室
2	政府办公管理	政府办公系统、会议管理、国有资产管理	4	社会调查	综合性	实训室
3	招标采购管理	招标采购	4	上机操作	验证性	实训室
4	行政审批系统	行政审批	2	情景模拟	综合性	实训室
5	政府信息门户管理与调查	政府信息门户设置与服务、政府门户网站调查	3	社会调查	综合性	实训室

一、实训项目1——文档管理

（一）实训目的与要求

（1）初步掌握电子政务系统中文件传输与处理、档案管理的相关知识点。

（2）了解文档管理过程中的角色职能与主要工作内容。

（3）真实体验公文网络处理、档案管理的整个过程。为更好地服务公民，思考流程的优化与功能的提升。

（4）实训期间，了解实训室管理相关规定并注意安全。

（二）实训准备与安排

知识准备：电子政务相关知识、档案的相关知识、公文传递与处理的相关知识、Internet的操作、实训相关理论与原理、实训流程。

硬、软件准备：计算机、Windows操作系统、Office办公软件、电子政务实践平台软件。

（三）实训内容与步骤

（1）进行电子政务与公文、电子政务与档案的相关知识梳理，了解“互联网+政府”中公文流转和档案管理的变化，明确文档管理在网络化发展下的时代意义，掌握电子政务文档传递与管理的整个过程，便于开展后期的实训操作。

（2）熟悉电子政府实训平台系统中公文传输系统中的角色及其功能，体验平台基本的公文传输前台与后台的管理，包括公文用户管理、设置电子印章和证书管理、文档管理等内容

（见表 16-2 至 16-6）。点击任务训练，开始具体完成下列实训任务。

表 16-2　数字证书申请

姓名	王×
电子邮件	***@163.com
公司	长沙市经济和信息化委员会
部门	经济和信息化委员会
市/县	长沙市
省	湖南省
国家	CN

表 16-3　文件管理

接收单位	王×
文件标题	关于印发《长沙市智能网联汽车道路测试管理实施细则（试行）》的通知
发文字号	长经信发〔2018〕60 号
发文单位	管理员
文件类型	通告
文件内容	长沙市智能网联汽车道路测试管理实施细则（试行） 第一章　总则 第一条 为加快推动我市智能网联汽车技术研发及应用，指导和规范智能网联汽车道路测试工作，控制智能网联汽车道路测试风险，保障道路交通安全，推动长沙创建“国家智能制造中心”，依据《中华人民共和国道路交通安全法》、《中华人民共和国安全生产法》、《中华人民共和国公路法》、《智能网联汽车道路测试管理规范（试行）的通知》（工信部联装〔2018〕66 号）和有关法律法规，制定本细则。 第二条 在本市行政区域范围内从事智能网联汽车测试及其相关监督管理活动适用本细则。 第三条 本市遵循分级分类的原则逐步推进智能网联汽车测试工作。网上管理的具体实施工作。……

表 16-4　资料类型

类型名称	普发性公文
类型简介	除法定性以外的其他公文名称，如总结、办法、计划、规则、准则、守则、章程、启事、声明、细则等。

表 16-5　资料管理

接收单位	王×
文件标题	长沙市经济和信息化委员会关于通过法定途径分类处理信访投诉请求工作的实施意见（试行）
发文单位	管理员
文件类型	普发性公文

续表

文件内容	为进一步厘清信访与其他法定途径之间的受理范围，确保群众的信访投诉请求能够依法及时受理、办理，推动信访工作规范化、法治化发展，现就推进通过法定途径分类处理信访投诉请求工作提出如下实施意见。 一、做好信访投诉请求和法定途径的分类梳理 1、明确信访投诉请求分类。要根据信访人诉求主体、具体目的，做好正常业务办理与信访、涉法涉诉信访与普通信访、能够通过其他法定途径处理的信访与一般信访的区分，厘清信访受理范围，为依法导入不同法定途径提供……

表 16-6 公告

公告标题	关于印发《长沙市创新创意产品认定办法（试行）》的通知
公告内容	第一条 根据中共长沙市委、长沙市人民政府《关于印发〈长沙市建设创新创业人才高地的若干措施〉的通知》（长发〔2017〕10 号），制定本办法。 第二条 本办法所指创新创意产品，是指符合长沙市优势主导产业和战略性新兴产业发展要求，由长沙市高层次人才及高新技术企业自主研发、设计、制造的科技含量高、拥有自主知识产权、市场前景好，在国内处于先进水平的成套装备、单台（套）产品及关键部件，或高附加值文化创意产品和服务。 第三条 创新创意产品认定工作每年 3 月、9 月集中进行，由市经信委会同市委宣传部、市科技局共同组织实施，经评审认定的产品，列入《长沙市创新创意产品目录》，并向社会公布。 第四条 创新创意产品认定工作按照自愿申报、公正公开的原则进行。……

（3）熟悉电子政务教学实践平台系统中档案管理模块，主要包括后台系统功能管理、对内档案管理与对外档案大厅服务三大项目。模拟操作档案馆信息维护、档案性质定义、档案密级定义、组成形式定义、收集形式定义、馆藏地址定、类别定义的系统信息管理与维护，通过不同角色的权限进入档案信息管理流程，在档案大厅网络平台真实体验档案的检索、预约、借阅等用户服务（见表 16-7 至 16-19）。点击任务训练，开始具体完成下列实训任务。

表 16-7 档案馆信息

档案馆名称	奥派档案馆
档案馆地址	南京奥派
档案馆馆长	李×
档案可预约最长天数	7
档案可借阅最长天数	7

表 16-8 档案性质

档案性质	信息性
	管理性
	文化性
	相对性
	孤本性

表 16-9　档案密级

档案密级	绝密
	机密
	秘密

表 16-10　档案组成形式

档案组成形式	原件
	复制件

表 16-11　档案收集形式

档案收集形式	购买
	寄存
	捐赠
	主动形成

表 16-12　馆藏地址

馆藏地址	综合室
	文学室
	信息室

表 16-13　档案类别

档案类别	公共档案
	私人档案
	文书档案
	科技档案
	专业档案
	电子文件

表 16-14　新增用户信息

真实姓名	李×
身份证号	3201041979××××1231
电话	025-8349××××
手机	1591234××××
邮箱	***@126.com
角色	管理员

表 16-15　新增档案信息

档案名称	对电子政务环境下文档一体化的思考
档案性质	信息性
档案组成形式	原件
档案收集形式	主动形成

续表

类别	公共档案
密级	秘密
年度	2009
负责人	王×
文号	01001
成文时间	2009.12.02
页数	5
形成单位	南京市政府
档案单位	南京市政府

表 16-16　目录

一级目录	政务文件
二级目录	信息性

表 16-17　编研课题

课题号	100001	参与者	李×
编研课题	电子政务信息化	类别	公共档案
编研目的	对电子政务信息化的探讨		
课题正文	电子政务是信息化的一个子集，从电子政务理解什么是信息化，我们可以把问题简化和缩小为公共产品的生产方式问题。生产方式是生产力和生产关系的综合。生产力是人与自然关系，生产关系是人与人关系。也就是说，从生产方式角度看问题，就等于把问题还原回人与自然，人与人的关系问题。工业化是一种生产方式，信息化是另一种生产方式。私人产品有生产方式问题——是用工业化方式生产，还是用信息化方式生产；公共产品也有生产方式问题，因为政府提供的是公共产品，它也有用工业化方式服务与用信息化方式服务的比较问题。从未来发展的趋势看，……		

表 16-18　档案大厅用户注册

姓名	张×
身份证号	3201041979020××××
手机	1591234××××
邮箱	***@126.com
密码	111111

表 16-19　档案转出

转出名称	落户
转出单位	南京奥派
转出负责人	王×
转出单位地址	南京奥派
转出原因	落户

（4）学生在教师的指导下独立完成上述实训任务，系统会根据学生实际模拟操作进行进度跟踪，形成最终的操作实训报告和实训成绩。及时从实训报告中了解操作的程序与信息反馈，进行实训的查漏补缺。

（5）系统操作完成后，依据实训报告完成个人实训心得，独立反思实训操作，共同分享实训的过程和内容，相互交流学习，思考电子政务下现代文档管理的发展趋势，提高实训的效果。

（四）实训考核方式与评价标准

1. 实训考核标准

实训考核的主要考核公文流转和档案管理系统的操作能力、运用能力、工作能力等，并通过个人实训心得发掘学生的总结评价能力，提高结合最新理论与政策的思考素养。

2. 实训成果及评价

实训成果主要通过实训报告和个人实训心得两个方面来评议，实训报告按照统一格式，采用统一封面，报告内容包括实训名称、目的、内容、步骤、实训结果总结等。系统会及时跟进操作流程，并根据实训步骤和顺序进行成绩评定。根据考核标准的要求，结合个人实训心得的总结与思考，全面考核实训绩效。

（五）实训结果反馈与运用

通过文档管理的系统实训操作，查询进度跟踪和操作实训报告可以具体了解学生实训的进度和学习效果，结合个人的实训心得，不断调整教学实训项目，优化教学方式，以满足学生对实训的需要，提升学生课程实践能力。

二、实训项目 2——政府办公管理

（一）实训目的与要求

（1）初步掌握政府办公、会议管理、国有资产管理的相关知识点。

（2）理解电子政务发展下的政府办公管理的新变化，政府办公自动化是电子政务发展最基础、最核心的关键环节，了解并熟练掌握政府办公管理所涉及的角色，以及各角色所涉及的职能工作。

（3）了解政府办公自动化管理的相关流程和具体工作，真实感受政府办公管理的工作内容与细节。

（4）实训期间，了解实训室管理相关规定并注意安全。

（二）实训准备与安排

知识准备：电子政务相关知识、政府办公自动化的相关知识、会议管理的相关知识、国有资产管理的相关知识、Internet 的操作、实训相关理论与原理、实训流程；

硬、软件准备：计算机、Windows 操作系统、Office 办公软件、电子政务实践平台软件。

（三）实训内容与步骤

（1）进行电子政务与办公室自动化、电子政务与会议管理、电子政务与国有资产管理的相关知识梳理，明确“互联网+政府”社会背景下政府办公管理的发展趋势，理解办公室自动化对电子政务的基础性作用，掌握政府办公自动化管理的内容和流程，便于开展后期的实训操作。

（2）熟悉电子政府实训平台系统中政府办公系统中的角色及其功能，除了基本的系统管理与角色的权限外，政府办公系统包含一系列办公室具体事务，有信息管理、工作计划、人员管理、会议管理、办公用品、车辆管理等政府部门正常运行的方方面面（见表16-20至16-53）。点击任务训练，开始具体完成下列实训任务。

表16-20　添加的部门

部门名称	部门说明
综合办公室	综合协调局机关行政事务；负责教育政策的调研；负责重要会务及重要事项的督查工作；负责文秘、信息、接待、档案、保密、安全保卫工作；负责人大代表建议、政协委员提案办理，负责机关车辆的管理和使用及其他后勤服务工作；负责机关对外联络工作
党委办	宣传党的路线、方针、政策，执行党中央、上级党组织和局党委的决议，发挥党组织的战斗堡垒作用和党员的先锋模范作用，支持和协助行政负责人完成本单位所担负的任务，维护教育系统稳定
人事办	负责档案管理工作，做好机关文书、统计、人事、招生等档案资料的接收和立卷归档工作，管好、用好档案

表16-21　添加的职位

职位名称	职位说明	指定人
人事科员	人事档案和文书档案管理工作；熟悉工资福利政策，把关审核批复工资福利事项和市直学校的日常人事审批事项；熟练掌握办公自动化，完成好支教以及各类统计、年报工作；搞好老龄工作和人事、文书档案的管理服务工作	系统管理员
办公室主任	正确贯彻执行党和国家的各项方针、政策，严格按照国家行政机关的规章制度和有关法律、法规办事，当好领导的参谋助手；按照《国家公务员暂行条例》的有关规定和要求，建立起思想业务好、工作效率高、服务意识强而又富有开拓精神的工作人员队伍和运转灵活、高效的工作网络；贯彻落实上级部署、交办事项、办公室主要工作和群众反映突出的问题，措施有力，行动迅速，反馈及时，成效显著	系统管理员

表16-22　添加的角色

角色名称	角色说明	指定人
科长	办公室主任在系统中的角色	系统管理员
普通科员	人事科员在系统中的角色	系统管理员

表 16-23　添加的人员

人员姓名	部门	职位	角色	授权
张×	综合办公室	办公室主任	科长	所有模块
黄××	人事办	人事科员	科员	信息中心、日程管理、工作计划、个人管理、人事管理、考勤管理和档案管理
赵×	党委办	办公室主任	科长	信息中心、日程管理、工作计划和个人管理

表 16-24　添加的新闻

标题	类别	发布人	内容
中央经济工作会议周末召开或重提通胀预期	财经	张×	市场热盼的 2009 年中央经济工作会议即将召开。知情人士对 CBN 透露，会议将于本周末在京召开。在政策判断上，除了延续 11 月 27 日中央政治局对“保持宏观政策基本取向”的定调之外，中央经济工作会议可能还将重提市场热议的“通胀预期问题”

表 16-25　添加的公告

标题	发布人	内容
江州市教育局党委第三批深入学习实践科学发展观活动实施方案通知	张×	江州市教育局党委第三批深入学习实践科学发展观活动实施方案通知

表 16-26　RSS 订阅

标题	地址	发布人
社会新闻	http：//rss.dayoo.com/society.xml	张×

表 16-27　添加的调查内容

标题	类别	标题	发布人	调查子项
您认为改版的网站如何	网上调查	单选	张×	栏目组织得当 色彩比较合理 框架比较清晰明确 内容丰富 功能强大

表 16-28　添加的日程类别

日程类别	会议、通知、生日、备注和备忘录

表 16-29　添加的日程

日程主题	日程类别	创建人员	时间	状态
同学生日	生日	张×	2009-12-02，9—17 点	未完成

表 16-30　添加的协同事件

事件标题	类别	创建人员	时间	状态	协同人员
办公用品采购	通知	张×	2009-12-06，8—15 点	未完成	黄××

表 16-31　报告类别

报告类别	日报、周报、月报和季报

表 16-32　工作计划

计划类别名称	月工作计划、季度工作计划和年度工作计划

表 16-33　添加的工作计划

计划名称	张×年度工作计划
计划类别	年度工作计划
计划内容	廉洁奉公，遵纪守法；调整充实了部分学区、中学领导班子；加强班子的自身建设，提高办事能力。
起始时间	2010-01-01
终止时间	2010-12-31
计划工时	365
分解标志	可分解
执行人	张×

表 16-34　个人通讯录

姓名	电话号码
姐姐	0550-771××××
玲玲	0550-876××××

表 16-35　公共通讯录

员工姓名	电话号码
张×	025-843××××
黄××	025-856××××
赵×	025-876××××

表 16-36　发送的邮件

发送人	张×
收件人	黄××
邮件标题	开会
邮件内容	江州市基础教育课程改革经验交流会即将召开，请做好会议记录

表 16-37　发送的短消息

发送人	张×
接收人	黄××
发送内容	不要忘记开会

表 16-38　添加的培训记录内容

培训主题	深入学习实践科学发展观
时数	18
开始时间	2009-12-03
结束时间	2009-12-05
参训人员	张×，赵×，黄××

表 16-39　添加的奖惩内容

奖惩日期	2009-12-3
奖惩项目	嘉奖
奖惩人	赵×
次数	1
提案人	张×
事件发生日期	2009-12-1
奖惩说明	赵×同志在学习实践科学发展观活动中表现突出

表 16-40　添加的考核记录

考核时间	2009-12-3
考核员工	赵×
考评人员	张×
考评总分	90

表 16-41　添加的提醒设置

提醒内容	登录 OA
提醒周期	每天

表 16-42　添加的假别

假别名称	病假、事假、婚假、产假

表 16-43　添加的密级

密级名称	密级说明
秘密	需要保密的文件、资料等
机密	非常重要必须要保密的文件、消息等
绝密	极端重要，必须绝对保密的文件、信息等

表 16-44　添加的公文类别

类别名称	类别说明
通知	通知适用于批转下级机关公文，转发上级机关和不相隶属机关的公文
报告	报告适用于向上级机关汇报工作、反映情况、提出意见或者建议，答复上级机关的询问

续表

通报	通报适用于表彰先进、批评错误、传达重要精神或者情况
请示	请示是下级机关向上级机关请示指示和批准的公文文种
批复	批复是上级机关答复下级机关请示事项的答复性公文
会议纪要	会议纪要是根据会议记录和会议文件以及其他有关材料加工整理而成的，它是反映会议基本情况和精神的纪实性公文

表 16-45　拟制的公文

类别	公告
密级	秘密
紧急程度	特急
标题	关于组织召开江州市中小学课程改制交流会的通知
主题词	课程改制交流会
办理时限	1 天

表 16-46　添加的归档类别

类别名称	文书、技术、财务

表 16-47　添加的会议室

编号	（系统生成）
名称	第一会议室
地点	江州市教育局 2 楼 205
可容纳人数	100

表 16-48　会议登记的内容

会议名称	江州市基础教育课程改革经验交流会
会议主题	基础教育改革
开始时间	2009-12-12 8:30:00
结束时间	2009-12-12 11:30:00
参与人	张×，赵×，黄××
会议地点	江州市教育局 2 楼

表 16-49　添加的办公用品类别

添加的办公用品类别	文具、办公家具

表 16-50　添加的办公用品

用品名称	所属类别	规格	单位	库存报警设定
文件柜	办公家具	FYD-017 中二斗文件柜	台	0
铅笔	文具	2B	支	10

表 16-51　车辆类型

添加的车辆类型	大型、中型、小型

表 16-52　添加车辆的详细信息

车辆名称	桑塔纳
车牌号码	江 A-B39××
车辆状态	闲置
车辆类型	中型
车牌型号	桑塔纳 2000 时代骄子
总质量	1220
核定载重量	1640

表 16-53　车辆维修登记

申请单号	（系统自动生成）
申请人	张×
职位（部门）	办公室主任（综合办公室）
申请事由	出差
车号	江 A-B39××
修理项目	轮胎报废
维修费用	
保修日期	2009-12-03

（3）熟悉电子政务教学实践平台系统中国有资产管理模块，此模块从工作人员、资产管理人员和资产管理领导三大角色中基本信息设定，主要工作内容有资产管理、资产领用与归还、资产异常处理、公共信息发布、资产综合查询等（见表 16-54 至 16-59）。

实训背景：江州市民政局作为行政事业单位，其国有资产主要包括国家以各种形式拨入的、单位自筹经费购置的、接收捐赠和其它依法取得的资产。目前局机关国有资产管理机构为秘书科，主要负责国有资产的购置、登记、配备、监管检查等日常管理工作。

为了加强局机关国有资产管理，维护资产安全和完整，提高资产使用效益，民政局对于国有资产的购置、登记和使用都有严格的规定。各科室内的资产如果长期闲置，要交回秘书科，由秘书科进行调剂和处置。各科长（主任）工作变动时需要进行科室资产的交接，科室工作人员工作变动时，对所使用资产也要向本科科长或秘书科移交。此外，为了督促各科室把国有资产管好用好，秘书科对机关的国有资产每年进行一次清查，了解和掌握国有资产的现状，合理安排，最大限度地发挥资产的效益。

点击任务训练，开始具体完成下列实训任务。

表 16-54　添加的基础信息

部门	民政局
经费来源	财政拨给单位、单位自筹经费购置、接收捐赠和其他
使用方向	行政、社会服务、生活后勤和其他
资产类型	固定资产、流动资产、无形资产和其他

表 16-55　登记的资产信息（空调）

所属部门：民政局	资产名称：空调
资产种类：固定资产	资产型号：格力 KFR-50LW/K（50520L）A-N2
资产单价（元）：3999	出厂日期：2009-03-01
申请人[①]：王××	资产负责人：王××
经费来源：财政拨给单位	使用方向：行政
国家重点项目：否	

表 16-56　登记的资产信息（笔记本）

所属部门：民政局	资产名称：笔记本
资产种类：固定资产	资产型号：HP Compaq Presario CQ35-111TX（NZ078PA）
资产单价（元）：5999	出厂日期：2009-02-06
申请人：王××	资产负责人：王××
经费来源：财政拨给单位	使用方向：行政
国家重点项目：否	

表 16-57　登记的资产（打印机）

所属部门：民政局	资产名称：打印机
资产种类：固定资产	资产型号：联想 5510 彩色喷墨打印机
资产单价（元）：499	出厂日期：2008-03-08
申请人：王××	资产负责人：王××
经费来源：单位自筹经费购置	使用方向：社会服务
国家重点项目：否	

表 16-58　异常信息处理

异常标题	笔记本异常关机
异常内容	笔记本多次出现异常关机
处理结果	已安排人将笔记本送往惠普客服中心维修

表 16-59　发布的信息

信息标题	江州市民政局国有资产管理办法
信息内容	为了加强局机关国有资产管理，提高资产使用效益，特制定本办法。固定资产的购置必须先由秘书科提出有关计划，经财务主管局长研究批准后，再由秘书科按照政府采购规定办理采购

（4）学生在教师的指导下独立完成上述实训任务，系统会根据学生实际模拟操作进行进度跟踪，形成最终的操作实训报告和实训成绩。及时从实训报告中了解操作的程序与信息反馈，进行实训的查漏补缺。

（5）系统操作完成后，依据实训报告完成个人实训心得，独立反思实训操作，共同分享实训的过程和内容，相互交流学习，思考办公室自动化的发展趋势，提高实训的效果。

（四）实训考核方式与评价标准

1. 实训考核标准

实训考核的主要考核政府办公系统和国有资产管理系统的操作能力、运用能力、工作能力等，并通过个人实训心得发掘学生的总结评价能力，提高结合最新理论与政策的思考素养。

2. 实训成果及评价

实训成果主要通过实训报告和个人实训心得两个方面来评议，实训报告按照统一格式，采用统一封面，报告内容包括：实训名称、目的、内容、步骤、实训结果总结等。系统会及时跟进操作流程，并根据实训步骤和顺序进行成绩评定。根据考核标准的要求，结合个人实训心得的总结与思考，全面考核实训绩效。

（五）实训结果反馈与运用

通过政府办公管理系统实训操作，查询进度跟踪和操作实训报告可以具体了解学生实训的进度和学习效果，结合个人的实训心得，不断调整教学实训项目，优化教学方式，以满足学生对实训的需要，提升学生课程实践能力。

三、实训项目 3——招标采购管理

（一）实训目的与要求

（1）初步掌握政府招标采购的相关知识点。

（2）了解招投标管理机构对采购单位、供应单位和评标专家的信息审核、管理，对具体的招投标项目进行跟踪管理的过程。

（3）掌握招投标项目中所有角色的项目内容与招投标的相关流程。

（4）实训期间，了解实训室管理相关规定并注意安全。

（二）实训准备与安排

知识准备：电子政务相关知识、政府招标采购的相关知识、Internet 的操作、实训相关理论与原理、实训流程。

硬、软件准备：计算机、Windows 操作系统、Office 办公软件、电子政务实践平台软件。

（三）实训内容与步骤

（1）进行电子政务与招标采购管理的相关知识梳理，了解“互联网+政府”背景下政府招标采购管理的新趋势，明确政府招标采购的最新法律与政策，掌握电子政务招标采购管理的整个过程，便于开展后期的实训操作。

（2）熟悉电子政府实训平台系统中招标采购平台的政府部门、采购单位、供应单位和评标专家四大主体及其职能，真实体验招标采购平台运行的整个流程，信息登记、招投标项目建立、专家对项目的评审、项目的中标及后期业务（见表 16-60 至 16-76）。

实训背景：南京大学欲建立电子商务实验室，想采购一批电脑，现通过南京市政府采购中心向社会发出此次招标通告。届时，南京奥派科技、南京舜天科技以及北京网博科技这三家公司会作为供应商参加此次招标活动。为了保证此次招标的公平和公正，南京政府邀请了李××、彭×、王×这三位专家作为此次活动的评标专家。

点击任务训练，开始具体完成下列实训任务。

表 16-60　政府信息

政府名称	南京市政府采购中心
政府地质	北京西路 2-1 号
联系地址	025-9327××××
传真	025-9327××××
Email	××××@163.com
网址	http：//njzc.gov.cn
联系人	王××

表 16-61　采购公司信息——南京大学

机构代码	12345678-9
单位名称	南京大学
单位地址	珠江路 1 号
工商执照编号	12345678945678945××××
单位法人	王×
邮政编码	210000
联系电话	025-8346××××
采购联系人	王×
注册资金	1000 万元
单位传真	025-8346××××
开户银行	工商银行
单位性质	事业单位
银行账号	65556031817463××××
开户名称	南京大学
网址	http：//www.allpass.com.cn
Email	××××@163.com
附加说明	自建校以来，南京大学就一直是开展国际交流与合作最活跃的中国大学之一，与世界上众多一流大学和高水平科研机构建立了紧密的协作关系。其中，始建于 20 世纪 80 年代的南京大学——霍普金斯大学中美文化研究中心迄今已成功举办二十多年，它是中国改革开放以后最早实施的高等教育国际合作长期项目，为中美文化交流事业培养了众多骨干人才，在海内外产生了巨大的影响。目前，南大正在新的历史形势下，大力推进各种领域，多渠道的国际交流与合作，全面提升办学的国际化水平

表 16-62　供应公司信息——南京奥派科技

机构代码	12345678-1
单位名称	南京奥派科技
单位地址	福建路 1 号
工商执照编号	1111111111111111111111
单位法人	李×
邮政编码	210003
联系电话	025-8349××××
采购联系人	李×
注册资金	100 万元
单位传真	025-8349××××
开户银行	工商银行
单位性质	企业单位
银行账号	6555198692465××××
开户名称	南京奥派科技
网址	http：//www.allpass.com.cn
Email	××××@163.com
附加说明	公司自成立以来，主要负责台式电脑和笔记本电脑的采购和销售工作

表 16-63　供应公司信息——北京众网科技

机构代码	12345678-4
单位名称	北京众网科技
单位地址	中关村 1 号
工商执照编号	33333333333333333333
单位法人	王×
邮政编码	310000
联系电话	010-8349××××
采购联系人	王×
注册资金	100 万元
单位传真	025-8349××××
开户银行	招商银行
单位性质	企业单位
银行账号	6555198692465××××
开户名称	北京众网科技
网址	http：//www.zhongwang.com.cn
Email	××××@163.com
附加说明	公司自成立以来，主要负责台式电脑和笔记本电脑的采购和销售工作

表 16-64　供应公司信息——南京舜天科技

机构代码	12345678-2
单位名称	南京舜天科技
单位地址	江宁路 1 号
工商执照编号	2222222222222222222222
单位法人	王×
邮政编码	210000
联系电话	025-8349××××
采购联系人	王×
注册资金	100 万元
单位传真	025-8349××××
开户银行	招商银行
单位性质	企业单位
银行账号	65558432708092××××
开户名称	南京舜天科技
网址	http：//www.shuntian.com.cn
Email	××××@163.com
附加说明	公司自成立以来，主要负责台式电脑和笔记本电脑的采购和销售工作

表 16-65　评标专家信息——李××

姓名	李××	性别	男
政治面貌	党员	出生年月	1975.01.01
身份证号	32092319750101××××	工作单位	南京大学
现任职务	研究生导师	现任职称	研究生导师
职称评定时间	2004.07.01	毕业院校	南京大学
毕业时间	2002.06.30	所属专业	经济学
最高学历	研究生及以上	从事专业	电子商务
从事时间	9 年	单位地址	南京市珠江路 1 号
办公电话	025-8349××××	单位邮编	210003
家庭地址	南京市珠江路 1 号	家庭电话	025-8349××××
家庭邮编	210003	电子邮箱	××××@126.com
手机号码	1591234××××	最适合专业	网络设备
主要工作经历	研究生毕业以后，由于在校期间表现良好，且有较大发明，留校担任学校老师		
负责评审的重大项目	2000 年南京大学商学院网络营销实验室的采购工作的评审		

表 16-66 评标专家信息——王×

姓名	王×	性别	男
政治面貌	党员	出生年月	1981.04.30
身份证号	32092319810430××××	工作单位	东南大学
现任职务	博士生导师	现任职称	博士生导师
职称评定时间	2003.04.30	毕业院校	南京大学
毕业时间	2002.06.30	所属专业	经济学
最高学历	研究生及以上	从事专业	电子商务
从事时间	7	单位地址	南京市五台山路 1 号
办公电话	025-8349××××	单位邮编	210000
家庭地址	南京市五台山路 1 号	家庭电话	025-8349××××
家庭邮编	210000	电子邮箱	××××@126.com
手机号码	1591234××××	最适合专业	网络设备
主要工作经历	2002 年毕业于南京大学商学院，后考取东南大学电子商务专业的研究生，在电子商务领域有着卓越的贡献，发表了多篇关于电子商务的论文		
负责评审的重大项目	2000 年南京大学商学院网络营销实验室软件采购工作的评审		

表 16-67 评标专家信息——彭×

姓名	彭×	性别	男
政治面貌	党员	出生年月	1972.04.27
身份证号	32092319860101××××	工作单位	南京大学
现任职务	研究生导师	现任职称	研究生导师
职称评定时间	1999.04.30	毕业院校	南京大学
毕业时间	1995.07.01	所属专业	计算机
最高学历	研究生及以上	从事专业	计算机网络
从事时间	10	单位地址	南京市珠江路 1 号
办公电话	025-8349××××	单位邮编	210003
家庭地址	南京市珠江路 1 号	家庭电话	025-8349××××
家庭邮编	210003	电子邮箱	××××@126.com
手机号码	1591234××××	最适合专业	网络设备
主要工作经历	1995 年毕业于南京大学计算机科学学院，本科毕业以后就负责学校的机房工作，后来考取了研究生，且在软件编程方面有着很强的能力，参与过很多重大项目的开发工作		
负责评审的重大项目	2000 年南京大学商学院网络营销实验室的采购工作的评审		

表 16-68 通知

通知	最近南京大学欲采购一批电脑，建设电子商务实验室，请有关单位做好招标、投标的工作

表 16-69 采购新闻

新闻标题	采购新闻
新闻内容	南京大学欲采购一批电脑用来建设电子商务实验室，请有关单位准时到南京大学鼓楼校区参加招标的工作
新闻来源	南京大学官方网
发布人	张××
发布日期	2009-11-20

表 16-70 办事指南

标题	办事指南
内容	对这次采购竞标有兴趣的企业和单位，可以登录南京采购网或南京大学官方网，查看具体要求

表 16-71 产品信息

产品名称	HP 笔记本
所属行业	货物类
所属类别	计算机
产品规格	A001
包装规格	110×220×50
价格说明	5999
产品详细说明	Intel 酷睿 2 双核 T6570（2.1GHz）处理器；2G 内存，500G 硬盘，内置摄像头，ATI256M 独显

表 16-72 资质证书

证书名称	笔记本采购供应商
发证机构	南京市人民政府
起始日期	2005-04-01
终止日期	2011-04-01
证书说明	兹授予××公司笔记本采购供应商资格

表 16-73 专家资质文件

证书名称	计算机高级工程师
发证机构	中华人民共和国职称评定委员会
起始日期	2009.11.01
终止日期	2020.11.01
证书说明	符合要求

表 16-74 采购项目

项目名称	笔记本采购	项目编号	ZB100068
紧急程度	一般	招标模式	公开招标
备注	笔记本采购		

表 16-75　采购包信息

采购包名称	HP 笔记本
采购包预算	1000000
投标保证金	1000

表 16-76　采购产品

产品名称	HP 笔记本
采购数量	10
规格说明	价格和性能要成正比

（3）学生在教师的指导下独立完成上述实训任务，系统会根据学生实际模拟操作进行进度跟踪，形成最终的操作实训报告和实训成绩。学生及时从实训报告中了解操作的程序与信息反馈，进行实训的查漏补缺。

（4）系统操作完成后，依据实训报告完成个人实训心得，反思实训操作，共同分享实训的过程和内容，相互交流学习，思考电子政务下现代招标采购管理的发展趋势，提高实训的效果。

（四）实训考核方式与评价标准

1. 实训考核标准

实训考核的主要考核招标采购平台的操作能力、运用能力、工作能力等，并通过个人实训心得发掘学生的总结评价能力，提高结合最新理论与政策的思考素养。

2. 实训成果及评价

实训成果主要通过实训报告和个人实训心得两个方面来评议，实训报告按照统一格式，采用统一封面，报告内容包括：实训名称、目的、内容、步骤、实训结果总结等。系统会及时跟进操作流程，并根据实训步骤和顺序进行成绩评定。根据考核标准的要求，结合个人实训心得的总结与思考，全面考核实训绩效。

（五）实训结果反馈与运用

通过招标采购管理系统实训操作，查询进度跟踪和操作实训报告可以具体了解学生实训的进度和学习效果，结合个人的实训心得，不断调整教学实训项目，优化教学方式，以满足学生对实训的需要，提升学生课程实践能力。

四、实训项目 4——行政审批系统

（一）实训目的与要求

（1）初步掌握电子政务的行政审批相关知识点。

（2）了解行政审批过程中的角色职能与主要工作内容。

（3）真实体验行政审批的整个过程。为更好地服务公民，思考流程的优化与功能的提升。

（4）实训期间，了解实训室管理相关规定并注意安全。

（二）实训准备与安排

知识准备：电子政务相关知识、行政审批的相关知识、Internet 的操作、实训相关理论与原理、实训流程。

硬、软件准备：计算机、Windows 操作系统、Office 办公软件、电子政务实践平台软件。

（三）实训内容与步骤

（1）进行电子政务与行政审批的相关知识梳理，把握“互联网+政府”中行政审批的新趋势，了解行政审批的最新政策，掌握电子政务行政审批管理的整个过程，便于开展后期的实训操作。

（2）熟悉电子政务教学实践平台系统中行政审批系统模块，模拟操作行政审批事项的制定与审批流程、政府部门的权限与内部沟通、市民项目申请、政府无纸化办公过程等系统内容，并通过网上服务大厅真实体验行政审批项目的检索、进度查询、审批结果等用户服务（见表 16-77 至 16-103）。点击任务训练，开始具体完成下列实训任务。

表 16-77　主题服务

主题服务名称	卫生许可
	个人住房
	用地选址

表 16-78　服务对象

服务对象名称	个人（个人）
	企业（企业
	教师（个人）

表 16-79　服务类型

个人	公共服务
企业	公共服务

表 16-80　房产局行政事项

办理部门	房产局
行政事项名称	南京市城市房屋拆迁行政许可行为
行政事项类型	行政许可
所属分类	个人
承诺时限	29 天
收费金额	200 元
办理地点	南京市华侨路 1 号
联系电话	025-8349××××

表 16-81 南京市城市房屋拆迁行政许可行为——申报材料

申请材料	房屋拆迁许可申请表
材料描述	房屋拆迁许可申请表
材料类型	表格

表 16-82 南京市城市房屋拆迁行政许可行为——步骤信息

1	步骤名称	申请人申请
	受理时限	1 天
	办理窗口名称	房产局大厅
	步骤工作职责	申请人持相关材料进行申请
	步骤事件	审查通过
2	步骤名称	受理
	受理时限	5 天
	办理窗口名称	房产局大厅
	步骤工作职责	申请受理
	步骤事件	审查通过
3	步骤名称	初审
	受理时限	19
	办理窗口名称	房产局大厅
	步骤工作职责	初审
	步骤事件	审核通过、驳回
4	步骤名称	决定
	受理时限	5 天
	办理窗口名称	房产局大厅
	步骤工作职责	颁发及公告房屋拆迁许可证
	步骤事件	审批通过

表 16-83 南京市城市房屋拆迁行政许可行为——服务指南

服务指南	一、申请 申请人持下列文件资料向行政机关提出房屋拆迁行政许可申请：1、建设项目批准文件；2、建设用地规划许可证；3、国有土地使用权批准文件；4、拆迁计划和拆迁方案；5、办理存款业务的金融机构出具的拆迁补偿资金证明，以及价值不低于拆迁补偿资金 10%的产权调换房源证明。二、受理 1、行政机关对申请材料齐全且符合法定形式的房屋拆迁行政许可申请予以当场受理。2、行政机关对申请材料不齐全或者不符合法定形式的，当场或者在五日内一次告知申请人需要补正的全部内容；逾期不告知的，自收到申请材料之日起即为受理。3、行政机关受理或者不予受理行政许可申请，将出具加盖行政机关专用印章和注明日期的书面凭证。三、审查 1、行政机关依法对申请人提交的申请材料进行审查。……

表 16-84　南京市城市房屋拆迁行政许可行为——法规依据

法规依据	《城市房屋拆迁管理条例》第六条：拆迁房屋的单位取得房屋拆迁许可证后，方可实施拆迁。第七条：申请领取房屋拆迁许可证的，应当向房屋所在地的市、县人民政府房屋拆迁管理部门提交下列资料：（一）建设项目批准文件；（二）建设用地规划许可证；（三）国有土地使用权批准文件；（四）……

表 16-85　南京市城市房屋拆迁行政许可行为——在线填报

服务名称	南京市城市房屋拆迁行政许可行为
办理单位	房产局
申请单位	李×
申请者类型	自然人
组织机构代码	11111111-1
联系人	李×
身份证号	32010419790101××××
电子邮箱	×××@126.com
联系电话	8349××××
手机号码	1591234××××
联系地址	南京市福建路 1 号
邮政编码	210003

表 16-86　国土资源局行政事项

办理部门	国土资源局
行政事项名称	新建、改建、扩建工程的选址
行政事项类型	行政许可
所属分类	企业
承诺时限	10
收费金额	2000 元
办理地点	南京市规划局
联系电话	025-8349××××

表 16-87　新建、改建、扩建工程的选址——申办材料

申请材料	建设项目平面配置图
材料描述	标明各操作间长度、宽度、面积、门的位置、空调系统图、供水系统图、厨房油烟排放系统图
材料类型	复印件

表 16-88　新建、改建、扩建工程的选址——步骤信息

1	步骤名称	受理
	受理时限	1 天
	办理窗口名称	规划局大厅

续表

	步骤工作职责	审查资料并接收
	步骤事件	审查通过、退回补正
2	步骤名称	决定
	受理时限	8
	办理窗口名称	规划局大厅
	步骤工作职责	颁发及公告决议
	步骤事件	审批通过

表 16-89　新建、改建、扩建工程的选址——服务指南

服务指南	1. 符合土地利用总体规划，符合土地管理法律、法规规定的要求 2. 符合国家供地政策 3. 符合土地集约利用原则 4. 属《土地管理法》第二十六条规定情形，建设项目用地需修改土地利用总体规划的，规划修改方案、建设项目对规划实施影响评估报告符合法律、法规的规定

表 16-90　新建、改建、扩建工程的选址——法规依据

法规依据	1.《中华人民共和国土地管理法》 2.《中华人民共和国土地管理法实施条例》 3.《建设项目用地预审管理办法》(国土资源部〔2004〕第 27 号令) 4.《江苏省建设项目用地预审管理实施办法》(苏国土资发〔2005〕92 号)

表 16-91　政务资料

资料标题	供水单位卫生许可办理流程
资料内容	(一)申办企业向省政府政务服务中心卫生厅窗口提出申请，省卫生厅在 5 个工作日内组织进行选址和设计审查，符合卫生要求的，在 5 个工作日内填发《建设项目设计卫生审查认可书》; (二)企业严格按《建设项目设计卫生审查认可书》的审查意见施工，建筑项目施工完毕，主要卫生设施正常运转，省卫生厅组织竣工验收，符合卫生要求的，5 个工作日内填发《建设项目竣工卫生验收认可书》; (三)二次供水申报企业提交书面申请后，在 5 个工作日内组织现场审查; (四)……

表 16-92　卫生局行政事项

办理部门	卫生局
行政事项名称	供水单位卫生许可审批
行政事项类型	行政许可
所属分类	企业
承诺时限	10
收费金额	100 元
办理地点	卫生局
联系电话	8349××××

表 16-93 供水单位卫生许可审批——申办材料

申请材料	卫生许可证申请书
材料描述	卫生许可证申请书
材料类型	表格
申请材料	水质检验合格报告、建设项目竣工卫生验收认可书、建设项目设计卫生审查认可书
材料描述	水质检验合格报告、建设项目竣工卫生验收认可书、建设项目设计卫生审查认可书
材料类型	复印件

表 16-94 供水单位卫生许可审批——步骤信息

1	步骤名称	申请人申请
	受理时限	1 天
	办理窗口名称	卫生局大厅
	步骤工作职责	提交材料
	步骤事件	审查通过、退回补正
2	步骤名称	初审
	受理时限	11 天
	办理窗口名称	大厅
	步骤工作职责	核实申请事项的实质内容
	步骤事件	审核通过、驳回
3	步骤名称	审核
	受理时限	3 天
	办理窗口名称	大厅
	步骤工作职责	审核许可事项
	步骤事件	审核通过、驳回
4	步骤名称	审批
	受理时限	2 天
	办理窗口名称	大厅
	步骤工作职责	审核许可事项
	步骤事件	审批通过

表 16-95 供水单位卫生许可审批——服务指南

服务指南	（一）原省级卫生行政部门进行卫生许可管理的供水单位； （二）集中式供水和二次供水单位新建、改建、扩建工程的选址和设计符合卫生要求； （三）集中式供水生产工艺场所布局符合《集中式供水卫生规范》的要求；二次供水设施符合《二次供水设施卫生规范》的要求； （四）……

表 16-96 供水单位卫生许可审批——法规依据

法规依据	（一）《中华人民共和国传染病防治法》（主席令第 17 号，2004 年 8 月 28 日修订）第二十九条第二款规定："饮用水供水单位从事生产或者供应活动，应当依法取得卫生许可证。" （二）《四川省生活饮用水卫生监督管理办法》（省政府令第 306 号，2016 年 2 月 22 日通过）第九条规定："集中式供水单位、二次供水单位和涉水产品，应当依照国家规定取得县级以上卫生行政部门的卫生许可。" （三）《生活饮用水卫生监督管理办法》（住房和城乡建设部、卫计委令第 31 号，2016 年 4 月 17 日修订）第四条规定："国家对供水单位和涉及饮用水卫生安全的产品实行卫生许可制度。"第七条规定："集中式供水单位取得工商行政管理部门颁发的营业执照后，还应当取得县级以上地方人民政府卫生计生主管部门颁发的卫生许可证，方可供水。"

表 16-97 供水单位卫生许可审批——在线填报

服务名称	供水单位卫生许可审批
办理单位	卫生局
申请单位	南京自来水厂
申请者类型	法人
组织机构代码	1111
联系人	王×
身份证号	32010419790201××××
电子邮箱	×××@126.com
联系电话	8349××××
手机号码	1591234××××
联系地址	南京市福建路 1 号
邮政编码	210003

表 16-98 投诉

投诉人	李×
联系电话	8349××××
电子邮件	×××@126.com
投诉标题	办事效率太低
投诉内容	办事速度慢，拖延，影响正常行程

表 16-99 调研问卷

调研问卷标题	您认为电子政务的实施目的是
选项 A	便于部门的日常工作和管理
选项 B	便于更好的人员管理
选项 C	便于更有力的社会便民服务
选项 D	便于部门之间的协同合作

表 16-100　网站新闻

新闻标题	党风廉政建设责任制检查考核启动
新闻内容	2009 年度全市落实党风廉政建设责任制情况检查考核昨天正式启动，重点对 3 个区县和 7 个市级机关部门学习贯彻党的十七大和三中、四中全会精神，推进惩治和预防腐败体系建设情况，领导干部作风建设和廉洁自律情况等进行检查考核。 此次检查考核确定的重点单位有 10 家，分别为秦淮区、建邺区、高淳县和市水利局、教育局、司法局、财政局、建工局、南京日报报业集团、市公积金管理中心。 本次检查考核共分 5 个组，分别由市委、市人大常委会、市政府领导带队，采取召开座谈会、个别访谈、召开汇报测评会、查阅工作资料等步骤进行。 据悉，对党政领导班子检查考核的重点内容有：执行党的路线方针政策，结合本地区、本部门、本单位实际，深入贯彻科学发展观，保持经济平稳较快发展的情况；…… 来源：南京日报

表 16-101　网站简介

网站简介	该行政服务大厅紧紧围绕“便民”“提效”这个核心，对所有进驻项目进行整合，以其相关性完善、简化办理程序，以成“龙”配套确保“一站式”。同时，从信息共享与加强协作两个方面，重点推进涉及两个部门以上审批业务的协调；另一方面，从业务和内设机构层面引导进驻部门整合业务，大大提高了办事效率。全面落实为大企业的“直通车”服务。 信息化技术在行政服务大厅得到了广泛应用，构建了“网络大厅”。行政服务大厅信息化系统实现了与 40 个进驻单位的近 80 套计算机应用系统的连通，实现在统一的数据交换平台上相互数据的基本同步交换和集成；具体审批项目的受理条件、申报材料、办理时限、审批依据等与系统设计规范相衔接，符合办理条件的自动打印受理回执，压缩工作人员的自由裁量权；……

表 16-102　咨询

咨询标题	供水单位卫生许可办理流程
联系电话	8765××××
电子邮件	×××@126.com
咨询内容	请问，供水单位卫生许可办理流程是如何的

表 16-103　咨询回复

回复内容	（一）申办企业向省政府政务服务中心卫生厅窗口提出申请，省卫生厅在 5 个工作日内组织进行选址和设计审查，符合卫生要求的，在 5 个工作日内填发《建设项目设计卫生审查认可书》；（二）企业严格按《建设项目设计卫生审查认可书》的审查意见施工，建筑项目施工完毕，主要卫生设施正常运转，省卫生厅组织竣工验收，符合卫生要求的，5 个工作日内填发《建设项目竣工卫生验收认可书》；（三）二次供水申报企业提交书面申请后，在 5 个工作日内组织现场审查；（四）……

（3）学生在教师的指导下独立完成上述实训任务，系统会根据学生实际模拟操作进行进度跟踪，形成最终的操作实训报告和实训成绩。学生及时从实训报告中了解操作的程序与信息反馈，进行实训的查漏补缺。

（4）系统操作完成后，学生依据实训报告完成个人实训心得，独立反思实训操作，共同分享实训的过程和内容，相互交流学习，思考电子政务下行政审批的发展趋势，提高实训的效果。

（四）实训考核方式与评价标准

1. 实训考核标准

实训考核的主要考核行政审批系统的操作能力、运用能力、工作能力等，并通过个人实训心得发掘学生的总结评价能力，提高结合最新理论与政策的思考素养。

2. 实训成果及评价

实训成果主要通过实训报告和个人实训心得两个方面来评议，实训报告按照统一格式，采用统一封面，报告内容包括：实训名称、目的、内容、步骤、实训结果总结等。系统会及时跟进操作流程，并根据实训步骤和顺序进行成绩评定。根据考核标准的要求，结合个人实训心得的总结与思考，全面考核实训绩效。

（五）实训结果反馈与运用

通过行政审批系统实训操作，查询进度跟踪和操作实训报告可以具体了解学生实训的进度和学习效果，结合个人的实训心得，不断调整教学实训项目，优化教学方式，以满足学生对实训的需要，提升学生课程实践能力。

五、实训项目 5——政府信息门户管理与调查

（一）实训目的与要求

（1）初步掌握政府信息门户管理、调查研究的相关知识点。

（2）了解政府信息门户管理过程中的角色职能与主要工作内容。

（3）真实体验政府信息门户管理的整个过程。为了提高政府门户网站的服务性，全面调查公民、企业、政府部门等服务对象，了解服务与信息需要，优化政府信息流程，更好地提供个性化信息服务。

（4）实训期间，了解实训室管理相关规定并注意安全。

（二）实训准备与安排

知识准备：电子政务相关知识、政府信息门户管理的相关知识、调查研究与信息处理的相关知识、Internet 的操作、实训相关理论与原理、实训流程。

硬、软件准备：计算机、Windows 操作系统、Office 办公软件、电子政务实践平台软件。

（三）实训内容与步骤

（1）进行电子政务与政府信息门户管理、政府信息门户网站与调查研究的相关知识梳理，了解中央政府门户网站与地方门户网站的关系，把握“互联网+政府”的新的时代意义，掌握政府信息门户管理的整个过程，便于开展后期的实训操作。

（2）熟悉电子政府实训平台系统中政府信息门户的角色及其功能，体验平台前台与后台的基本信息维护管理，包括信息的公布、网站界面的设计、服务项目的规划、调查系统的设定等内容（见表 16-104 至 16-108）。

实训背景：江州市人民政府网站由江州市人民政府主办，主要介绍江州政府、政治和经济概况等，此外网站还提供了公众信息反馈和网上办事功能。自从兴建了门户网站，不仅有效地提高了江州市政府办事效率，也大大提高了政府在公众心目中的形象。

点击任务训练，开始具体完成下列实训任务。

表 16-104　添加的目录信息

目录等级	目录名称	目录类型
一级目录	走进江州	有下级目录
一级目录	透视政府	有下级目录
一级目录	网上办事	有下级目录
一级目录	政民互动	有下级目录
二级目录	江州概况	有内容（内容直接显示）
二级目录	投资江州	有内容（内容直接显示）
二级目录	江州规划	有内容（内容列表显示）
二级目录	领导致辞	有内容（内容直接显示）
二级目录	新闻发布	有内容（内容直接显示）
三级目录	网上调查	有内容（内容列表显示）

表 16-105　添加的信息内容

信息类型	目录
所属目录	二级目录
目录名称	江州概况
表现形式	文章
文章标题	今日江州
形象图片	（上传图片）
信息内容	江州市是中国最大的经济中心和贸易港口，是全国最大的综合性工业城市，也是全国重要的科技中心、贸易中心、金融和信息中心，位于北纬 31 度 14 分，东经 121 度 29 分。江州地处长江三角洲前沿，东濒东海，南临杭州湾，西接江苏、浙江两省，北靠长江入海口，地处我国南北海岸线的中部，交通便利，腹地广阔，地理位置优越，是一个良好的江海港口

表 16-106 添加的链接内容

链接名称	推荐链接
链接名称	中国服务外包网
链接地址	http：//chinasourcing.mofcom.gov.cn/

表 16-107 添加的登录框信息

登录模块标签	邮箱登录
登录账号标签	登录用户名
登录密码标签	登录密码
Action 地址	http：//www.gov.cn/

表 16-108 调查系统内容

调查系统标签	调查细项名称	调查细项英文名称
您认为改版后网站如何	栏目组织比较得当	organization
	色彩比较合理	color
	框架比较清晰明确	frame
	内容丰富	content

（3）学生在教师的指导下独立完成上述实训任务，系统会根据学生实际模拟操作进行进度跟踪，形成最终的操作实训报告和实训成绩。学生及时从实训报告中了解操作的程序与信息反馈，进行实训的查漏补缺。

（4）系统操作完成后，展开国内的政府信息门户网站现状调查研究，随机抽取一定量的调查样本进行数据分析，探究政府门户网站发展过程中存在的问题及原因，思考改善网站建设的对策，学生之间相互交流学习，共同分享调查研究结果，提高实训的效果。

（四）实训考核方式与评价标准

1. 实训考核标准

实训考核的主要考核政府信息门户系统的操作能力、运用能力、工作能力等，并通过政府网站的调查研究发掘学生的数据分析能力、信息处理能力、总结评价能力等，提高结合最新理论与政策的思考素养。

2. 实训成果及评价

实训成果主要通过实训报告和调查研究两个方面来评议，实训报告按照统一格式，采用统一封面，报告内容包括实训名称、目的、内容、步骤、实训结果总结等。系统会及时跟进操作流程，并根据实训步骤和顺序进行成绩评定。根据考核标准的要求，结合调查研究的总结与思考，全面考核实训绩效。

（五）实训结果反馈与运用

通过政府信息门户系统实训操作，查询进度跟踪和操作实训报告可以具体了解学生实训的进度和学习效果，结合调查研究报告和学生的实训信息反馈，不断调整教学实训项目，优化教学方式，以满足学生对实训的需要，提升学生课程实践能力。

第十七章 “社会调查研究方法”课程实训

第一节 “社会调查研究方法”实训教学大纲

一、基本信息

课程性质：专业能力培养课程。

总学时/总教分：48/3。

实训学时/实训学分：8/0.5。

实训对象：公共事业管理专业（本科）。

先修课程：高等数学、社会调查原理与方法。

二、实训目的及要求

知识目标：掌握社会调查与研究的基本程序、要领；熟悉社会调查与研究的相关环节；了解社会调查与研究的过程。

能力目标：能制作问卷调查表；能对回收资料进行统计分析。

技能目标：掌握样本抽样技能；掌握问卷制作技能；掌握统计软件 SPSS 操作技能。

通过实训，使学生学会运用社会调查的基本原理和方法，提高解决实际问题的基本技能、认识能力和工作水平。

三、实训安排及程序

总学时 8 学时，每个项目 2 学时。

实训一般分组进行，每组 4 ~ 6 人，在教室指导下开展项目安排的活动，完整规定任务，提交书面材料。材料及工具：电脑、U 盘、SPSS 软件、草稿纸。

四、实训考核方式

考核方式以自测与抽查相结合；平时考查与期末考核相结合。考核标准：实训成绩由实训考勤（10 分）、实训参与程度（15 分）和实训内容要求（75 分）构成。

实习成绩按五级分制确定，即优秀、良好、中等、及格、不及格（60 分以下）。

第二节 “社会调查研究方法”实训项目

本课程实训项目有 4 项，具体内容及安排见表 17-1。

表 17-1 社会调查研究方法实训项目表

序号	项目名称	实训内容	实训学时	实训形式	实训类型	实训地点
1	研究方案的设计和调查课题的确定	明确研究目的、研究问题的明确化、调查课题的确定	2	社会调研	综合性	教室
2	调查样本的抽取	界定总体、编制抽样框、抽取样本、	2	模拟操作	设计性	教室
3	子总体平均值比较与方差分析	利用 SPSS 统计软件进行总体均值比较操作和方差分析操作	2	软件实践操作	综合性	实训室
4	单变量描述统计	利用 SPSS 统计软件进行频数操作和频率操作	2	软件实践操作	综合性	实训室

一、实训项目 1——研究方案的设计和调查课题的确定

（一）实训目的

通过学生上网搜集社会热点问题，查阅社会经济统计信息，引导学生在了解社会经济统计信息内容的同时，理解社会调查的含义，明晰社会调查的意义和作用，增强学生学习社会调查方法课程的兴趣与热情。另外，在查阅大量社会经济信息的同时，又可训练学生网上检索现代化信息的技能，提高学生运用现代化信息手段的能力。

（二）知识准备与书籍阅读

1. 知识准备

要求了解和掌握的知识：问题明确化的方法、分析单位、研究方案的设计等。

2. 书籍阅读

[1] 邬春芹．社会调查方法[M]．南京：东南大学出版社，2012.

[2] 李沛良．社会研究的统计应用[M]．北京：社会科学文献出版社，1998.

（三）实训组织与安排

实训一般分组进行，每组 4 人，并确定负责人。以项目小组为单位，组织学生登录中国统计局、各地方统计局或社会经济信息网等网站，检索并查阅社会经济统计信息，搜集人们普遍关注的社会热点问题。

本实训要求学生在电脑上完成，搜集的相关信息要在下次课前由教师确定该信息的可行性。

（四）实训内容与步骤

1. 实训内容

为了使学生能够掌握查阅信息能力，我们拟定了几项参考信息内容。学生可以依据兴趣选取其中一个或多个问题进行查阅，也可抛开这些信息内容，自行确定。通过登录相关信息网站或国际以及地方统计信息网站来做此项实训训练：

（1）关注大学生就业问题，如大学生就业专业对口状况调查、专业工资状况调查等。

（2）关注大学生消费方面的调查，如大学生网上购物调查、化妆品消费调查、手机使用状况调查等。

（3）关注我国社会经济问题，如城乡居民人均收入调查、留守儿童生活状况调查、农民工社会保障状况调查等。

（4）关注国际社会经济、文化、环境等问题，如经济危机状况调查、环境状况调查等。

2. 实训步骤

（1）搜索社会热点问题。在“百度”或“中国知网”，检索关键词，以搜索共同关注的社会热点问题，或登录国家或地方统计局网站搜索相关信息。例如，若想了解农民工社会保障状况，就可以输入网址“http：//www.baidu.com”，登录到“百度”网站，再在搜索栏内输入“农民工社会保障”关键词，就可以搜索到一系列与农民工社会保障相关社会经济统计信息。

（2）阅读与社会热点问题相关的社会统计信息。搜索社会热点问题后，查阅相关的社会经济统计信息。

（3）电子文件处理。各个项目小组将搜索到的相关电子信息以 Word 文档形式另存，然后再对该电子文档进行必要的文档格式处理，然后发送到老师指定的电子信箱。

（五）实训考核方式与评价标准

在实训项目结束后，每个小组按要求完成并把相关材料提交给老师。指导教师对每份书面材料进行评阅和评分。该实训考核为独立考核，所搜索的内容是否是社会热点问题相关的社会经济统计信息（40%），内容的描述（30%），电子文档的处理（30%）。

（六）实训结果反馈与运用

教师就实训整个过程和每小组所提交实训报告进行评价反馈，包括实训取得的成效、需要改善的地方以及实训后需要提升或拓展的方面，使实训项目的整个过程形成一个完整的闭环系统。

二、实训项目 2——调查样本的抽取

（一）实训目的

使学生掌握抽样调查的一般步骤及抽样基本方法，模拟抽取样本的过程。

（二）知识准备与书籍阅读

1. 知识准备

要求了解和掌握的知识：概率抽样的基本原理、概率抽样的方法等。

2. 书籍阅读

[1] 李沛良，邬春芹．社会调查方法[M]．南京：东南大学出版社，2012.
[2] 李沛良．社会研究的统计应用[M]．北京：社会科学文献出版社，1998.
[3] 丁国盛，李涛．SPSS 统计教程[M]．北京：机械工业出版社，2008.

（三）实训组织与安排

实训一般分组进行，每组 4 人，并确定负责人。在教师指导下进行抽样，完成规定任务，提交抽样相关资料。

（四）实训内容与步骤

1. 实训内容

从某大学所有教师抽取 100 名教师构成一个样本。

某大学有 15 个院系，共有 1 112 名教师，请抽出 100 个样本单位组成的样本。

2. 实训步骤

（1）学生 4 人一组抽取样本。

（2）根据不同类型的随机抽样方法抽取样本。

① 简单随机法：首先编制抽样框，即把这所大学 1 112 名教师进行编号，每个教师对应一个号码，即 1 ~ 1 112。然后随机确定抽样的起点和抽样的顺序，如从随机号码表中第三行第 4 列开始抽样，抽样顺序从左到右向下抽，抽取相对应的教师，即构成样本。

② 分层抽样：将全校 1 112 名教师按照 15 个院系进行分类，按比例从每个院系抽取教师，即构成 100 名教师的样本。

（五）实训考核方式与评价标准

在实训项目结束后，每个小组按要求完成抽样材料并提交给老师。指导教师对每份抽样材料进行评阅和评分。该实训考核为独立考核，实训总成绩有三部分构成：实训出勤占 10%，工作表现占 15%，抽样材料质量占 75%。

（六）实训结果反馈与运用

教师就实训整个过程和每小组所设计的抽样方案进行评价反馈，包括实训取得的成效、需要改善的地方以及实训后需要提升或拓展的方面，使实训项目的整个过程形成一个完整的闭环系统。

三、实训项目 3——子总体平均值比较与方差分析

（一）实训目的

学习利用 SPSS 软件进行子总体均值比较和单因素方差分析。

（二）知识准备与书籍阅读

1. 知识准备

要求了解和掌握的知识：假设检验的基本原理、总体均值假设检验、方差分析等。

2. 书籍阅读

[1] 李沛良．社会研究的统计应用[M]．北京：社会科学文献出版社，1998.
[2] 丁国盛，李涛．SPSS统计教程[M]．北京：机械工业出版社，2008.

（三）实训组织与安排

本实训要求学生在电脑上完成。老师认真组织所有学生进入实训室。老师逐一演示 SPSS 统计软件的操作步骤，学生熟记每一个操作命令，并按照老师的要求进行模拟操作。

（四）实训内容与步骤

1. 子总体平均值比较

表 17-2 是对某校学生的抽样调查数据。

表 17-2　从某校学生中抽取的 10 名学生的身高、体重情况

编号	性别	身高/厘米	体重/千克
1	男	176	47.5
2	男	155	37.8
3	男	154.6	38.6
4	男	161.5	41.6
5	男	161.3	43.3
6	女	158	47.3
7	女	161	47.4
8	女	162	47
9	女	154.3	38.8
10	女	144	33.8

问：（1）男性的平均身高与女性的平均身高是否相等？

（2）学生的平均体重是否等于 45 千克？

实验步骤：

（1）建立数据文件。

定义变量名“性别=sex”“身高=tall”“体重=weight”，并设性别为字符型，设 0=男，1=女。如图 17-1 所示。

	Name	Type	Width	Decimals	Label	Values	Missing	Columns	Align	Measure
1	sex	String	8	0	性别	{0, 男}...	None	8	Right	Nominal
2	tall	Numeric	8	1	身高	None	None	8	Right	Scale
3	weight	Numeric	8	1	体重	None	None	8	Right	Scale

图 17-1　定义变量

（2）进入数据表格，输入数据。

先选中性别和身高数据。在菜单栏中点击 Analyze 按钮，点击所拉开的菜单中的 Compare Means 按钮，再点击 Means 按钮，如图 17-2，就出现如图 17-3 所示的对话框。

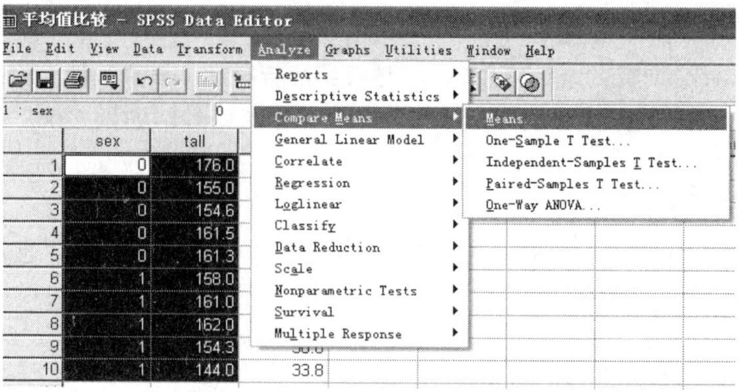

图 17-2　Compare Means 命令菜单

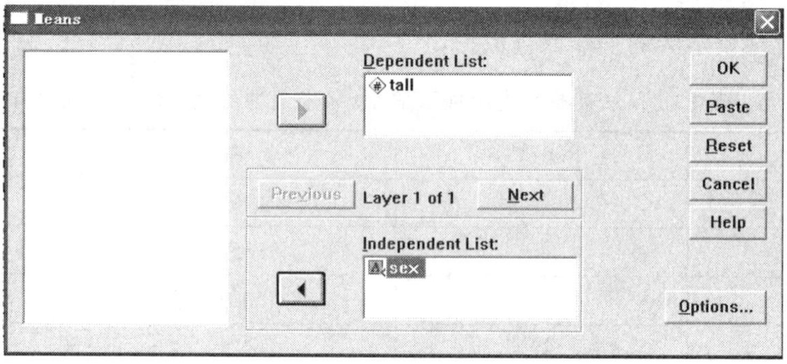

图 17-3　Means 过程主对话框

在对话框中选择作为因变量的变量（身高）放入上面的 Dependent List 中，并将作为自变量的变量（性别）放入对话框下面的 Independent List 中。然后，点开对话框右下角的 Options 按钮，出现如图 17-4 所示的对话框。从左边的方框中选择所需要的统计量到右边方框中，同时在对话框下端的 Statistics for First Layer 中选择 Anova table and eta 打钩，然后点击 Continue，回到图 17-3，再点击 OK 即可得到下列形式的子总体平均值比较以及检验结果（图 17-5）。

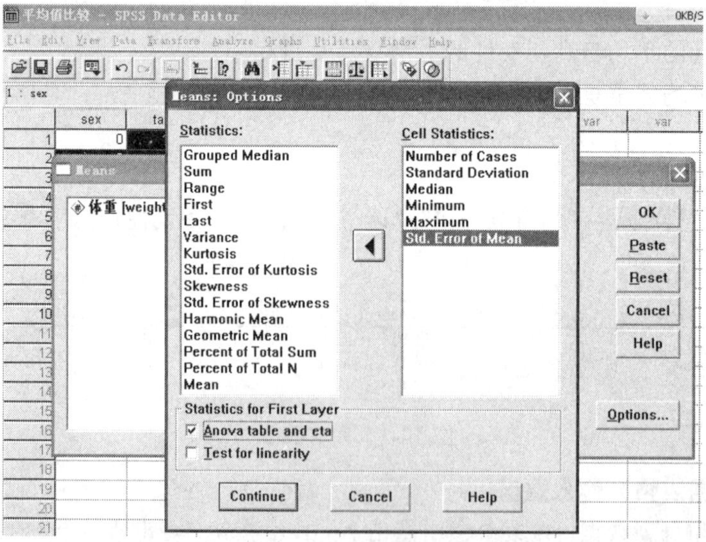

图 17-4　均值统计量选择对话框

Case Processing Summary

	Cases					
	Included		Excluded		Total	
	N	Percent	N	Percent	N	Percent
身高 * 性别	10	100.0%	0	.0%	10	100.0%

Report

身高

性别	N	Std. Deviation	Median	Minimum	Maximum	Std. Error of Mean
男	5	8.660	161.300	154.6	176.0	3.873
女	5	7.277	158.000	144.0	162.0	3.254
Total	10	8.141	159.500	144.0	176.0	2.574

ANOVA Table

			Sum of Squares	df	Mean Square	F	Sig.
身高 * 性别	Between Groups	(Combined)	84.681	1	84.681	1.324	.283
	Within Groups		511.780	8	63.972		
	Total		596.461	9			

Measures of Association

	Eta	Eta Squared
身高 * 性别	.377	.142

图 17-5 统计结果

问题（2）请学生自己探索解决。

2. 单因素方差分析

某连锁商场有五个连锁分店，希望比较这五个分店的业绩状况，调查人员各自独立地从这五个分店中取得 12 个营业日的日营业额，资料见表 17-3。

表 17-3 五个连锁店 12 个营业日的日营业额

营业日 \ 连锁店	第一连锁店	第二连锁店	第三连锁店	第四连锁店	第五连锁店
1	924	994	1160	1072	949
2	1094	1270	1185	1011	1121
3	1000	1261	1292	961	1159
4	948	1034	1319	1229	1049
5	1066	1542	1101	1238	952
6	923	1258	1246	1035	1097
7	823	1215	1340	1240	1144
8	1035	978	1019	947	958
9	1130	1316	1224	1110	917
10	1019	1005	967	955	1077
11	985	944	1221	1091	967
12	957	1295	1210	916	1039

以 $\alpha = 0.05$ 的显著性水平检验“这五个分店的日营业额相同”这一假设。（试运用单因方

差分析完成）

实验步骤：

（1）定义变量：以不同分店为自变量，其变量名是“dian”，并分别以 1、2、3、4、5 的取值代表 5 个不同的分店；以日营业额为因变量，其变量名是“yye”。日期的变量名为“date”。

（2）进入数据表格，输入数据。在菜单栏中点击 Analyze 按钮，点击所拉开的菜单中的 Compare Means 按钮，再点击 One-Way ANOVA 按钮，如图 17-6 所示，就会出现如图 17-7 所示的对话框。

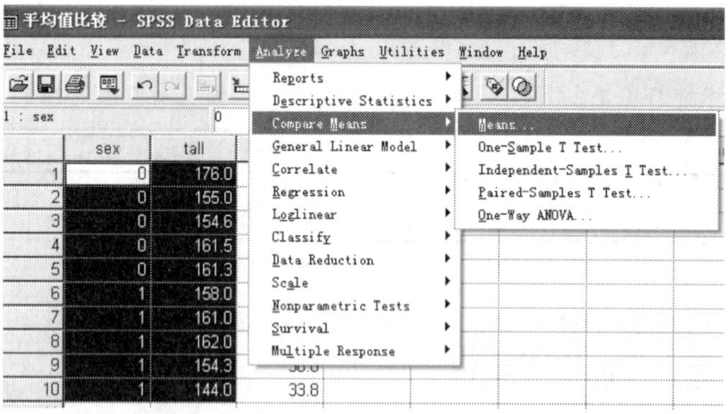

图 17-6 One Way ANOVA 命令的位置

选择“yye”进入 Dependent Variable 框作为因变量，选“dian”进入 Factor 框作为自变量。

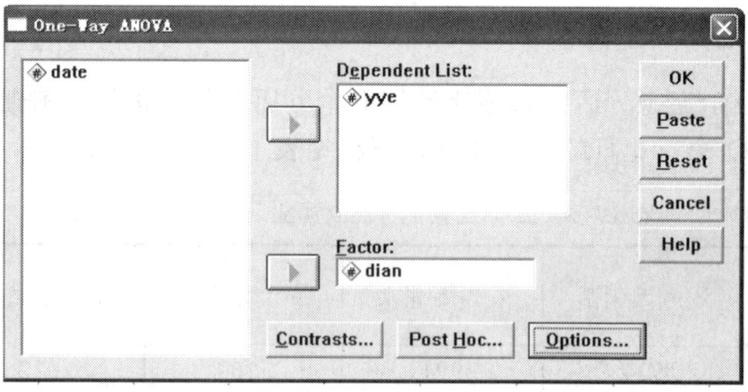

图 17-7 One Way ANOVA 对话框

然后，点开图 17-7 对话框右下角的 Options 按钮，在 Statistics 下分别点选 Descriptive、Homogeneity-of-variance，然后点击 Continue 按钮，不再作其他选择，单击“OK”（见图 17-8）。则得到如图 17-9 所示的子总体平均值比较与检验结果。

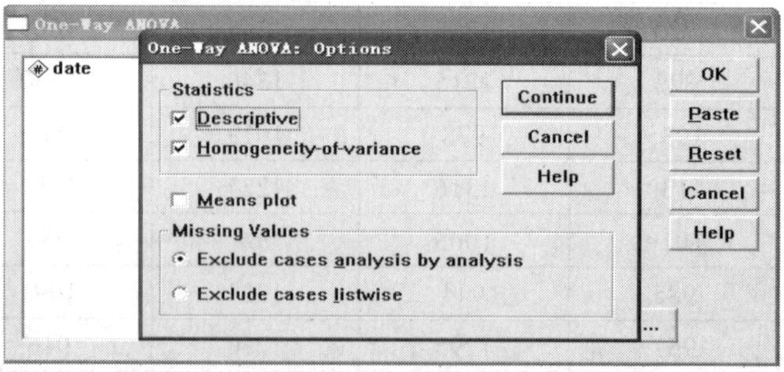

图 17-8 One Way ANOVA：Options 对话框

Descriptives

YYE

	N	Mean	Std. Deviation	Std. Error	95% Confidence Interval for Mean Lower Bound	95% Confidence Interval for Mean Upper Bound	Minimum	Maximum
一店	12	992.00	84.60	24.42	938.25	1045.75	823	1130
二店	12	1176.00	182.80	52.77	1059.85	1292.15	944	1542
三店	12	1190.33	114.02	32.92	1117.89	1262.78	967	1340
四店	12	1067.08	117.94	34.05	992.15	1142.02	916	1240
五店	12	1035.75	84.87	24.50	981.83	1089.67	917	1159
Total	60	1092.23	141.88	18.32	1055.58	1128.88	823	1542

Test of Homogeneity of Variances

YYE

Levene Statistic	df1	df2	Sig.
3.704	4	55	.010

ANOVA

YYE

	Sum of Squares	df	Mean Square	F	Sig.
Between Groups	366120.9	4	91530.225	6.128	.000
Within Groups	821547.8	55	14937.233		
Total	1187669	59			

图 17-9　输出结果（1）

从标题为“Test of Homogeneity of Variances”的图中“Sig.=0.01”，说明这五个店的日营业额存在显著性差异。

（五）实训考核方式与评价标准

每个学生按照教师的操作方法利用统计软件 SPSS 对平均值比较和方差分析进行操作。指导教师对每个学生的操作过程进行点评和评分。该实训考核为独立考核，实训总成绩由三部分构成：实训出勤占 10%，工作表现占 15%，平均值比较和方差分析进行操作过程占 75%。

（六）实训结果反馈与运用

教师就实训整个过程和每个小组实训操作情况进行评价反馈，包括实训取得的成效、需要改善的地方以及实训后需要提升或拓展的方面，使实训项目的整个过程形成一个完整的闭环系统。

四、实训项目 4——单变量描述统计

（一）实训目的

学习利用 SPSS 软件进行单变量的描述统计，主要包括变量的频数分布、集中趋势与离散趋势等。

（二）知识准备与书籍阅读

1. 知识准备

要求了解和掌握的知识：集中趋势测量、离散趋势测量等。

2. 主要书籍阅读

[1] 李沛良. 社会研究的统计应用[M]. 北京：社会科学文献出版社，1998.

[2] 丁国盛，李涛. SPSS 统计教程[M]. 北京：机械工业出版社，2008.

（三）实训组织与安排

本实训要求学生在电脑上完成。老师认真组织所有学生进入实训室。老师逐一演示 SPSS 统计软件的操作步骤，学生熟记每一个操作命令，并按照老师的要求进行模拟操作。

（四）实训内容与步骤

1. 制作频数分布表

实验内容：

某班有 25 名学生，其年龄如下：20 岁、19 岁、18 岁、19 岁、18 岁、20 岁、21 岁、17 岁、18 岁、18 岁、19 岁、19 岁、20 岁、19 岁、19 岁、17 岁、18 岁、20 岁、19 岁、19 岁、21 岁、21 岁、19 岁、20 岁、19 岁，试用 SPSS 绘制频数分布表。

实验步骤：

（1）建立数据文件。

定义变量名：学生= “student”，年龄= “age”，并设“student”为字符型。

（2）进入数据表格，在菜单栏中点击 Analyze 按钮，点击所拉开的菜单中的 Descriptive Statistics 按钮，再点击 Frequencies 按钮，如图 17-11，就出现图 17-12 所示的对话框。

	Name	Type	Width	Decimal	Label	Values	Missing	Columns	Align	Measure
1	student	String	8	0		None	None	8	Right	Nominal
2	age	Numeric	8	0		None	None	8	Right	Scale

图 17-10　定义变量名

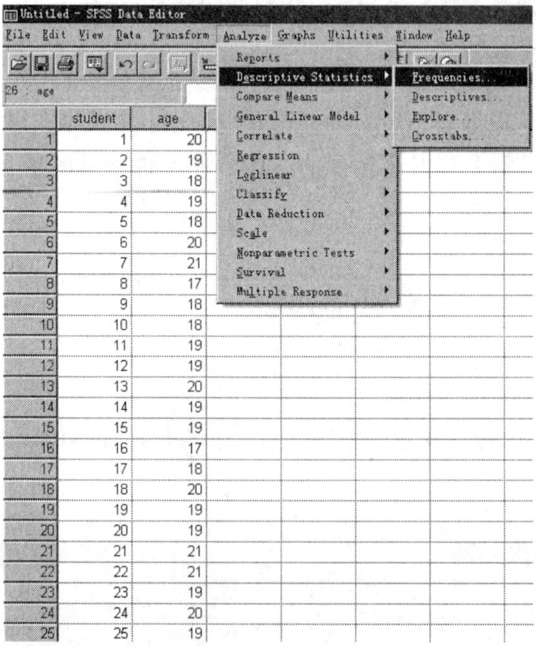

图 17-11　打开频数对话框

从对话框左边的变量列表中选择希望描述统计的变量，此例中，我们选择“age”变量，放入右边的空白中；其余采用默认选项，然后点击 OK 即可。

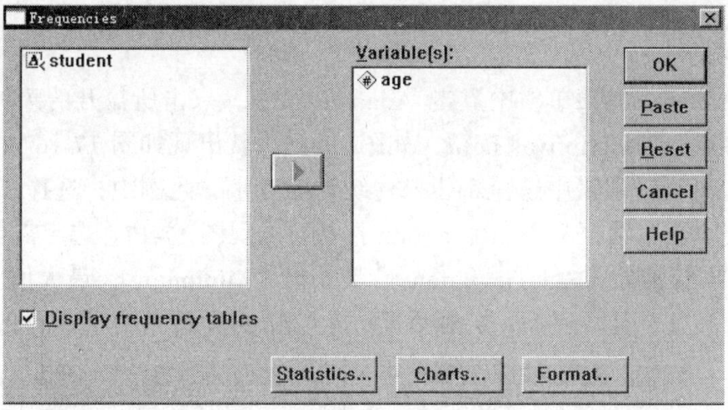

图 17-12　　频数对话框

得到如图 17-13 和图 17-14 所示的结果。

Statistics

AGE

N	Valid	25
	Missing	0

图 17-13　输出结果（1）

图 17-13 中，最上方是表格名称，左上方是分析变量名，样本量 N 为 25，缺失值 0 例。

AGE

		Frequency	Percent	Valid Percent	Cumulative Percent
Valid	17	2	8.0	8.0	8.0
	18	5	20.0	20.0	28.0
	19	10	40.0	40.0	68.0
	20	5	20.0	20.0	88.0
	21	3	12.0	12.0	100.0
	Total	25	100.0	100.0	

图 17-14　输出结果（2）

图 17-14 中，为各个年龄段的学生情况，依次为频数、在整个数据中所占的百分比、有效百分比、累计百分比。Valid 右侧为类别值，Frequency 为频数，Percent 为各组频数占总例数的百分比，Valid Percent 为各组频数占总例数的有效百分比，Cumulative Percent 为各组频数占总例数的累计百分比。

2. 分析变量的集中趋势和离散趋势

实验内容：

某班有 25 名学生，其年龄如下：20 岁、19 岁、18 岁、19 岁、18 岁、20 岁、21 岁、17 岁、18 岁、18 岁、19 岁、19 岁、20 岁、19 岁、19 岁、17 岁、18 岁、20 岁、19 岁、19 岁、

21 岁、21 岁、19 岁、20 岁、19 岁，试用 SPSS 求这 25 名学生年龄的平均数、标准差、最小值、最大值。

实验步骤：

（1）建立数据文件。

（2）进入数据表格，在菜单栏中点击 Analyze 按钮，点击所拉开的菜单中的 Descriptive Statistics 按钮，再点击 Descriptives 按钮，如图 17-15，就出现如图 17-16 所示的对话框。

从对话框左边的变量列表中选择希望描述统计的变量，此例中，选择“age”变量，放入右边的空白中；再点击对话框右下角的 option 按钮，出现图 17-17，选定需要的统计参数，比如平均数（Mean）、标准差（Std. Deviation）、最小值（Minimum）、最大值（Maximum）等，然后点击 continue 按钮，返回到上一层对话框，再点击 OK，即可得到如图 17-18 所示的结果。

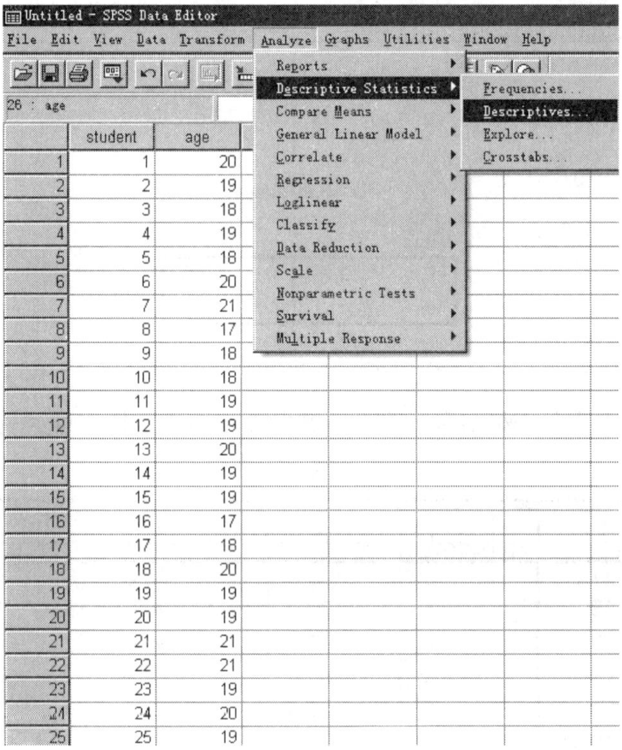

图 17-15　打开描述性统计对话框

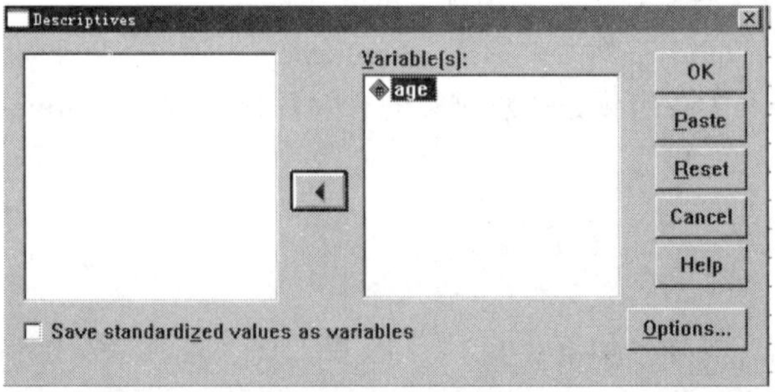

图 17-16　描述统计对话框

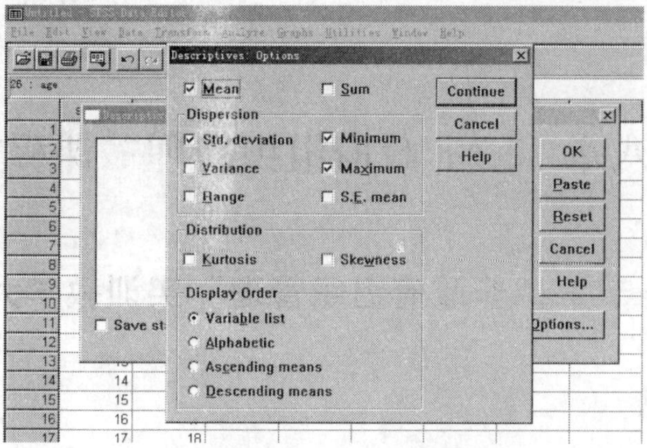

图 17-17　描述选项对话框

Descriptive Statistics

	N	Minimum	Maximum	Mean	Std. Deviation
AGE	25	17	21	19.08	1.12
Valid N (listwise)	25				

图 17-18　描述统计结果

（五）实训考核方式与评价标准

每个学生按照教师的操作方法利用统计软件 SPSS 对单变量描述统计操作。指导教师对每个学生的操作过程进行点评和评分。该实训考核为独立考核，实训总成绩由三部分构成：实训出勤占 10%，工作表现占 15%，单变量描述统计操作过程占 75%。

（六）实训结果反馈与运用

教师就实训整个过程和每小组实训操作情况进行评价反馈，包括实训取得的成效、需要改善的地方以及实训后需要提升或拓展的方面，使实训项目的整个过程形成一个完整的闭环系统。

第十八章 “非政府组织管理”课程实训

第一节 “非政府组织管理”实训教学大纲

一、基本信息

课程性质：专业能力培养课程。
总学时/总学分：51/3.0。
实训学时/实训学分：17/1.0。
实训对象：公共事业管理专业（本科）。
先修课程：公共组织学、地方政府学、公共经济学、管理学原理。

二、实训目的及要求

“非政府组织管理”是公共事业管理专业本科学生的专业必修课程之一。通过本课程的学习，要求学生掌握非政府组织的基本概念与理论基础，理解非政府组织的性质与作用以及国内外非政府组织的历史演变与发展趋势；掌握非政府组织的战略管理、营销管理、筹款管理、财务管理及人才资源管理等理念；培养学生的公益意识和社会责任感，进而提升学生分析与解决中国非政府组织面临现实困境的能力，并提出针对性的政策建议。

通过该课程实训，使学生感知并体验领导者应具备哪些能力素质。领导用人如何保证发挥下属的个性优势，做出合理的决策，实现人尽其才，才尽其用；提升自身的讲话艺术，以及学会如何与不同的对象包括媒体等打交道；理性冷静对待职场中所谓的“潜规则”，科学有效地采取方式或举措保持良好的上下级关系。

三、实训安排及程序

“非政府组织管理”实训总学时为 12 学时，实训时间可安排在章节理论课的前或后，具体时间由实训指导教师与学生协商确定。在每个项目实训前，学生将进行分组，每组 4 ~ 10 人，每组选举一名小组长，协助指导教师和协调小组成员完成实训项目；在项目实训过程中，每组独立且团队成员合作完成实训项目；项目实训后，每组组长汇报实训情况并撰写小组实训报告；最后由实训指导教师对实训情况进行反馈并撰写总结报告。

四、实训考核方式

“非政府组织管理”课程实训是该课程综合成绩的重要组成部分。本课程实训不单独组织考试，学生考核成绩主要由实训中的个人表现和每小组的实训报告质量来综合核定，成绩等级包括优秀、良好、中等、及格与不及格等五档，学生课程实训的综合表现计入平时成绩，占平时成绩的60%。

第二节　“非政府组织管理”实训项目

本节实训项目有3项，具体内容及安排见表18-1。

表18-1　非政府组织管理实训项目表

序号	项目名称	实训内容	实训学时	实训形式	实训类型	实训地点
1	“时间银行”运行困境及可持续创新发展模式	了解“时间银行”（亦称为“爱心银行”）产生的时代背景及现实意义，理解其内涵及本质，思考其运行困境，研讨其可持续性创新发展的模式	3	案例研讨	设计性	实训室
2	募款策划方案	在认识募款对非政府组织管理与发展中的重要地位基础上，模拟设计募款活动主题，撰写募款策划方案，以保证募款的实效性和活动的社会影响力	2	模拟操作	综合性	实训室
3	志愿者激励	通过游戏思考激励的有效性，即采取什么样的激励方式才能真正起到激励效果；通过激励游戏思考如何有效地留住志愿者并指出其具体举措	3	游戏拓展	设计性	教室外

一、实训项目1——“时间银行”运行困境及可持续创新发展模式

（一）实训目的与要求

通过该项目实训，使学生了解“时间银行”（亦称为“爱心银行”）产生的时代背景及现实意义，理解“时间银行”的内涵及本质并思考其运行困境，探究社区志愿服务可持续创新发展的模式，以实现对志愿者奉献爱心的肯定与鼓励，吸引更多居民加入到社区志愿服务中来；更是通过“时间银行”这一“支点”，撬动了整个社区的服务管理体系，在促进社会治理创新的同时，在促进社会和谐方面发挥社会融合“黏合剂”和社会矛盾“稀释剂”的作用。

（二）知识准备与书籍阅读

1. 知识准备

要求了解和掌握的知识：社区志愿服务的基本理念、爱心银行的本质、志愿服务的制度

化与长效机制构建、社会治理、和谐社会等。

2. 书籍阅读

[1] 罗峰. 社会的力量[M]. 上海：上海人民出版社，2016.

[2] 谭建光. 志愿服务：理念与行动[M]. 北京：人民出版社，2014.

[3] 党秀云. 志愿服务制度化：北京经验与反思[M]. 北京：国家行政学院出版社，2013.

[4] 王为正，刘佳. 大学生志愿服务长效机制建设研究[M]. 北京：人民出版社，2015.

（三）实训准备与组织安排

实训场地主要在实训室进行，辅之以室外；教师提前准备好案例材料及相关评价表格。

实训分组进行，每组学生 8～10 人，每组选举小组长 1 名，每组先在材料阅读基础上，小组就“时间银行”在中国的现状及面临的运行困境谈谈自己的意见或想法且举例说明，同时根据所提供的案例材料，总结出创新社区志愿服务的发展路径和政策建议，然后由每组组长总结并汇报小组关于如何创新社会志愿服务的对策建议和建构社区志愿服务的长效机制与制度化的路径和举措。

（四）实训内容与具体步骤

1. 项目实训材料：志愿者的时间银行

材料 1：美国人埃德加·卡恩是“时间银行”的倡导者。1980 年，46 岁的卡恩经历了一次大面积心肌梗死，这次经历让他对生活有了新的理解，他的生活方向也由此改变。他后来创立了时间银行模式，根据这种模式，劳动不分贵贱，每个人的工作时间都是平等的。他还设计了时间银行系统，通过电脑可以把每个工作者的工作时间或接受服务的时间都按小时记录下来。目前北美、欧洲和亚洲 20 多个国家的几百多个社区和企业都采用了这个系统。

材料 2：2011 年浙江省政府出台《浙江省老龄事业发展“十二五”规划》（下简称《规划》），首次明确建立“时间银行”制度，进行志愿服务储蓄，促进助老志愿服务持续健康发展。志愿者可以将参与公益服务的时间存进“时间银行”，当自己遭遇困难时就可以从中支取“被服务时间”。“时间银行”重点服务对象为老人。

（资料来源：钮小雪. 时间银行：存入帮助，取出被助[N]. 南方都市报，2011-09-05.）

材料 3：“志愿者在缺乏物质和精神支持的公益事业当中并未获得相应回报，公益机构管理者对此有负疚感。”作为中国爱心时间银行发起人，有着 18 年志愿服务经验的方红深受志愿者高流失率困扰。2010 年初，“中国爱心时间银行”在河南诞生（以下简称爱心银行）。

台湾时间银行秘书长葛文祥介绍说，时间银行推广最困难的地方在于存取通畅。作为推广者，必须要看到会员的潜在需要，而会员的数量也会影响到时间银行的成功与否。他打了个比方，“比如我会开车、会刷油漆、会修电脑，另外一个人也会，我们两个人之间就会形成六种时间交换方式，如果人数越多，交换也会越多。其实每人都有自己的需求，我们必须打破单方面志愿者的施舍和赠与，变成双方互换，从‘你需要我’变为‘我们互相需要彼此’。这种供需互动的形成，促进社会资本的累积，时间银行就能成功。”

（资料来源：钮小雪. 时间银行：存入帮助，取出被助[N]. 南方都市报，2011-09-05.）

材料4：目前，北京、上海、江苏等地的“时间银行”发展如火如荼。不过，记者采访发现，这一新模式的发展在一些地方遭遇瓶颈。苏州市杨枝社区成立“时间银行”已逾5年，志愿者们储存的时间最多已经超过800个小时，可是至今无人支取，志愿者服务运转也面临窘境。而且，杨枝社区“时间银行”的12位“储户”，以退休后中老年人为主，即使有人来“支取”，也会遇到谁来提供服务的问题。社区书记胡锡康说，目前只能通过表彰、鼓励的方式维持，社区也很想把“时间银行”作为一个项目推出，进行公益创投，更好地规范其运行。

在较早实践“时间银行”的上海市，则遇到了“存款”多年，无法“支取”的难题。15年前，上海市虹口区晋阳居委会首创了“时间银行”养老模式，今年已经80多岁的孙嘉兰老人是参与“时间银行”的第一批老人，她一度志愿服务两位生活不能自理的老人。当年，她的“时间银行”“存折”上记得满满当当。2007年，孙嘉兰突发胆囊炎，在住院的一个多月时间中，她全靠4个子女轮流照顾，并没能“支取”到别人的志愿服务。

如何让“时间银行”可持续发展？复旦大学副教授邵晓莹认为，首先要动员更多年轻人参与到“时间银行”中来，这样才能让“时间银行”的“存款”和“支出”流动对冲，避免后继乏人。“现在不少大学生、年轻人还是愿意做公益的，所以，除了大力宣传‘时间银行’模式外，还要扩展服务范围，不要局限于养老这一块。”邵晓莹说。

湖北大学社会学教授张继涛表示，“时间银行”更多是一种民间行为，要使之长期有效运转，需要政府及早介入，为其提供信誉担保，特别是要提高统筹层次，解决“通存通兑”和“转移接续”问题。张继涛建议，可以将统筹层次提高到市一级。随着“时间银行”信息的共享层次提升，能够让信息的价值最大限度发挥，更好地调配资源。

要实现“时间银行”更高层次的统筹，提高信息化程度势在必行。“建立统一的‘时间银行’信息平台后，不仅能避免‘存折’遗失无法支取等后续问题，还便于‘储户’交流互助，将更多人纳入‘时间银行’体系。”苏州市民政局相关负责人说。

（资料来源：刘巍巍.“时间银行”：新型志愿服务难中求进[EB/OL].（2013-11-22）[2016-10-07]. http：//www.banyuetan.org/chcontent/sz/jjzs/20131122/85790.shtml.）

材料5：“时间银行”设立已有3个多月了，但暂时还未达到理想效果，“最大的问题是需要服务的人很多，愿意提供服务的人很少。”衡阳市石鼓区青山街道社区卫生服务中心时间银行办公室主任陈雪梅说。而在自身方面，“时间银行”很多工作机制还没有完全建立起来。曾有区领导要求“时间银行”建立完整的联网系统，以方便随时查询，并在全区各街道推广，但这项工作还没有做起来。

眼下，陈雪梅认为“时间银行”处于一种尴尬境地。“感觉梗在那里，上不去，下不来，放弃不做又觉得可惜，毕竟这种模式应该很有前景，对老年人也很有帮助。”如果参照其他经验，配套实施日间照料，则需要更多的政策支持，场地、资金都是问题。计划开办的护绿养绿、法律援助、安全、技能交换等十余项服务项目，已经实施的只有送餐、助洁、体检三项。“时间银行”的倡导者和实行者都感到后劲不足。

（资料来源：罗宇雯.我市推出“时间银行”社区互助模式[EB/OL].（2014-10-15）[2016-10-07]. http：//www.hyqss.cn/2014/october/645b3381. html.）

材料6：2014年3月，江苏省镇江市志愿者“时间银行”在金山街道迎江路中心社区启动，服务时间累计四星级以上的志愿者，可以免费乘坐公交车和骑公共自行车。

在社区“时间银行”开户的志愿者，进入社区服务，在刷卡机上刷卡后开始计算，至服务结束后再次到终端刷卡，这一时间段内所有时间将存入“时间银行”。志愿者对存入“银行”的时间，可按照星级享受不同的服务，还可通过“零存整取”和“零存零取”方式支取。

（资料来源：董超标. 镇江开设志愿者“时间银行”[N]. 新华日报，2014-03-20（A08）.）

材料 7：为了鼓励更多的人参加公益，天津纯公益基金开始尝试新形式，2015 年开始，天津部分商家也成为天津纯公益的志愿者，志愿者在“时间银行”的积分可以在一些商家那里直接消费，以增加志愿者生活上的便利。

另外，天津纯公益有一个“时间银行”，志愿者在做义工的时间积分都会在时间银行作登记，积分在志愿商家可以当现金消费或换取折扣。

（资料来源：张道正. 天津公益新尝试：义工“时间银行”积分可做现金消费[EB/OL].（2015-08-08）[2016-10-07]. http：//www.chinanews.com/df/2015/08-08/7455838.shtml.）

材料 8：2016 年 8 月 4 日，历时 3 个多月开发设计的广州南沙区时间银行 APP 正式推出，在 APP 中可以实现注册登记、发布需求、承接任务、双向评价等所有电脑终端的功能，通过该 APP 市民可更加方便地开展志愿服务活动，市民真正拥有了指尖上的“时间银行”。

南沙时间银行 APP 轻点发布需求一项，进入相关页面后，只要描述自己的任务需求，选择服务类别、服务时间和服务地址，并给出相应的时间币，便可轻松地发布根据自身需求定制的志愿服务，非常清晰易懂。

据了解，截至 8 月初，南沙时间银行成功注册的会员达 28 000 人，其中包括志愿者、义工会员、被帮扶对象、普通居民会员等。团体会员 54 家，包括政府部门及机关团体、社会组织、企事业单位等。系统发布需求任务 2 744 宗，实现服务承接 1576 宗。以南沙时间银行为平台，组织开展了 103 场带有公益性质的各类服务活动，涉及敬老活动，助残活动，青少年服务及社区文化活动等，受惠人数超过万人。

（资料来源：南宣，舒霞. 南沙时间银行推出首款手机 APP 具有 PC 终端全部功能[EB/OL].（2016-08-05）[2016-10-07]. http：//news.ycwb.com/2016-08/05/content_22662460.htm.）

2. 学生及小组的工作

（1）学生独立对上述项目实训材料中“时间银行”产生的缘由及中国本土化实践进行理解分析并形成自己的观点；同时基于“时间银行”运行困境深度思考社区志愿服务模式如何实现制度化及可持续性发展，没有得出自己观点前不允许相互讨论。

（2）小组成员根据实训材料和所学理论，探讨“时间银行”运行的制度保障和在中国可持续发展的路径建构。每个成员在自由发言基础上，进行学术性讨论，不允许使用攻击性或不文明语言。

（3）小组在充分讨论的基础上就创新社区志愿服务模式形成小组结论并提交实训报告。

（五）实训考核方式与评价标准

1. 实训考核方式

由实训教师根据小组实训过程的整体表现、小组自我评价和小组提交的实训报告等进行综合性的评价，最后得出小组的实训成绩。

2. 实训评价标准

实训评价主要体现在两个方面：一是过程评价（占 30%），主要评价小组成员的实训参与积极性程度、实训过程的组织纪律性等；二是总结性评价（占 70%），主要评价小组讨论及提交实训报告的准确性、深度性及解决方案的科学性、前瞻性等。

（六）实训结果反馈与运用

教师就实训整个过程和每组提交的实训报告进行评价反馈，包括实训取得的成效、需要改善的地方以及实训后需要提升或拓展的方面，使实训项目的整个过程形成一个完整的闭环系统。

二、实训项目 2——募款策划方案

（一）实训目的与要求

通过该项目实训，使学生在认识募款对非政府组织管理与发展的重要地位基础上，设计模拟募款活动主题，撰写模拟募款策划方案，以保证募款行动的实效性和募款活动的社会影响力，促进非政府组织自我有序健康快速的发展。

（二）知识准备与书籍阅读

1. 知识准备

要求了解和掌握的知识：筹款与非政府组织发展、非政府组织筹款的主要方式与原则、非政府组织筹款的市场分析、非组织筹款的评估等。

2. 书籍阅读

[1] [美]彼得·德鲁克. 非营利组织的管理[M]. 北京：机械工业出版社，2009.

[2] 资中筠. 财富的责任与资本主义演变：美国百年公益发展的启示[M]. 上海：上海三联书店，2015.

[3] 卢咏. 公益筹款[M]. 北京：社会科学文献出版社，2014.

（三）实训准备与组织安排

实训场地主要在实训室进行，辅之以室外；教师提前准备好案例材料及相关评价表格。

实训分组进行，每组学生 8～10 人，每组选举小组长 1 名，每组先在理解筹款的意义与作用基础上，小组就有效的筹款方式谈谈自己的意见或想法，总结在信息时代如何正确地利用网络进行有效筹款，并根据所学理论和自身的实际经验，思考网络筹款的运营流程，撰写筹款策划方案，然后由每组组长就如何撰写有效的筹款策划方案进行总结汇报。

（四）实训内容与具体步骤

1. 项目实训讨论：草根公益的网络筹款流程

网络筹款的流程包括以下阶段：

（1）第一阶段：准备阶段。该阶段重点应加强哪方面的工作？讨论如何创建社会誉、增强专业能力和发展合作关系等。

（2）第二阶段：策划阶段。此阶段的重要工作主要包括哪些内容？讨论如何进行网络媒体的渠道选择、组织筹款的对象分析、筹款的内容策划、支付方式的合理设计等。

（3）第三阶段地：劝募阶段。此阶段的主要工作包括哪些？讨论如何对捐赠者、捐赠过程和捐赠收入等进行有效管理。

（4）第四阶段：项目实施阶段。此阶段的主要理念是什么？公益项目的成功实施是募款资金被合理、高效利用的重要证明。讨论如何撰写项目陈述报告、怎样及时有效记录第一手资料及整理好财务信息等。

（5）第五阶段：公示与反馈阶段。该阶段的主要任务是什么？讨论如何主动有效地向项目的主要资助者提供项目报告和财务报告，如何有效地向曾捐款捐物的个人及一般公众汇报项目实施和收入使用的相关信息、如何在组织网络主项上公示相关信息及致以所有相关捐款组织、个人表达真诚的谢意等。

2. 项目实训模拟：撰写募捐策划书

募捐策划书应主要包括以下内容：活动背景及目的；活动名称及主题；活动宗旨及意义；活动对象、时间及地点等；活动主办方及协办方等；活动前期准备工作及宣传；活动详细流程及人员安排；活动经费预算；风险预测及应急方案；后续工作；注意事项。

3. 学生及小组的工作

（1）学生独立就筹款的有效方式、草根公益组织的网络筹款流程进行思考并形成自己的观点；同时就网络筹款流程每个阶段的主要内容进行思考并撰写内容提要，同时模拟撰写一份公益募捐活动策划方案，没有得出自己观点和没有撰写完募捐策划方案前不允许相互讨论。

（2）小组成员根据所学理论与自身经验，探讨如何撰写一份有效的募捐策划书。每个成员在自由发言基础上，进行学术性讨论，不允许使用攻击性或不文明语言。

（3）小组在充分讨论的基础上，就如何撰写筹款策划方案形成小组结论并提交实训报告。

（五）实训考核方式与评价标准

1. 实训考核方式

由实训教师根据小组实训过程的整体表现、小组自我评价和小组提交的实训报告等进行综合性的评价，最后得出小组的实训成绩。

2. 实训评价标准

实训评价主要体现在两个方面：一是过程评价（占 30%），主要评价小组成员的实训参与积极性程度、实训过程的组织纪律性等；二是总结性评价（占 70%），主要评价小组讨论及提交实训报告的准确性、深度性及解决方案的科学性、前瞻性等。

（六）实训结果反馈与运用

教师就实训整个过程和每小组提交的实训报告进行评价反馈，包括实训取得的成效、需要改善的地方以及实训后需要提升或拓展的方面，使实训项目的整个过程形成一个完整的闭环系统。

三、实训项目 3——志愿者激励

（一）实训目的与要求

该实训项目是提升学生激励管理能力和思考如何采取有效举措激励志愿者的实训。通过实训，让学生体验不同的激励方式有不同的绩效，思考正激励与负激励在不同对象、不同情景、不同事项中的效用，领悟管理者应尽量使用正面激励的方式来激励团队；特别是通过“正激励与负激励”游戏，针对志愿者面临的现实困境和激励效果不足的事实，考查学生在激励志愿者方面是否能采取科学、合理、合法、有效的举措，实现非政府组织有效吸引、留住和发展志愿者的目的，进而培养学生综合考虑问题的思维方式和提升学生运用综合的方法及手段分析问题和解决问题的能力。

（二）知识准备与书籍阅读

1. 知识准备

要求了解和掌握的知识：激励的基本理念、需求层次理论、双因素理论（或激励保健理论）；激励原则性与艺术性等。

2. 书籍阅读

[1] 亚伯拉罕·马斯洛. 动机与人格[M]. 许金声，等，译. 北京：中国人民大学出版社，2013.

[2] 亚伯拉罕·马斯洛. 人性能达到的境界[M]. 曹晓慧，等，译. 北京：世界图书出版公司北京公司，2014.

[3] [美]爱德华·劳勒（Edward E. Lawler）. 组织中的激励[M]. 陈剑芬，译. 北京：中国人民大学出版社，2011.

[4] 曾仕强，刘君政. 最有效的激励艺术[M]. 北京：北京联合出版公司，2011.

[5] [美]艾德里安·高斯蒂克（Adrian Gostick），切斯特·埃尔顿（Chester Elton）. 胡萝卜原则：比薪酬更有效的激励方法（修订版）[M]. 王成慧，林静，译. 北京：电子工业出版社，2013.

（三）实训准备与组织安排

实训场地主要在实训室进行，辅之以室外；教师提前准备好案例材料及相关评价表格。

实训分组进行，每组学生 8 ~ 10 人，每组选举小组长 1 名。小组成员在实训前和实训过程中阅读有关激励研究的文献资料，思考总结现实社会中激励事例，对激励的原则与艺术形成初步的认识；然后通过激励寓言故事和激励能力提升的游戏，思考管理者应如何通过有效的方式来激励团队成员，以提高管理绩效和实现团队成员的自我价值；最后由每组组长总结并汇报小组讨论的结果。

（四）实训内容与具体步骤

1. 项目实训材料：一位母亲与三次家长会

有位单亲母亲第一次被儿子所在的幼儿园请去开家长会，幼儿园老师对她说：“你的儿子有多动症，在板凳上连三分钟都坐不了，你最好带他去医院看一看。”

回家的路上，儿子问她，老师都说了些什么，她鼻子一酸，差点流下泪来。因为全班30位小朋友，唯有她的儿子表现最差；唯有对她的儿子老师表现出不屑。然而她还是这样告诉了自己的儿子：“老师表扬你了，说宝宝原来在板凳上坐不了一分钟，现在能坐三分钟了。其他小朋友的妈妈都非常羡慕妈妈，因为只有我的宝宝进步了。”那天晚上，她儿子破天荒地吃了两碗米饭，并且没有让她喂。

儿子上小学后，这位母亲再次去参加学校召开的家长会。老师对她说“这次数学考试，全班50名同学，你儿子排名49名，我们怀疑你儿子智力是不是有些障碍，你最好能带他去医院查一查。”

回家的路上，这位母亲流下了眼泪。然而，当她回到家里，十分亲切地对坐在桌前的儿子说：“老师对你充满信心。老师说了，你并不是个笨孩子，只要能细心些，你一定会超过你的同桌，这次你的同桌排在第21名。”

说这话时，她发现儿子黯淡的眼神一下子充满了光亮，沮丧的脸也一下子舒展开来。她甚至发现，儿子温顺得让她吃惊，好像长大了许多。第二天上学，儿子去得比平时都要早。

孩子上了初中，学校又一次召开家长会。她坐在儿子的座位上，等着老师点她儿子的名字，因为每次家长会，她儿子的名字总是在差生的行列中被点到。然而，这次却出乎她的预料，直到会议结束，都没听到。这位母亲反倒有些不习惯，临别时她去问老师，老师告诉她：“按你儿子现在的成绩，考重点中学还不太有把握。”

母亲怀着欣喜的心情走出校门，此时她发现儿子在等她，路上她扶着儿子的肩膀，心里有一种说不出的甜蜜。她告诉儿子：“班主任对你非常满意，老师说了，只要你努力，很有希望考上重点高中。”

儿子高中毕业的那年。那是第一批大学录取通知书下达的日子，学校打来电话让她儿子到学校去一趟。她此时有一种预感，儿子有可能被清华大学录取了，因为在报考时，她给儿子说过，她相信他有能力考取这所学校。

她儿子从学校回来，把一封印有清华大学招生办公室的特快专递交到她的手里之后，突然转身跑到自己房间里大哭起来，边哭边说：“妈妈，我一直都知道，其实我并不是一个非常聪明的孩子，可是，这个世界上只有你能欣赏我……”

这时，母亲悲喜交加，再也按捺不住十几年来凝聚在心中的泪水，任它打湿手中的信封。

2. 项目实训游戏：正激励与负激励（表18-2）

表18-2　正激励与负激励游戏简表

人数	根据学生人数待定	时间	45分钟
场地	学校篮球场	用具	6个篮球，3个篮球架，3名组长的角色说明书
游戏步骤	1.把学生分成3小组，并分别选出小组组长各一名。向三位组长发放角色说明书（见附件），要求其分别扮演“积极鼓励者”“无声无息者”和“疯狂打击者”。 2.每组发放2个篮球，在规定的2分线内投篮，每人10次，记录投进多少次即命中率		

续表

游戏规则	1. 学生不能越过2分线投篮。 2. 每组学生每人必须每次投10次篮，即记录10次投篮的命中率。 3. 最后成绩为小组的平均命中率
注意事项	1. 实训指导老师必须指导3名组长忠实执行角色要求。 2. 每个组长必须正确记录每个组员的投篮命中率。 3. 游戏结束后，首先公布3个组的成绩；其次请3个小组的成员代表各自谈游戏感受；再次请3位组长说明自己事先受命扮演的不同角色及自己的感受；最后实训指导教师说出游戏的目的所在：3种不同的反馈激励模式产生不同的团队工作效果

表18-3　参考角色说明书

角色	角色说明
正确激励的领导	你是一个提倡正面激励的领导，游戏过程中你始终鼓励你的小组成员
无反馈的领导	你是一个不给予成员任何反馈的领导，不管你的小组成员取得了什么样的成绩，你都是面无表情，不说话
负面激励的领导	你是一个不断打击成员的领导，成员在游戏过程中你不断打击成员的积极性

3. 学生及小组的工作

（1）根据上述激励相关材料和自己所积累的理论知识及实践经历，每位组员请思考：在有效的激励体系中，什么样的激励有助于管理绩效达到？目前非政府组织中志愿者面临哪些困境及造成困境的原因是什么？请说明理由并举例。没有得出自己观点前不允许相互讨论。

（2）通过激励游戏思考，目前有效地激励或者留住非政府组织志愿者应采取哪些具体的应对策略和举措？请每位成员独立思考并谈一谈自己的具体观点，同时请举例说明。

（3）小组成员间在发表自己观点基础上，进行学术性讨论，不允许使用攻击性或不文明语言。

（4）小组在充分讨论的基础上形成小组结论并提交实训报告。

（五）实训考核方式与评价标准

1. 实训考核方式

由实训教师根据小组实训过程的整体表现、小组自我评价和小组提交的实训报告等进行综合性的评价，最后得出小组的实训成绩。

2. 实训评价标准

实训评价主要体现在两个方面：一是过程评价（占30%），主要评价小组成员的实训参与积极性程度、实训过程的组织纪律性等；二是总结性评价（占70%），主要评价小组讨论及提交实训报告的准确性、深度性及解决方案的科学性、前瞻性等。

（六）实训结果反馈与运用

教师就实训整个过程和每小组所提交实训报告进行评价反馈，包括实训取得的成效、需要改善的地方以及实训后需要提升或拓展的方面，使实训项目的整个过程形成一个完整的闭环系统；同时学生可将实训过程中的所思所想总结提炼成学术性论文，为将来在期刊上发表、参加各级大学生课外学术科技作品竞赛和大学生创业计划竞赛、申报大学生研究性学习和创新性实验计划项目等作为前期准备；教师也可将学生的实训报告总结归纳并形成案例集，供下一届学生学习讨论等。

第十九章　“社会工作导论”课程实训

第一节　“社会工作导论”实训教学大纲

一、基本信息

课程性质：发展能力课程。
总学时/总学分：48/3.0。
实训学时/实训学分：14/0.9。
实训对象：公共管理专业本科生。
先修课程：社会学概论、管理学原理、政治学原理。

二、实训目的及要求

社会工作这一学科聚焦于人类与环境的互动中社会问题及其解决。“社会工作导论”是社会工作专业的一门专业基础课，它涉及社会学、政治学、人类学、管理学等学科内容，亦包括个案工作、小组工作和社区工作等三大临床方法的使用与社会工作行政、社会工作研究和社会政策等方法，因此也是公共事业管理专业人才培养所需要完成的一门课程。

通过学习“社会工作导论”及实训课程的训练，学生应初步具备社会工作的基础知识，如三大临床服务手法的基本掌握；应掌握将社会问题中人的行为与其所处社会环境结合分析、在社会问题的原因分析与实质剖析等研究上，学会运用定性的研究方法深度研究社会问题。

三、实训安排及程序

（1）“社会工作导论”实训项目总学时为 14 学时，实训时间安排在章节理论课后，也可在课程结束后安排集中实训，具体由教研室教学安排进度决定。

（2）实训课由课程任课教师确定实训项目内容及要求，社会工作实训室、团体辅导室等部门与任课教师一起完成实训课的开设；由专业负责人、教研室主任与任课教师一起完成实训项目的运行与监督，并验收实训结果。

（3）设置与公共事业管理专业人才培养方案要求相符合的实训项目，并提供实训环境，如情景模拟实验室、社会工作实验室等。

（4）实训项目由教学课时+课余时间组成，应在任课教师指导下由学生独立完成，学生自由分组；实训期间应不定期开展阶段性的反思性总结报告会或者经验交流会，进一步推进实训项目的完善。

（5）实训结束后，应按照实训项目的要求，上交实训结果，并由任课教师验收并给出实训成绩；条件允许的情况下，可开展实训报告会。

四、实训考核方式

实训成绩是“社会工作导论”课程综合成绩考核的重要组成部分。在理论知识考试的基础上，实训成绩更是体现着其理论与实践结合的效果。在公共事业管理人才培养方案对学生综合能力的要求下，本课程实训不单独组织考试，学生考核成绩主要由实训中的个人表现和每小组的实训效果来综合核定，综合成绩（100 分制）由任课教师给出并计入平时成绩，占平时成绩的 60%。

第二节 “社会工作导论”实训项目

本节实训项目有 2 项，具体内容及安排见表 19-1。

表 19-1 社会工作导论实训项目表

序号	项目名称	实训内容	实训学时	实训形式	实训类型	实训地点
1	行为的真相	与人类行为相关的社会环境类型，人类行为与社会环境的关系，社会环境对人类行为影响	8	案例分析 情景模拟	设计性	实训室
2	奥秘在“民间”	确定社会问题、调查点的选择，调查阶段的实践	6	社会调研	综合性	田野

一、实训项目 1——行为的真相

（一）实训目的与要求

生活在同样的环境中、经受同样教育的人们的行为各不相同，是什么影响着我们的行为——天性、家庭、学校、同伴、社会或其他的环境系统？在人生的不同阶段，我们的生理、情绪、智力、自我意识、社会认识又呈现怎样的特点？要回应这些问题，都离不开对人类行为的探索。在社会工作实务中，为了提供有效服务、制定相应的介入方案，工作者必须了解案主行为背后的各种错综复杂的环境关系。

通过本实训项目的训练，学生应具备如下基本素质：

（1）具备对人类行为冲突的敏感性。

（2）了解人类行为与社会环境的理论基础。

（3）掌握人类行为与社会环境的关系。

（4）掌握与人类行为在人生不同发展阶段的特点。

（5）客观分析（正面和负面）行为冲突与社会环境的关系。

（6）思考人类行为与社会环境的关系对于开展公共事业管理工作有何影响。

（二）知识准备与书籍阅读

1. 文献阅读

师海玲，范燕宁. 社会生态系统理论阐释下的人类行为与社会环境——2004 年查尔斯·扎斯特罗关于人类行为与社会环境的新探讨[J]. 首都师范大学学报，2005（4）.

2. 书籍阅读

[1] 彭华民. 人类行为与社会环境[M]. 北京：高等教育版社，2014.

[2] 李银河. 中国人的性爱与婚姻[M]. 北京：中国友谊出版社，2002.

[3] [美]谢尔登·所罗门. 怕死：人类行为的驱动力[M]. 陈芳芳，等，译. 北京：机械工业出版社，2016.

（三）实训准备与组织安排

（1）稳固理论内容的学习，阅读相关的文献与资料，为实训做好理论准备。

（2）按照性格、处事风格、性别、兴趣爱好等分成若干小组，每组以 4～5 人为宜。

（3）联系好摄像、录音、录像等器材，联系好成长辅导室、团体辅导室、社会工作实训室等场地。

（4）做好实训前的动员，明确实训目的与任务要求。

（5）以小组为单位上交一份“预计困难及解决方案”报告。

（四）实训内容与具体步骤

1. 相关专业理论

（1）弗洛伊德的人格发展阶段理论。弗洛伊德认为，人格发展的基本动力是本能，尤其是性本能，它是最重要的生命本能。人格是伴随着性的发展而发展的。个人的性生活并非开始于青春期，而是开始于婴儿期。因为性本能虽然是天生的，但它会随着心理的成熟而改变。它按照年龄顺序，将人格发展分为五个时期：口腔期、肛门期、性器期、潜伏期和两性期。

（2）埃里克森的心理社会发展阶段理论。他认为人格的发展具有阶段性，个体必须成功地克服每一个阶段的危机或冲突，才能应付今后的危机或冲突。埃里克森将人的一生分为八个阶段，每个阶段都有特定的心理社会发展任务，个体在每个阶段都要经受特定的冲突和危机。每个阶段的危机可能都有正负两种作用，但实际生活中人们的反应方式则很可能是将积极和消极两种反应方式结合起来。具体分为婴儿前期、婴儿后期、学前期、学龄期、青少年期、青年期、中年期和老年期。

（3）皮亚杰的认知发展阶段理论。皮亚杰认为，认知发展阶段论的结构涉及图式、同化、顺应和平衡这四个基本的概念。通过这四个概念的描述可以看出，认知的动态发展过程是一个通过主客体之间的相互作用，从低级不断向高级发展运动的过程。对于儿童认知发展的四个阶段，皮亚杰分为感觉运动阶段、运算思维阶段、具体运算思维阶段和形式运算思维阶段。

（4）米德的符号互动论。符号互动论是一种主张从人们互动着的个体的日常自然环境去研究人类群体生活的社会学和社会心理学理论。“符号”是指在一定程度上具有象征意义的事物。符号互动论认为事物对个体社会行为的影响，往往不在于事物本身所包含的世俗化的内容与功用，而是在于事物本身相对于个体的象征意义，而事物的象征意义源于个体与他人的互动（这种互动包括言语、文化、制度等），在个体应付他所遇到的事物时，总是会通过自己的解释去运用和修改事物对他的意义。

2. 实训内容及具体步骤

（1）选择冲突事件。

说明：该事件应为身边熟悉的事件，截取的过程应具有完整性、代表性和真实性，即事件要有冲突体现和结果，事件主要人物（即案主）应锁定为一人（或者一个家庭）。

（2）分析案主的社会环境构成。

说明：与行为相关的社会环境主要有家庭、朋辈群体、组织、社区和大众传媒；也可有其他的参考，比如从“微观—中观—宏观”等角度，但要求有理有据。

（3）情景再现。

说明：再现情景，一方面有助于直观地了解社会环境的构成，一方面有助于理解案主与社会环境的互动关系。

（4）分析社会环境对案主的影响。

说明：这里的影响应该包括两个方面的影响——正面影响与负面影响。

（5）制订个案服务计划。

说明：运用前面章节里所学的个案工作知识，根据案主的冲突与社会环境，制订一套完整的个案工作服务方案。

（6）制订小组与社区服务计划。

说明：运用前面章节里所学的小组工作和社区工作知识，根据案主冲突，评估案主的需求，分别制定一套完整的小组工作和社区服务方案，服务与案主情况相同的群体。

（7）撰写实训总结。

说明：实训总结的内容应包括实训前的评估、实训过程及困难解决、实训结果自我评价、反思与提升等，同时应结合公共事业管理专业的要求，思考学习人类行为与社会环境的意义。

（五）实训考核方式与评价标准

本项目的实训考核采取过程考核与成果考核结合的方式。

（1）小组分工及配合，5分。

（2）冲突选择，10分。

（3）环境构成分析，15分。

（4）角色扮演，5分。

（5）分析社会环境影响，25分。

（6）个案、小组、社区服务计划制订，30分。

（7）实训报告（汇报），10分。

（六）实训成果反馈与运用

由于实训形式的多样性，实训内容中又包含了“人类行为与社会环境”与“社会工作三大服务手法”等两大重要内容，因此实训成果应包括：完整案例及情景剧录制；个案、小组、社区服务计划；实训报告。

实训成效的评价应以任课教师为主，并结合专业负责人、专业教研室及实践教学督导的意见，综合给出评价；并及时反馈给实训对象，进行进一步的提升及改进。可根据教学实际目标及专业发展要求，考虑是否进行经反思与优化后的二次实训。

二、实训项目 2——奥秘在“民间”

（一）实训目的与要求

田野调查又称田野工作，是指经过专门训练的研究学者亲自进入某一社区，就某一社会问题在一个相对较长的时段内通过参与观察与居住体验等方式获取第一手资料的研究工作。在社会科学研究里，它是获取第一手资料、研究和解释文化的最重要也是最基础的工作。与社会研究的其他方法相比，田野调查强调的是调查者本人“在田野”或实地的调查，因此它区别于一般的文献研究，也区别与社会调查中常见的问卷调查的方法。

公共事业管理专业本科生通过本实训项目的训练，应基本掌握田野调查的相关知识，对于社会问题的探索树立一种“参与”的行动意识，实训结束后学生应具备如下基本素质：

（1）具备对社会问题（冲突）的敏感性。

（2）理解田野调查对于专业学习的意义。

（3）了解田野调查的几种基本方法。

（4）掌握田野调查的几个基本阶段（过程）。

（5）培养调查资料整理能力。

（6）培养识别需要补充调查的问题意识。

（二）知识准备与书籍阅读

1. 文献阅读

[1] 郑欣. 田野调查与现场进入——当代中国研究实证方法探讨[J]. 南京大学学报，2003（3）.

[2] 费孝通．反思·对话·文化自觉[J]．北京大学学报，1997（3）.

[3] 古学斌，张和清，杨锡聪．地方国家、经济干预和农村贫困：一个中国西南村落的个案分析[J]．社会学研究，2004（2）.

2. 书籍阅读

[1] 何国强．田野调查技术手册[M]．上海：复旦大学出版社，2016.

[2] 于忠江，赵晗．在中国做田野调查[M]．重庆：重庆大学出版社，2012.

[3] 费孝通．乡土中国[M]．北京：北京大学出版社，2012.

（三）实训准备与组织安排

（1）先行学习社会调查的基本方法，阅读相关的文献与资料，为实训做好理论准备。

（2）按照性格、处事风格、性别、兴趣爱好等分成若干小组，每组以 2～3 人为宜。

（3）做好下田野的安全与健康教育，准备好调查所需设备和给调查者（区域）的小礼品。

（4）做好实训前的动员，明确实训目的与任务要求，由于田野调查耗时较久，可以在学期初便作任务安排。

（5）以小组为单位上交一份“预计困难及解决方案”报告。

（四）实训内容与具体步骤

1. 田野调查的基本方法

（1）观察与参与观察。这是田野调查比较基本又相对容易实施的一种方法，社会科学里对于社会问题的调查特别注重观察，并以此为收集第一手资料的最基本方法。观察要深入更要全面，又要自始至终把“我”（调查者）置身于观察的全过程。

（2）个别访问。个别访问，是获取第一手资料的一个主要方法。访问的对象以个人或一个家庭为单位。内容及可以围绕访问对象自身的情况，也可以了解其他问题。对访问的对象要精心选择，所选之人应有阅历、有典型性，或者是“知情人”。

（3）谱系调查法。这种方法又称谱牒分析法，指对被调查者的家谱、族谱和亲属制度的调查分析，对于调查家庭制度、婚姻制度以及民族迁徙等都有价值。

（4）自传调查法。这种方法，以个人为对象，全面记录其生平经历，不仅可以反映出一个人全部历史，而且反映出他们家族史、行业史以及民族史的某一侧面。对同一对象，要进行多次调查，筛选出最为真实的材料。

（5）定点跟踪调查法。这种方法又称“历史溯源法”，是指在某一社区建立固定调查点，对于一个群体进行有间隔性的长期的持续不断的观察，以研究这一群体在总体上或局部上发生的演变。

（6）文物文献搜集。有些少数民族文物与常规文物不同，它存在于少数民族的现实社会生活之中，能反映一定的社会历史变迁和风貌。调查的文物和文献史料要有一定的代表性和典型性。

（7）问卷法。问卷法是社会学调查研究观察研究中采用的一种由调查对象填写表格的方式。采用社会学的问卷法，一方面用于抽样，另一方面也用于观察和访问中。其主要目的在于了解被调查者对某些问题关心的程度、态度及心理状态，同时在调查过程中观察被调查者对某一（某些）问题的行为反应。

2. 实训内容及具体步骤

（1）准备阶段。

① 选择调查内容和调查地。

说明：结合其他课程的要求，小组的兴趣选择某一个社会问题，该问题应具有一定的现实性和迫切性，并且要有“问题”的体现。结合所选问题，确定调查地，调查地在体现该“问题”时应有一定的典型性（亦可选择熟悉或者有特殊关系的）；比如当前备受关注的“留守儿童问题”可选择在贵州毕节。

注意：由于专业知识的局限，选择的问题不宜太敏感（如性工作者生存问题），为避免成员与民俗产生冲突，所选择的地点最好接受过相关田野调查。

② 熟悉调查点情况。

说明：调查点选定之后，必须作好充分准备，熟悉当地情况，熟悉民族成分、人口、历史、地理、特产、部落或民族支系等各方面的情况，收集和自己选题有关的文献资料和地方志资料。调查的重点，在于收集新的、别人没有发现过的材料，或者从别人没有调查研究过的方面进行调查。另外，若对所调查的当地情况知之甚少，也得不到当地人的尊重和欢迎，因而也就得不到他们的密切配合。

③ 撰写详细的调查提纲和设计调查表格。

说明：有调查提纲和调查表格，收集的资料较为系统、全面，避免遗漏问题；亦可避免自己对所要调查的问题不了解而影响调查进程。

④ 熟悉有关社会和文化的理论与基础知识。

说明：与社会和文化有关的理论有进化理论、传播理论、功能理论、结构理论、象征理论、族群理论、实践理论、冲突理论、交换理论、互动理论等，并有众多的与文化有关的各种概念，确保调研报告的规范性与学术性。

（2）调查开始。

说明：进入到田野，首先要取得当地村委的支持，确保调查顺利开展；调查者形象设计要朴实、亲近。

选择一种（或几种，但不宜过多）调查方法展开调查，调查前要取得被调查者同意并告知其调查工具的使用，并注意资料（录音、照片或影像）的保存和整理；每天应把相应的资料梳理完整，并且确定或调整第二天的调查内容。

（3）报告撰写。

说明：报告应尽可能全面地剖析你所关注、研究的问题本质；除此之外，还需要进一步对田野调查这一工具具体使用的说明，可以但不限于：① 田野调查过程中的困难；② 如何与被调查者有效互动；③ 如何有效记录；④ 如何有效整理已有资料；⑤ 调查者应以什么样的身份去接触田野；⑥ 此次田野调查对于被调查者（调查地）产生了怎样的影响。

（4）二次田野。

说明：通过梳理调查资料、撰写调查报告，剖析所选社会问题的现象本质，反思调查对于社会问题的解读是否全面，综合考虑是否要二次进入田野以补充调查资料。

（五）实训考核方式与评价标准

本项目的实训考核采取过程考核与成果考核结合的方式。

（1）小组分工及配合，5 分。

（2）社会问题选择及说明，10 分。

（3）田野调查方法选择及理由说明，15 分。

（4）准备工作，5 分。

（5）调查过程（与被调查者关系是否融洽，调查方法是否得当，处理危机事件是否得体，发现问题的意识是否敏感），25 分。

（6）调查资料整理及报告，35 分。

（7）调查成果汇报（针对所选问题的解读汇报），5 分。

（六）实训成果反馈与运用

由于所选择的社会问题具有一定的现实性，所以田野调查的资料是十分真实且珍贵的；

通过资料的整理和报告的撰写，对当前一些社会问题的解读亦具备一定的政策性价值。

在实训（包括二次田野）结束后，可将调查报告形成政策建议，报送到有关部门；鼓励实训对象将文本结合理论基础，整合形成小论文，亦可推荐参加大学生“挑战杯”或“研究与创新性课题”。

第二十章　“社区管理概论与实务”课程实训

第一节　“社区管理概论与实务”实训教学大纲

一、基本信息

课程性质：发展能力课程。
总学时/总学分：48/3.0。
实训学时/实训学分：16/1.0。
实训对象：公共管理专业本科生。
先修课程：社会学概论、社会工作导论、管理学原理、政治学原理。

二、实训目的及要求

社区管理和服务的水平反映一个国家的社会治理水平，反映一个国家的文明程度。政府提供的服务通过社区工作得到具体体现，如市政建设、公用事业、居住环境、医疗保健、养老保险、生活服务、社会保障福利体系等。中国城镇化发展步伐的进一步加快，广大农村将成为新型的社区，这些新增的社区需要大量的社区管理与服务人员。同时，时代的发展使得社区管理与服务工作职能发生变化、工作范围扩大、管理与服务内容更加复杂、管理与服务手段更加先进，对社区管理工作人员提出了更高的要求。

公共事业管理专业的学生通过学习“社区管理概论与实务”并通过实训课程的训练，应初步具备社区管理的基础知识，如社区管理概况、内容；同时，通过实训项目的训练，学生应学会运用理论知识分析评价当前典型的社区管理模式，结合“服务地方”的理念对在地的社区管理模式提出建议，且对于“三社联动”大背景下，如何塑造社区文化、充分调动社区资源应有所实践。

三、实训安排及程序

（1）“社区管理概论与实务”实训总学时为 16 学时，实训时间安排在章节理论课后，也可在课程结束后安排集中实训，具体由教研室教学安排进度决定。

（2）实训课由课程任课教师确定实训项目内容及要求，社会工作实训室、团体辅导室以及在地社区等部门（单位）与任课教师一起完成实训课的开设；由专业负责人、教研室主任与任课教师一起完成实训项目的运行与监督，并验收实训结果。

（3）设置与公共事业管理专业人才培养方案要求相符合的实训项目，并提供实训环境，如情景模拟实验室、社区实践现场等。

（4）实训项目由教学课时+课余时间组成，应在任课教师指导下由学生独立完成，学生自由分组；实训期间应不定期开展阶段性的反思性总结报告会或者经验交流会，进一步推进实训项目的完善。

（5）实训结束后，应按照实训项目的要求，上交实训结果、完成实训展示，并由任课教师验收并给出实训成绩；条件允许的情况下，可开展实训报告会。

四、实训考核方式

实训成绩是“社区管理概论与实务”课程综合成绩考核的重要组成部分。在理论知识考试的基础上，实训成绩更是体现着其理论与实践结合的效果。在公共事业管理人才培养方案对学生综合能力的要求下，本课程实训不单独组织考试，学生考核成绩主要由实训中的个人表现和每小组的实训效果来综合核定，综合成绩（100 分制）由任课教师给出并计入平时成绩，占平时成绩的 60%。

第二节　“社区管理概论与实务”实训项目

本节实训项目有 2 项，具体内容及安排见表 20-1。

表 20-1　社区管理概论与实务实训项目表

序号	项目名称	实训内容	实训学时	实训形式	实训类型	实训地点
1	幸福社区，幸福怀化	社区需求评估、社区活动方案撰写、社区资源链接、社区活动组织	10	社区工作实务	综合性	社区
2	“三社联动”，我在行动	多方（政府、社会组织、社区）合作模式的探索	6	情景剧 课程论文	综合性	实训室 资料室

一、实训项目 1——幸福社区，幸福怀化

（一）实训目的与要求

社区是一个“聚居在一定地域范围内的人们所组成的社会生活共同体”，“社区”一词强调人群内部成员之间的文化维系力和内部归属感，而社区居民对于社区的认同感和归属感直接影响着社区的发展。自从怀化市提出“四个怀化”以来，“幸福怀化”的落脚点便直接成了各个社区。本实训项目针对社区这一基本单位，开展“幸福社区”的社区活动，推动“四个怀化”的快速实现。

通过本实训项目的训练，学生应具备如下基本素质：

（1）具备对社区需要的评估能力。

（2）了解社区的自然与社会环境。

（3）掌握社区策划方案的撰写。

（4）具备充分调动、整合各方资源的能力。

（5）社区活动的组织能力。

（6）具备对突发事件的应急能力。

（二）知识准备与书籍阅读

1. 文献阅读

[1] 张艺，陈洪生. 村民理事会：以社会资本理论为分析视角——以江西省幸福社区为例[J]. 甘肃行政学院学报，2008（3）.

[2] 刘庆龙，冯杰. 论社区文化及其在社区建设中的作用[J]. 清华大学学报（哲学社会科学版），2002（5）.

2. 书籍阅读

[1] 魏娜. 社区管理原理与案例[M]. 北京：中国人民大学出版社，2013.

[2] 汪大海. 社区管理[M]. 北京：中国人民大学出版社，2012.

[2] 谭志松，等. 城市社区微自治的嘉明模式[M]. 武汉：华中科技大学出版社，2018.

（三）实训准备与组织安排

（1）稳固理论内容的学习，阅读相关的文献与资料，为实训做好理论准备。

（2）按照性格、处事风格、性别、兴趣爱好等分成若干小组，每组以 4 ~ 5 人为宜。

（3）提前联系社区及相关部门，并准备好摄像、录音等器材。

（4）做好实训前的动员，明确实训目的与任务要求。

（5）以小组为单位上交一份“预计困难及解决方案”报告。

（四）实训内容与具体步骤

1. 相关专业理论

（1）策划理论和小组理论。

策划理论有三种观点：第一种观点强调理性的和全面性的策划。第二种观点强调以渐进的方式策划和解决部分问题。第三种观点是以上两种观点的混合，可以称为混合透视论（mixed scanning）。社区社会工作大多要面对居民委员会、业主委员会等居民自治组织和社区非政府组织开展工作，这就要求社区工作者一定要掌握必要的小组理论知识，比如对小组的动力及小组的发展阶段、小组的运行、小组的设定目标等有所了解。

（2）沟通理论。

沟通理论有三个层次：第一个层次是专家学者与地方领袖之间、地方领袖与居民之间、社区工作者与地方领袖以及居民彼此之间面对面的交谈或观念的沟通；第二个层次是社区发展知识与方法的传播；第三个层次是社区发展的各级机构及民间的观念或想法由上而下和由下而上的交流与沟通。通过不同层次的沟通，社区社会工作者能够了解居民的想法和需求，居民们也可以知道策划者的问题、介入的策略及最终的工作目标。

（3）均衡发展理论。

这一理论的主要观点是：经济发展和社会发展都是国家发展的重要内容，应该齐头并进，互为倚重。经济发展注重物质资源的开发，社会发展强调以人为本，关心公众福利；经济发展是社会发展的手段，社会发展是经济发展的目的。均衡发展理论要求社区各个层面的综合发展，强调经济、社会、城市、乡村的平衡发展，同时也注意建立民主程序，鼓励大众参与。

2. 实训内容及具体步骤

（1）选择社区。

说明：在“服务地方”的办学理念下，选择一个比较有代表性的社区，可以是交通方便、有特殊资源的社区，也可以是之前有过合作的社区。但不宜选择年轻社区或者十分成熟社区。

（2）建立社区关系。

说明：建立关系是社区工作的第一步，它意味着工作者要融入社区，与社区居民、社区机构与社团，以及社区中各机构、各社团领导人与各界的代表人物与知名人士进行有效沟通，并且获得他们的配合和支持。

（3）进入社区，评估需求。

说明：充分全面地收集社区资料，包括社区的自然环境和社会环境；结合社区资产、社区环境与社区发展目标，评估社区的主要需求。

（4）结合需求，确定活动。

说明：社区需求可能有两个或者两个以上，结合实训目的——助力“幸福怀化”的建设，确定一个需求，并以此确定社区活动的主题。

（5）撰写活动方案。

说明：运用“社会工作导论”所学知识，撰写社区活动策划的文本，要求全面、具体、有可操作性；活动方案亦需要围绕确定的活动主要内容，主题鲜明，特色突出。

（6）链接多方资源。

说明：结合社区活动所需人力、物力、财力，链接与社区相关的社团、企业或机构等，联合各方形成合力支持活动开展。

（7）社区活动组织。

说明：结合社区工作的进展，在社区内开展活动；要求事先针对场地选择、活动时间、活动范围、参与人数等方面做出全面的应急办法。

（8）撰写实训总结。

说明：实训总结的内容应包括实训前的评估、实训过程及困难解决、实训结果自我评价、反思与提升等，同时应结合公共事业管理专业的要求，进一步提升社区活动的组织能力。

（五）实训考核方式与评价准备

本项目的实训考核采取过程考核与成果考核结合的方式。

（1）小组分工及配合，10分。

（2）社区关系建立及资源链接，15分。

（3）社区需求评估，10分。

（4）社区活动方案，15 分。
（5）社区活动组织，20 分。
（6）突发事件的预案及处理，20 分。
（7）实训报告（汇报），10 分。

（六）实训成果反馈与运用

由于实训形式的灵活性，整个实训环节需要多人多部门的紧密配合，对实训对象的实践操作能力要求很高；由于社区活动牵涉到多部门及社区居民的广泛参与，对于实训对象的突发事件处理能力也是极大的考验。

实训成效的评价应以任课教师为主，并结合社区、社区居民的反馈，专业教研室及实践教学督导的考核，综合给出并及时反馈给实训对象，进行进一步的提升及改进；可根据实训效果，结合“幸福怀化”的发展目标，制作品牌活动在各社区推广。

二、实训项目 2——“三社联动”，我在行动

（一）实训目的与要求

社区治理是国家治理的基础环节，社区治理现代化是国家治理现代化的基本前提。近年来，我国各地相继推进“三社联动”工作，“三社联动”通过社区建设、社会组织培育和社会工作现代化体制，形成资源共享、优势互补、相互促进的良好局面，加快形成政府与社会之间互联、互动、互补的社会治理新格局。三社联动的中心在于“多方联合行动”，社区的治理有多方责任主体，社区工作者、社区居民、社区组织、社区机构与物业等在治理过程中难免会产生一些权责不清、分工不明的现象。本实训项目旨在于针对目前社区治理过程中产生的矛盾，思考探索一些各方主体能“和睦共进”的治理模式。

公共事业管理专业本科生通过本实训项目的训练，应具备社区矛盾处理、社区关系协调、社区治理的模式探索等能力，实训结束后学生应具备如下基本素质：
（1）了解社区结构。
（2）具备对社区问题（冲突）的敏感性。
（3）对社区主要参与主体的联结。
（4）提出社区问题（冲突）的解决措施。
（5）探索构建“三社联动”要求下新的社区治理模式。

（二）知识准备和书籍阅读

1.文献阅读

[1] 郑杭生，黄家亮．当前我国社会管理和社区治理的新趋势[J]．甘肃社会科学，2012（6）.

[2] 夏小丽．城市社区治理中的公民参与问题研究[D]．济南：山东大学，2011.

[3] 何平立．冲突、困境、反思：社区治理基本主体与公民社会构建[J]．上海大学学报，2009（4）.

2. 书籍阅读

[1] 顾健键. 现代社区管理概论[M]. 上海：上海人民出版社，2007.
[2] 马仲良. 社区建设概论[M]. 北京：中国社会出版社，2012.
[3] 何绍辉. 陌生人社区：整合与治理[M]. 北京：社会科学文献出版社，2017.

（三）实训准备与组织安排

（1）先行学习“三社联动”成功案例，阅读相关的文献与资料，为实训做好理论准备。

（2）按照性格、处事风格、性别、兴趣爱好等分成若干小组，每组以 5 ~ 6 人为宜。（情景剧演员可以有小组之外的成员）

（3）准备相关器材，为情景剧录制提供硬件保障。

（4）做好实训前的动员，明确实训目的与任务要求，确保实训成果质量。

（5）以小组为单位上交一份“预计困难及解决方案”报告。

（四）实训内容与具体步骤

1. 相关专业理论

（1）资产为本的社区发展模式。该模式挑战了传统的以“社区需要”为取向的介入模式，提出应以社区资产或社区优势为介入重点。其主要特点表现在三个方面：一是资产为本，即强调不是由社区问题或需要出发，而是由社区拥有的资产或优势出发来介入社区；二是内在取向，即强调社区居民自身参与社区发展的能力；三是关系构建，即强调居民和社团之间的接触，以及各种网络关系的建立。资产为本的社区发展模式对于改进我们以往传统的社区发展理念和介入方法具有重要启示。

（2）社会计划模式。社会计划模式是指借助专家和外界权威机构对社区进行科学和理性的调查研究，选出一个最优的工作计划，通过自上而下的安排组织执行计划来解决社区的问题和满足居民需求。

（3）社会行动模式。社会行动模式是指发动社区居民组织起来，针对社区中存在的社会问题，采取结构主义的分析视角和行动方向，通过抗争的策略来维护弱者的利益，改变社会结构和制度，促进社会更加公平、民主和正义。

（4）社区发展模式。社区发展模式是指通过调动社区居民的参与、互助合作，再加上上级政府和外界机构组织的协助和支持，动员社区内外资源，解决社区问题，满足居民需求的一种工作模式。该模式强调的是居民的参与和合作沟通，注重居民在参与社区发展过程的个人能力、公共意识和社区归属感的培养，而不仅仅是社区物质环境的建设。

2. 实训内容及具体步骤

（1）设计案例。

说明：选择一个社区治理过程中出现冲突的案例（可以是真实案例，以怀化市现实性案例为佳，也可以自编，如公共区域的管理、公共卫生的治理等），案例应该体现社区治理中多方主体的矛盾，矛盾事件应该具有代表性；矛盾事件的解决要在案例中安排结局，结局应嵌入设计者对社会治理模式的思考。

（2）社区治理模式探索。

说明：根据所选案例冲突，通过查阅文献及社区治理现状的调研，探索思考在“三社联动”大趋势下，如何建立多方协同治理的模式；尤其应该结合区域性特色，探索“接地气”的本土性治理模式。

（3）情景剧录制。

说明：根据案例撰写剧本，合理安排社区治理冲突中的角色；运用手机或摄影器材录制成微电影；注意影片质量以及角色人物设定的合理性。

（4）论文撰写。

说明：通过梳理调查资料，在对社会治理模式的已有思考之上，结合社区治理相关理论，撰写小论文，字数不少于 4 000 字，学生每人单独完成。

（5）实训总结（汇报）。

说明：情景剧展播或实训汇报会。

（五）实训考核方式及评价标准

本项目的实训考核采取过程考核与成果考核结合的方式。

（1）小组分工及配合，10 分。

（2）社区治理案例，20 分。

（3）社区治理模式探索，30 分。

（4）情景剧（微电影），15 分。

（5）小论文，20 分。

（6）个人反思及成长，5 分。

（六）实训成果反馈与运用

社区治理模式的探索是比较具有应用性的，尤其是结合本土困境所做出的模式建构。本次实训的成果包括一部情景剧（微电影）和一篇小论文。实训成效的评价应以任课老师为主，并结合社区、专业负责人、专业教研室及实践教学督导的意见，综合给出并及时反馈给实训对象，进行进一步的提升及改进。

任课老师在实训结束后，可将情景剧（微电影）通过微信公众号或相关媒体平台进行展播，提高社会对于社区创新治理的参与度；指导实训对象将小论文报送到有关部门，形成政策参考；参加大学生“挑战杯”或“研究与创新性课题”。

第二十一章　“管理文秘”课程实训

第一节　“管理文秘”实训教学大纲

一、基本信息

课程性质：发展能力课程。

总学时/总学分：48/2.0。

实训学时/实训学分：20/0.8。

实训对象：公共事业管理专业（本科）。

先修课程：管理学原理、社会学概论、政治学原理、人力资源管理、管理心理学、领导科学与艺术。

二、实训目的及要求

“管理文秘”是应用性较强的课程，主要学习公共事业管理专业的社会实践技能，着力培养适应社会市场的应用型管理人才的基本目标。实训内容主要是管理文秘课程中的具体事务操作和基本技能两个部分，具体的实训要求是运用专业知识，贴近生活实际，要求学生针对身边的社会现象或者社会的不同需求，展开切实可行的实训项目，以保证实训结果有一定的现实意义，引发学生对实训内容的思考，并对整个实训的过程进行总结反馈，从而巩固课程内容的理论学习，提高公共事业管理学生的实践能力。

三、实训安排及程序

“管理文秘”实训总学时为48学时，其中实训实验20学时，根据实训项目和实训内容，分4次进行，可安排在课程的相关章节之后或者之前，由实训指导老师与学生协商具体安排。实训形式主要采取以学生角色扮演、自主模拟和分享学习的开放式教学组织，教师可以在实训过程中进行个别指导。

实训项目主要通过学生分小组独立完成，每个项目小组有 6~10 个成员，小组成员共同推选一名项目组长，积极联系指导老师，负责组织和协调实训项目的分工与项目进程。在实训项目结束后，项目组长在各小组成员的实训心得的基础上，总结项目实训并详细撰写实训报告。最后，各小组进行实训汇报，由指导老师进行点评并总结。

四、实训考核方式

每个实训项目都需要完成相应的实训报告，报告内容包括实训目的、实训分工、实训步骤、实训内容、实训结果、问题讨论与心得等。该实训占本门课程成绩的 40%，具体由实训成绩考核和实训报告组成。实训成绩是该课程综合成绩考核的重要组成部分。

第二节 “管理文秘”实训项目

本节实训项目有 4 项，主要内容及安排见表 21-1。

表 21-1 管理文秘实训项目表

序号	项目名称	实训内容	实训学时	实训形式	实训类型	实训地点
1	信息工作	信息的采集和筛选、信息的传递、信息工作的建设、信息的利用和开发、公文写作、设计实训汇报	5	实地调研 角色扮演	综合性	学校附近
2	会议组织	会议通知、会议人员、会议安排、会议内容、会议文件、会议宣传、会议志愿活动、会议服务、会议预算、会议记录、模拟会议、会议总结	7	情景模拟	设计性	实训室
3	公务接待	公务接待人员、接待培训、接待礼仪、接待安排、接待预算	5	情景模拟	综合性	实训室
4	管理文秘口才	主题辩论、自我展示	3	讨论学习	综合性	实训室

一、实训项目 1——信息工作

（一）实训目的与要求

（1）初步掌握调查研究与信息工作的相关知识点。

（2）了解并熟悉调查研究的过程和具体工作。

（3）掌握调查研究报告的撰写，设计调研汇报，发掘社会现象背后的原因，真实体验本专业的现实价值。

（4）实训期间，了解实训室管理相关规定并注意安全。

（二）实训准备与安排

知识准备：管理文秘相关知识、调查研究的相关知识、数据分析软件应用、数据相关知识。

组织准备：实训项目分组，细心观察身边的社会现象或现实问题，选取贴近生活、易于操作的实训内容，以信息工作的主题方向进行班级分组，每组 6～10 人，共同推选一名项目组长，小组讨论分工共同完成实训内容，项目组长总结实训情况并汇报实训结果。

硬、软件准备：计算机、Windows 操作系统、Office 办公软件、SPSS 软件、会议室。

（三）实训内容与步骤

（1）项目情景：学校建设和发展的信息工作。时光荏苒，我们在学校生活学习已经有快三年了，对学校，对老师，对同学都有了较深的了解。作为公共事业管理专业的学生，当我们应聘成功怀化学院校长秘书的岗位，第一项工作就是为学校建设和发展开展信息调研工作，以学校关心的一个重点来采集多方的需求和意见，对信息进行全面科学的调查分析，从而提出建设性建议。

（2）针对学校的建设和发展的问题展开主题讨论，主题的范围较广，可以是学校的基础设施建设、文化环境、专业发展、学生培养等各个方面。主题内容自主选定，组长负责讨论的主持并记录，各小组成员独立发表写信的内容和重点。在初步信息了解分析后，实训组长内部协调来选择信息工作的主题，并组织工作的开展。

（3）小组成员对信息采集和筛选的途径、方法、重点、辨别等表达各自观点，根据信息工作的过程对各成员进行合理分工，对学校的教师、学生及其他工作人员展开实地调研，广泛收集整理主题信息并加以加工处理。

（4）根据分工的工作不同，小组成员之间进行信息沟通与传递，小组成员共同分析问题出现的原因，探究其改善对策，将信息调研的主题内容整理，撰写成给校长的公文，并对之不断修改完善，最终敲定终稿。

（5）组长对小组成员分工的工作内容与成果，整理成实训汇报材料，成果材料包括会议记录、信息调研、实训报告、汇报展示和小组分工评估。

（6）可自由选取适合的汇报形式，由小组成员代表展示本小组的调研成果，共同分享调研的过程和内容，相互交流学习，取长补短，提高调查研究的实训效果。各小组成员分别针对自己的工作任务和分享学习的内容，撰写调研工作与调研心得。

（四）实训考核方式与评价标准

1. 实训考核方式

调查研究考核主要考察调研成员的调查组织能力、信息收集能力、信息分析能力和信息运用能力，并根据分享交流的成果的汇报形式、汇报表现及工作总结能力进行全面的综合评价。

2. 实训成果及评价

实训成果主要通过两个方面来评议：一是过程评价（30%），主要评价小组成员的参与性、组织形式的多样性、组织过程的纪律性等；二是总结性评价（70%），主要包括小组讨论及公文写作的准确性、丰富性，问题分析及解决方案的深度性、科学性，实训汇报的表现与形式等进行评议。根据考核标准的要求，参考其他小组的评议意见为每小组进行调研项目综合考评。再依据项目组长对整个信息工作的小组成员分工完成情况的评分，加之个人实训心得的总结与反思，全面考核每个组员的实训绩效。

（五）实训结果反馈与运用

通过信息工作的实训训练，全方面了解各调查小组在调查研究过程中的学生参与情况，结合小组的实训汇报和个人的调研心得，不断对教学实训项目进行调整、完善，以满足学生对实训的需要，提升学生课程实践能力。

二、实训项目 2——会议组织

（一）实训目的与要求

（1）掌握会议组织的相关知识点。

（2）理解会议组织的重要性，了解并熟练掌握会议组织的流程和具体工作，真实感受会议组织的工作与细节。

（3）明确会议组织与秘书工作、会议组织与保密工作、会议组织与接待工作的辨证关系，并正确处理会议组织与各方面的关系。

（4）实训期间，了解实训室管理相关规定并注意安全。

（二）实训准备与安排

知识准备：管理文秘相关知识、会议组织的相关知识、Internet 的操作、办公室自动化应用。

组织准备：以会议主题方向或者会议形式进行班级自由分组，每组 6 ~ 10 人，共同推选一名项目组长，小组讨论分工共同完成实训内容，项目组长总结实训情况并汇报实训结果，各小组独立讨论组织模拟会议。在条件允许的情况下，联络地方各类会议参与现实的会议组织志愿服务，真实感受会议组织工作。

硬、软件准备：计算机、Windows 操作系统、Office 办公软件、会议室、时钟。

（三）实训内容与步骤

（1）会议主题。工作计划会，所有班委成员制定班级工作计划并组织会议；工作月例会，班委每月组织例会总结上个月的工作，对下个月的工作进行安排；年终总结会，采取多种会议形式总结一年的工作内容与成果，表彰优秀组织和个人；专业研讨会，为了加强对专业的理解和学习，学院组织公共管理专业研讨会，研究并讨论本专业的发展与前景；公司联欢会，密切公司员工之间的关系，建设公司文化，打造公司品牌。

（2）班级根据会议主题进行自由分组，小组成员按会议种类的特点讨论学习不同形式的会议前、会议中、会议后的注意事项及会议组织过程的内容，并制定详细的会议组织计划。

（3）对小组的会议组织工作进行集体创作，自主模拟演练会议组织工作中代表性场景，突出该小组会议组织工作的重点与细节。各小组可通过会议组织计划和多种形式的模拟视频进行分享学习，每组成员根据所有会议组织的模拟进行讨论分析，共同熟悉会议组织工作的内容与全过程，理解秘书在会议组织工作中的重要性。

（4）在条件成熟的情况下，联系学校或地方的重要会议，教师组织优秀的模拟小组成员参与重要会议现场的志愿服务工作，切实感受会议组织的流程和细节，提高学生的会议的组织能力。

（四）实训考核方式与评价标准

1. 实训考核标准

实训考核主要考核会议组织能力、事务协调能力、信息沟通能力、细节管理能力等综合管理素质，并根据分享学习的汇报形式、内容和现场表现客观反映秘书工作在会议组织中的能力层次。

2. 实训成果及评价

实训成果以会议组织计划和会议组织自主模拟为主要内容，实训成果主要通过两个方面来评议：一是过程评价（30%），主要评价小组成员的参与性、创造性，组织形式的多样性，组织过程的纪律性等；二是总结性评价（70%），主要包括小组讨论及会议组织计划的准确性、全面性，会议组织模拟的表现力，会议组织模拟的形式与重点内容，实训汇报的表现与形式等开展探讨式评议。广泛听取教师和其他小组的意见，综合进行小组评价。实训结束后，各小组成员总结会议组织实训的得失，独立完成实训心得，在思考中不断提升自我。

（五）实训结果反馈与运用

通过会议组织的实训训练，全方面了解各小组在实训过程中的学生参与情况，结合小组的会议组织计划、分享模拟表现和个人实训心得等多方面的实训信息反馈，总结实训中的不足，不断调整教学实训项目，以满足学生对实训的需要，提升学生课程实践能力。

三、实训项目 3——公务接待

（一）实训目的与要求

（1）了解公务接待的相关知识点，明确党政机关公务接待的最新政策与规定。

（2）理解并熟悉公务接待的基本程序和具体工作，明确管理文秘在公务接待中的作用和职能。

（3）了解国内外公务接待的区别，初步掌握公务接待礼仪与公务接待的技巧。

（4）实训期间，了解实训室管理相关规定并注意安全。

（二）实训准备与安排

知识准备：管理文秘相关知识、公务接待工作的相关知识、国内外接待礼仪的相关知识、Internet 的操作。

组织准备：根据公务接待事务内容为班级进行分组，每组 6 ~ 10 人，共同推选一名项目组长，各小组独立讨论公务接待案例与现场模拟，项目组长总结实训情况并汇报实训结果。在条件允许的情况下，联络学校或者地方各类组织进行真实的现场公务接待志愿服务工作，切实感受公务接待的基本程序。

硬、软件准备：计算机、Windows 操作系统、Office 办公软件、会议室、大镜子、礼仪服装。

（三）实训内容与步骤

（1）将公务接待分为庆典接待、交流接待、会务接待、上级领导接待和外事接待五大类，班级以此分组，开公务接待类别的相关礼仪学习，服饰礼仪、化妆礼仪、姿态礼仪等具体内容的操作学习。

（2）小组独立学习后，由各个小组分别对自己的公务接待类别的重点内容进行讲述和展示。在讲解同时小组成员进行同台礼仪演练，具体指导其他小组成员进行职业礼仪操作，分享小组的学习成果。

（3）各小组讨论选取公务接待的小案例，通过现场模拟或视频展示等多种方式引发各小组之间公务接待工作探讨，现场体验公务接待的细节管理，相互交流接待技巧，增加学习的趣味性和参与性。

（4）在条件成熟的情况下，联系学校和地方的接待工作，安排表现优秀的学生具体参与公务接待志愿服务工作，切实感受真实的公务接待具体工作内容和困难，在服务过程中学习、提高。

（四）实训考核方式与评价标准

1. 实训考核标准

公务接待考核主要考察接待礼仪知识、文化素养、社会交际能力、秘书工作能力等综合素质，并根据职业礼仪的操作与公务接待的案例效果反馈进行客观的实训考核。

2. 实训成果及评价

参与学习是实训的主要内容，实训考核通过参与公务接待和接待礼仪的模拟操作的表现进行成绩评定。根据考核标准的要求，考虑公务接待案例形式与各小组探讨的实训效果进行实训小组成果综合考评。再依据项目组长对整个调研过程的小组成员分工完成情况的评分，加之个人调研心得的总结与反思，全面考核每个组员的实训绩效。

（五）实训结果反馈与运用

通过公务接待的实训训练，细心观察学生在实训过程中的参与情况与具体表现，结合各小组的职业礼仪表演、案例反馈、以及个人的实训心得，对实训项目进行反思，进一步完善项目的程序和内容，以满足学生对实训的需要，提升学生课程实践能力。

四、实训项目 4——管理文秘口才

（一）实训目的与要求

（1）了解管理文秘口才的相关知识点。

（2）理解管理文秘口才的重要性与必要性。

（3）灵活运用管理文秘口才的方法与技巧，着力提高学生的语言表达能力，培养高水平的演讲能力。

（4）实训期间，了解实训室管理相关规定并注意安全。

（二）实训准备与安排

知识准备：管理文秘相关知识、管理文秘口才的相关知识、演讲知识储备、Internet 的操作、办公室自动化应用。

组织准备：主题辩论进行正反双方，共同推选一名组长，组织小组共同分享辩论内容、开展辩题讨论、辩论准备、人员安排等工作，项目组长总结实训情况并汇报实训结果。

硬、软件准备：计算机、Windows 操作系统、Office 办公软件、会议室、计时器、口哨。

（三）实训内容与步骤

（1）项目情景。为了理解管理文秘口才的重要性与必要性，加强口才能力的训练，组织开展班级辩论。辩论的主题两个，一是女生还是男生更适合秘书工作；二是秘书是否重要。班级成员自由分成四组，抽签决定辩论的主题和正反双方，要求辩论过程严守纪律，文明辩论。

（2）课前将辩论的主题内容分享在公共平台，抽签确定辩论主题与分组，给予充分的准备时间来安排辩论工作，每组推选一名小组长，负责安排和组织辩论的内容和技巧。各小组就辩题自主讨论学习，各成员各抒己见，进行辩手选拔、工作分工、排兵布阵、辩词撰写一系列准备，全面备战主题辩论。

（3）辩论双方所有成员先通过各种方式各自展示自我和辩论实训的分工成果，展示团队的学习精神。正反双方辩手依照辩论程序对辩论主题开展公平、友好辩论。

（4）根据整场公平有序的辩论，综合其他成员的客观评价，正反双方辩手也分别对对手的自我展示和辩论内容进行正反两方面的评价，由此灵活掌握管理文秘口才的技巧，提高语言表达能力。此外，也可采取其他多种形式进行管理文秘口才的训练。

（四）实训考核方式与评价标准

1. 实训考核标准

实训考核的主要考核语言组织能力、语言表达技巧、语言表达艺术、演讲能力，并通过主题辩论、自我展示、以及辩论互评的总结表现进行综合评价。

2. 实训成果及评价

共享学习是实训的主要内容，可采取多种多样的方式，实训成果主要通过主题辩论和自我展示的表现对所有成员进行综合考评。根据考核标准的要求，参考控辩双方的评议意见为正反双方进行综合考评。同时，个人实训心得的总结与反思也是全面考核每个成员的实训成果。

（五）实训结果反馈与运用

通过管理文秘口才的实训训练，全方面了解学生的语言表达能力，细心观察实训过程中的学生参与表现情况，及时给正反双方以辅导性指导意见，提高整个主题辩论的辩论水平。结合实训的总结评价与个人的实训心得，思考管埋文秘口才的新方式，创新演讲训练项目，以满足学生对实训的需要，提升学生课程实践能力。

第二十二章　“领导科学与艺术”课程实训

第一节　“领导科学与艺术”实训教学大纲

一、基本信息

课程性质：发展能力培养课程。
总学时/总学分：34/2。
实训学时/实训学分：12/0.7。
实训对象：公共事业管理专业（本科）。
先修课程：管理学原理、公共管理学、人力资源管理、管理心理学。

二、实训目的及要求

“领导科学与艺术”是公共事业管理专业（本科）学生的专业必修课程之一，它是一门研究领导活动的规律及其有效运用的学科，在实践中领悟、体验和运用其识人、用人、讲话、形象设计、沟通、协调、决策、激励等领导艺术，具有较强的理论性与实践性特点。学生通过该课程项目实训，在掌握现代领导学的基本概念、理论及方法基础上，能够正确地认识领导活动的现象、矛盾、特点和基本规律，进而培养和提高学生应用领导学理论与方法解决实际问题的能力，进而使学生发展和创新领导技能。

通过该课程实训，使学生感知并体验领导者应具备哪些能力素质；领导用人如何保证发挥下属的个性优势，做出合理的决策，实现人尽其才，才尽其用；提升自身的讲话艺术，以及学会如何与不同的对象包括媒体等打交道；理性冷静对待职场中所谓的“潜规则”，科学有效地采取方式或举措保持良好的上下级关系。

三、实训安排及程序

“领导科学与艺术”实训项目总学时为 12 学时，实训时间可安排在章节理论课的前或后，具体时间由实训指导教师与学生协商确定。每个项目实训前，学生将进行分组，每组 4 ~ 10 人，每组选举一名小组长，协助指导教师和协调小组成员完成实训项目；在项目实训过程中，每组独立且团队成员合作完成实训项目；项目实训后，每组组长汇报实训情况并撰写小组实训报告；最后由实训指导教师对实训情况进行反馈并撰写总结报告。

四、实训考核方式

“领导科学与艺术”课程实训是该课程综合成绩考核的重要组成部分。本课程实训不单独组织考试，学生考核成绩主要由实训中的个人表现和每小组的实训报告质量来综合核定，成绩等级包括优秀、良好、中等、及格与不及格等五档，学生课程实训的综合表现计入平时成绩，占平时成绩的60%。

第二节 “领导科学与艺术”实训项目

本节实训项目有3项，具体内容及安排见表22-1。

表22-1 领导科学与艺术实训项目表

序号	项目名称	实训内容	实训学时	实训形式	实训类型	实训地点
1	知人善任接力赛	用人前的充分沟通交流是关键因素，充分沟通保证领导人知道每个人的特征优势，做出合理的决策，人尽其才，才尽其用	4	团队游戏	设计性	教室外
2	新时代好干部的标准	信仰是什么？领导者应具备哪些能力素质？怎么成长为好干部？怎样把好干部选出来、用起来？新时代好干部标准给青年大学生的启示等	4	自由讨论	综合性	实训室
3	公共组织绩效管理	学生感受组织绩效管理的魅力所在；理解公共组织绩效管理的全过程；构建科学合理的公共组织绩效评估指标体系；思考公共组织绩效管理完善的路径与举措	4	团队游戏 案例讨论	设计性 综合性	实训室

一、实训项目1——知人善任接力赛

（一）实训目的与要求

通过实训，使学生理解与体会领导用人前的充分沟通交流是一个关键环节，以保证领导人知道每个人的优势，做出合理的决策即根据每个人的个性特征分配工作，实现人尽其才，才尽其用，真正领悟知人善任的重要性。

（二）知识准备与书籍阅读

1. 知识准备

要求了解和掌握的知识：人才标准应用的基本要素，现代识别人才的方法，领导用人的原则，领导用人之“才德”、“才才”等。

2. 书籍阅读

[1] 张泰，高宏存. 现代领导艺术与传统文化[M]. 北京：人民出版社，2013.

[2] 董明. 领导艺术——一门可操作的学问[M]. 北京：科学出版社，2011.

[3] [美]史蒂芬・柯维. 高效能人士的七个习惯[M]. 北京：中国青年出版社，2008.

[4] [美]哈维・塞弗特，彼得・伊科诺米. 没有指挥的乐队——集体领导的艺术[M]. 北京：中信出版社，2003.

（三）实训准备与组织安排

（1）实训场地选择校园内的一块空地或操场；教师提前准备好游戏用具及相关评价表格。

（2）游戏用具：一份趣味数学试题（见附件 2）、一支钢笔或圆珠笔、一个直径约为 30 cm 的容器、一只鞋。

（3）游戏准备：① 以杆为圆心，在地面上画一个半径为 1 m 的圆；② 将鞋悬挂在杆上 3 m 之处（要方便取下）；③ 将容器置于距圆 8 m 的地方；④ 将试题放于距圆 100 m 之处。

（4）游戏图示（图 22-1）。

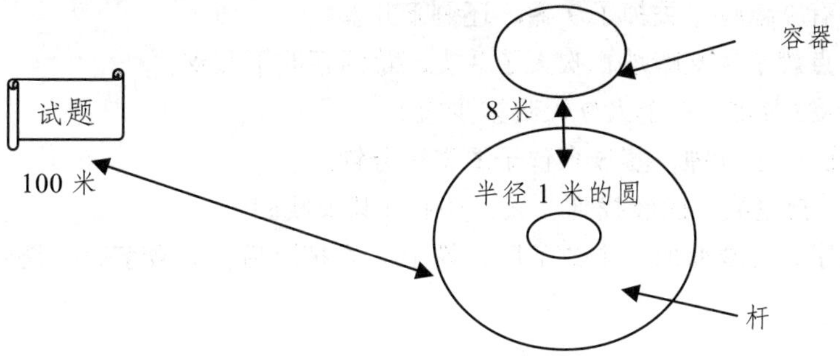

图 22-1 知人善人接力赛游戏图示

（四）实训内容与具体步骤

1. 游戏步骤

（1）将学员分为 4 人一组，每组推选出 1 名组长。

（2）比赛开始前，每组有 10 分钟的沟通时间，在此期间组长要完成对组员（包括自己）的任务分配。

（3）比赛开始后，所有组员不得再进行任何形式的沟通，比赛过程中也不得为别人提供任何形式的帮助。

（4）比赛进行过程中，除正在进行比赛的组员外，其他组员应待在圆内。

（5）每个小组要完成的任务，见附件 2。

（6）游戏结束后，可以重新分组多玩几次。

附件 1：比赛任务表（表 22-2）

表 22-2 知人善任游戏比赛任务表

顺序	任务	完成地点
第一项	第一名组员在接到比赛开始的指令后，要以最短的时间取到试题，交给第二名队员	从圆内出发并返回
第二项	第二名组员迅速计算出试题的答案，并交给第三名组员	在圆内完成
第三项	第三名组员接到试题后，迅速取下杆上的鞋，将试题置于鞋中，将鞋交给第四名组员	在圆内完成

续表

<table>
<tr><td>顺序</td><td colspan="2">任务</td><td>完成地点</td></tr>
<tr><td>第四项</td><td colspan="2">第四名组员在圆内以最短的时间将鞋投入容器（如未投中，取回鞋重新投，直到投中为止）</td><td>在圆内完成</td></tr>
<tr><td colspan="2" rowspan="2">比赛结束</td><td>用时最短　答案正确</td><td>获胜</td></tr>
<tr><td>用时最短　答案错误</td><td>对方获胜</td></tr>
</table>

（资料来源：权锡哲. 领导能力培训全案[M]. 3版. 北京：人民邮电出版社，2014：135-137.）

附件2：比赛趣味数学试题（任选一份）

（1）你参加赛跑追过第2名，你是第几名？

（2）心算题：以1 000加上40，再加上1 000，再加30，再加1 000，现在加上20，再加上1 000，现在加上10，总数是什么？

（3）假如1=4；2=8；3=16；请问4=?

（4）教室里有9盏灯，关掉了3盏，还剩下几盏？

（5）桌面上点燃了9支蜡烛，吹灭了3支，最后还剩下几支？

（6）3个3天3瓶水，9个人9天喝多少瓶？

（7）蒸1个包子5分钟，蒸5个包子要多少分钟？

（8）9只小羊捉迷藏，已经找到3只，还有几只没找到？

（9）一个数字，去掉前面一个数字后，是19。去掉最后一个数字后，是90。这个数字是什么？

2. 学生及小组的工作

（1）在比赛开始前的10分钟时间内，小组成员应怎样相互沟通？组长在沟通中应该考虑哪些问题？

（2）组长应如何给每个人分配任务？分配的依据是什么？

（3）小组在充分讨论的基础上形成小组结论并提交实训报告。

（五）实训考核方式与评价标准

1. 实训考核方式

由实训教师根据小组实训过程的整体表现、小组自我评价和小组提交的实训报告等进行综合性的评价，最后得出小组的实训成绩。

2. 实训评价标准

实训评价主要体现在两个方面：一是过程评价（占30%），主要评价小组成员的实训参与积极性程度、实训过程的组织纪律性等；二是总结性评价（占70%），主要评价小组讨论及提交实训报告的准确性、深度性及解决方案的科学性、前瞻性等。

（六）实训结果反馈与运用

教师就实训整个过程和每小组所提交实训报告进行评价反馈，包括实训取得的成效、需要改善的地方以及实训后需要提升或拓展的方面，使实训项目的整个过程形成一个完整的闭环系统。

二、实训项目2——新时代好干部的标准

（一）实训目的与要求

通过实训，让学生真正明白、理解与领悟什么是新时代好干部的标准，让学生懂得作为领导者应具备什么样能力素质，坚定什么样的理想信念；当代青年大学生正处于中华民族伟大复兴的新时代新征程，更要勤于学习、敏于求知，坚定理想信念，增强素质，提高能力，以国家富强、人民幸福为己任，胸怀理想、志存高远，积极投身中国特色社会主义伟大实践，并为之奋斗终生。

（二）知识准备与书籍阅读

1. 知识准备

领导者的职位、权力与责任，领导者的素质与能力，领导者与被领导者间的互动关系，领导艺术等。

2. 书籍阅读

[1] 中央党校采访实录编辑室. 习近平的七年知青岁月[M]. 北京：中共中央党校出版社，2017.

[2] 习近平. 习近平谈治国理政（中文版）（第一卷）[M]. 北京：外文出版社，2018.

[3] 习近平. 习近平谈治国理政（第二卷）[M]. 北京：外文出版社，2017.

[4] [美]沃伦·本尼斯，伯特·纳努斯. 领导者[M]. 赵岑，徐琨 译. 杭州：浙江人民出版社，2016.

[5] 于中华. 当官是一门技术活[M]. 北京：北京理工大学出版社，2012.

（三）实训准备和组织安排

实训场地主要在实训室进行，辅之以室外；教师提前准备好案例材料及相关评价表格。

实训分组进行，每组学生8~10人，每组选举小组长1名，每组先在材料阅读基础上，小组围绕领导者的“领导者的素质与能力”谈谈自己的意见或想法，总结出新时代优秀领导干部应具备什么样的能力素质以及领导干部应如何提高自己的素质与能力，并根据所提供的领导者讲话材料，思考当代青年大学生应坚定什么样的理想信念和追逐什么样的梦想，然后由每组组长总结并汇报小组“新时代领导干部的标准及对当代大学生的启示”。

（四）实训内容与具体步骤

1. 项目实训材料：国家领导人关于“好干部标准”的观点摘编

（1）毛泽东：做一名合格领导干部的四条标准。

1943年6月，毛泽东在总结了延安整风经验的基础上，将马克思主义普遍真理同中国革命实际相结合，撰写了《关于领导方法的若干问题》一书，他在书中特别指出领导骨干在领导群众行动、执行党的路线中的重要性，打个比方说，“一百人的学校，如果没有一个从教员中、职员中、学生中按照实际形成的（不是勉强凑齐的）最积极最正派最机敏的几个人乃至

十几个人的领导骨干，这个学校就一定办不好”。毛泽东同志认为，共产党员作为革命的先锋，人民革命的领导者，必须是“胸怀坦白的，忠诚的，积极的，与正直的”，要做到“在困难中不动摇，忠心耿耿地为民族、为阶级、为党而工作”，对党忠诚老实，言行一致，这是作为一个共产党员最基本的标准，是党员纯洁性的具体体现。作为组织和领导群众行动的党的骨干，不仅仅要具备对党忠心这一基本标准，而是同时具备他所强调的“无限忠心，联系群众，有独立工作能力，遵守纪律”这四条标准，才能称得上是领导骨干。

邓小平：尊重知识、尊重人才。

在邓小平同志的人才观中，最重要的就是“尊重知识、尊重人才”这一思想。同样，作为领导干部人才工作的重要方针，在领导干部的选拔和任用中，必须一贯坚持这一方针。邓小平同志强调：“我们今后配备领导班子的时候，要选用什么人呢？要选那些认真学习马列主义、毛泽东思想，在斗争中经得起考验的人；要选那些党性强、能团结人、不信邪的人；要选那些艰苦朴素、实事求是、说老实话、办老实事、做老实人，作风正派的人；要选那些努力工作，联系群众，关心群众疾苦，有魄力，有实际经验，能够办事的人”，“选人要选好，要选贤任能。选贤任能这个话就有德才资的问题。贤就是德，能无非是专业化、知识化，有实际经验，身体能够顶得住”，“人才是有的。不要因为他们不是全才、不是党员，没有学历，就把人家埋没了。善于发现人才、团结人才、使用人才，是领导者成熟的主要标志之一”，“中国要出问题，还是出在共产党内部。对这个问题要清醒，要注意培养人，要按照‘革命化、年轻化、知识化、专业化’的标准，选拔德才兼备的人进班子。我们说党的基本路线要管一百年，要长治久安，就要靠这一条。真正关系到大局的是这个事”。

习近平：好干部的“12345”。

“1”即“一个信仰”：坚定对马克思主义的信仰。2013 年 8 月习近平总书记在全国宣传工作会议上指出：“党员、干部要坚定马克思主义、共产主义信仰，脚踏实地为实现党在现阶段的基本纲领而不懈努力，扎扎实实做好每一项工作，取得‘接力赛’中我们这一棒的优异成绩。”

“2”即“两个字”：“严”和“实”。2014 年 3 月 9 日下午，习近平参加十二届全国人大二次会议安徽代表团审议时指出：“各级领导干部都要既严以修身、严以用权、严以律己，又谋事要实、创业要实、做人要实。”

“3”即“三句话”：2014 年 10 月，习近平总书记对云南工作作出重要指示，要求党员干部要“对党忠诚、个人干净、敢于担当”。

“4”即“四个人”：要心中有党，做政治的明白人；要心中有民，做群众的贴心人；要心中有责，做发展的开路人；要心中有戒，做班子的带头人。2015 年 6 月 30 日，习近平总书记在北京接接全国优秀县委书记时要求：“广大县委书记要以焦裕禄、杨善洲、谷文昌等同志为榜样，始终做到心中有党、心中有民、心中有责、心中有戒，做政治的明白人、发展的开路人、群众的贴心人和班子的带头人。”

“5”即“五条标准”：信念坚定、为民服务、勤政务实、敢于担当、清正廉洁。2013 年 6 月，习近平总书记在全国组织工作会议上指出：“好干部要做到信念坚定、为民服务、勤政务实、敢于担当、清正廉洁。”

2. 项目实训案例讨论：榜样的力量

（1）2014 年 3 月，习近平总书记在河南考察时指出：“我希望通过学习焦裕禄精神，为推进党和人民事业发展、实现中华民族伟大复兴的中国梦提供强大正能量。”所以每位领导干部都要大力弘扬焦裕禄精神，努力学习弘扬焦裕禄同志对群众的那股亲劲、抓工作的那股韧劲、干事业的那股拼劲，你认为新时代领导干部应如何做焦裕禄精神的践行者？

（2）党的十八大以来，习近平总书记批示过各行各业的先进典型，他们的崇高精神令人感动，他们的责任担当令人感佩。请你细数其中的二到三位先进典型，以及谈一谈你的感受。

3. 学生及小组的工作

（1）每个人将独立对上述项目实训材料中国家领导人关于“好干部标准”的观点进行分析理解并形成自己的观点；同时思考作为领导干部或政府公职人员，应当如何提高自己的素质与能力，没有得出自己观点前不允许相互讨论。

（2）每小组成员根据学习弘扬焦裕禄精神和新时代先进典型，思考并探讨新时代好干部的标准是什么以及当代大学生如何实现习近平总书记对青年人提出的“志存高远、德才并重、情理兼修、勇于开拓”新期许，每个成员在自由发言基础上，进行学术性讨论，不允许攻击性或不文明语言发生。

（3）小组在充分讨论的基础上就“新时代好干部标准及对青年大学生的启示”形成小组结论并提交实训报告。（要求写出时间、地点、分工、角色模拟和讨论过程、具体内容及收获体会等）

（五）实训考核方式与评价标准

1. 实训考核方式

由实训老师根据小组实训过程的整体表现、小组自我评价和小组提交的实训报告等进行综合性的评价，最后得出小组的实训成绩。

2. 实训评价标准

实训评价主要体现在两个方面：一是过程评价（占 30%），主要评价小组成员的实训参与积极性程度、实训过程的组织纪律性等；二是总结性评价（占 70%），主要评价小组讨论及提交实训报告的准确性、深度性及对策措施的科学性、前瞻性等。

（六）实训结果反馈与运用

教师就实训整个过程和每小组所提交实训报告进行评价反馈，包括实训取得的成效、需要改善的地方以及实训后需要提升或拓展的方面，使实训项目的整个过程形成一个完整的闭环系统。

三、实训项目 3——公共组织绩效管理

（一）实训目的与要求

通过实训，使学生感受组织绩效管理的魅力和意义所在，理解公共组织绩效评估的过程，思考绩效评估框架和如何建构评估指标体系以及如何把绩效评估结果进行反馈与运用，特别是结合中国公共组织绩效管理的现状，在借鉴国外公共部门绩效管理的经验和总结自身特色与成就的基础上，针对性探究中国公共组织绩效管理存在问题，如何改进及思考公共组织绩

效管理完善的路径与举措。

（二）知识准备与书籍阅读

1. 知识准备

要求了解和掌握的知识：绩效管理的基本理念、公共组织与私人组织的差异、政府组织绩效管理的公共性等。

2. 书籍阅读

[1] [美]达尔·福赛斯（Forsythe D.W.）. 更快 更好 更省：美国政府的管理绩效[M]. 范春辉，译. 南京：江苏人民出版社，2014.

[2] [美]阿里·哈拉契米（Arie Halachmi）. 政府业绩与质量测评—— 问题与经验[M]. 张梦中，丁煌，等，译. 广州：中山大学出版社，2003.

[3] 林春丽. 公共组织绩效管理案例精选[M]. 南宁：广西人民出版社，2013.

（三）实训准备与组织安排

实训场地主要在实训室进行，辅之以室外；教师提前准备好案例材料及相关评价表格。

实训分组进行，每组学生 8～10 人，每组选举小组长 1 名，每组先做一个绩效管理培训游戏，从游戏中思考探讨绩效管理的基本问题；然后阅读绩效管理材料和结合中国实际，思考中国公共组织绩效管理的现状、存在的问题和改进的路径与举措；最后由每组组长总结并汇报小组讨论的结果。

（四）实训内容与具体步骤

1. 项目实训：绩效管理培训游戏

（1）游戏目的。

通过该游戏的三个步骤，体会绩效管理中可能出现的问题，如考核目的、考核目标、考核标准等。由此作出总结，以避免在现实的绩效考核中犯类似错误。

（2）游戏程序。

第一步：请所有人在纸上分别划上“—”“｜”“—”“｜”，然后让大家四周看一下其他人画的。

第二步：告诉所有人我们这次要画一个正方形，然后再让大家四周看一下其他人画的。

第三步：告诉所有人我们这次要画一个边长 2 cm 的正方形，继续让大家四周看一下其他人画的。

（主要参考：刘勤. 管理学实训教程[M]. 上海：上海财经大学出版社，2013：113.）

2. 项目实训材料

政府绩效管理的推进机制之中美比较

从 2008 年中央和国务院提出推行政府绩效管理制度以来，将近 8 年过去了，中央层面尚未出台统一的规范指导性文件；由于缺乏全国统一规范指导，地方层面的绩效管理实践不仅五花八门，而且随着主要领导人的调动，绩效管理在目标定位、总体框架、内容重点和运行机制等方面出现重大变化或反复，存在不同程度的可持续困境。可见，强化和完善绩效管理的推进机制，已经成为提升国家治理能力的迫切要求。

一、绩效管理推进机制的内涵与考察要素

基于零星分散的国际文献和本文研究目标，对绩效管理的推进机制作出如下界定：围绕绩效管理实施做出的权威性制度安排，包括相关主体及其在绩效管理中的角色，主体间的相互关系，推动绩效管理得以有效实施的手段。其中的“权威性”意味着，相关主体应具有法定权威和影响力，手段也应具有一定程度的强制性和约束力，从而能得到管理对象的遵从。根据这一更狭义的界定，其他主体（合作伙伴、专业团体和公众）及其角色属于公众参与而非推进机制的研究对象，专业团体和媒体的倡议、呼吁或舆论施压等手段，也由于缺乏强制性约束力而被排除在推进机制的范畴之外。在绩效管理推进机制研究处于初步阶段的情况下，简约化的界定也有利于中外比较。

二、美国绩效管理推进机制及其特征

美国联邦政府绩效管理的推进机制可以概括为“立法主导下的多部门协同推进”。其主要特色表现在几个方面：① 从组织安排看，绩效管理专门立法和立法部门的持续介入，管理和预算办公室持续的技术指导，政府问责署的督查监督，构成了推进绩效管理的权威性组织网络。② 权威主体之间的分工和责任相对明晰，运作体现出规范化和精致化，包括法律规定的具体性或精细化，相关主体指导和监督具有规范化手段或载体（如 OMB 一年一度的 A-11 通知，政府问责署两年一度的“高风险清单”等），相关机构出台的文件的规范化和精细化。第三，绩效管理运作过程的透明和信息公开，包括法律、政策和技术规范的公开，部门绩效管理所有产出（战略规划、年度绩效计划、优先目标及其进展状况、年度绩效报告）的公开。这为社会监督提供了良好条件，社会主体不仅可以监督特定部门的产出是否符合法规要求，而且通过不同部门产出的横向比较，确认绩效管理实施的相对严谨性和有效性。总而言之，立法主导、协同推进、规范化与精致化、透明公开以促进社会监督，是美国绩效管理推进机制的特色，也是绩效管理得以持续有效推进的制度保障。

三、中国绩效管理推进机制的历史与现状

简要的历史回溯可以发现，从绩效评估到绩效管理，中央层面的主管部门先从人事部转到中纪委监察部，又从中纪委监察部转到中编办。每个主管部门都大致经历了机构搭建、学习消化、启动试点、总结经验几个阶段，在即将出成果的时候发生职责转移，于是进入下一个从机构搭建到总结经验的过程。结果是，提出推行绩效管理七年过去了，中央尚未出台统一的规范性指导文件。

与绩效管理整体推行缓慢同时存在的是，中央相关部门实施了两个平行的的绩效评估体系：一是中央组织部持续推行的“地方党政领导班子和领导干部综合考核评价体系”，要求按德、能、勤、绩、廉五个类别设置测评内容和评价要点；二是财政部推行的“预算绩效管理”和“财政支出（项目支出）绩效评价体系”。两个体系与绩效评估体系相近而又相对独立，内容上既重叠交叉又存在一些不一致的地方。也许是得益于特定部门持续主抓，加上两个部门形成自上而下的系统，这两个评估体系在持续性、动态调适、制度规范化建设和实施力度方面体现出明显的优势。

就地方而言，2008 年中央决定推行绩效管理，2009 年开始地方政府掀起了绩效管理的热潮。由于中央没有出台统一的指导规范，地方层面推进机制呈现出五花八门、百花齐放的状态。首先值得关注的是哈尔滨市专门立法推行绩效管理的尝试。从2007年8月调研起草，至2009年6月12日经黑龙江省人大常委会审议批准，《哈尔滨市政府绩效管理条例》共设7章48条，明确了哈尔滨市政府绩效管理的宗旨、基本原则、适用范围、机构职责，并对绩效计划、绩效评估、绩效信息、绩效诊断、绩效问责等方面做了具体规范。这是国内首部政府绩效管理的专门立法，并誉为政府绩效管理的“哈尔滨模式”。遗憾的是，立法目的之一是克服人亡政息现象，但随着一把手的工作调动，条例也未能真正开花结果，成了绩效管理的一个法规范本，而不是人们期待的实践模式。另外一个立法推动的例子是杭州市。2015年9月28日，浙江省第十二届人民代表大会常务委员会第二十三次会议审议通过了《杭州市绩效管理条例》，对绩效管理机构和职能、绩效评估及其结果运用等做了规定。杭州绩效管理的制度化和规范化基于20多年的实践经验，立法的实际效果尚待观察。

除了哈尔滨并不算成功和杭州尚待观察的立法推动尝试，其他地方绩效管理的推进机制呈现出行政主导的鲜明特色。值得一提的是，中国绩效管理中的行政主导特别表现为“一把手主导”或者说推进机制的人治色彩比较浓。地方政府的绩效管理被普遍视为“一把手工程”，“一把手”的高度重视是绩效管理有效实施的决定性因素，从而使主管机构设置退居次要地位。

四、完善绩效管理推进机制的三个重要问题

第一，绩效管理的立法问题。针对绩效管理推进过程中存在的问题，专门立法被视为根本的解决途径，因而日益受到学界重视。我们的结论是：地方层面立法效用有限，中央层面的绩效管理立法从提上日程到进入排队审议过程尚待时日；绩效立法的学术研究应予鼓励，但不能期待立法解决推进过程中的迫切问题。

第二，绩效管理主管部门的选择。中央层面绩效管理主管部门经历了人事部、中纪委监察部、中编办的变化，地方更呈现出五花八门的状态。不过，随着中央主管部门的调整，地方绩效管理主管机构在名称和隶属关系等方面会逐步趋同。因此，中央层面主管部门选择和相应制度安排有重要示范意义。那么，设立专门机构是否更有优势？至少理论上可以这样说：依托现有机构，对这些机构来说绩效管理是辅业，而专设机构只能把绩效管理视为主业；绩效管理推行不力或效果不彰，现有机构可以转回主业，专设机构的存在价值会受质疑且没有退路。福建省和杭州市绩效管理能够持之以恒，或许与这一安排有关。

第三，绩效管理的协同推进与框架统一。前面提到，与绩效管理并行推进的还有中央组织部的“地方党政领导班子和领导干部综合考核评价体系”和财政部的“财政支出（项目支出）绩效评价体系”。绩效管理推进机制的完善需要进行统筹思考。美国政府的绩效管理虽然涉及多元主体，但其特色是围绕统一框架的协同，从而形成“劲往一处使”的合力。我国三套体系有重叠交叉，并行会竞争有限资源。体系不一致和矛盾的地方，则会给被评估者形成困惑。当然，三套体系各有侧重，如何统一框架并形成协同推进的合力尚待深入研究。

（资料来源：周志忍，徐艳晴. 政府绩效管理的推进机制：中美比较的启示[J]. 中国行政管理，2016（4）：139-145.）

3. 学生及小组的工作

（1）对于绩效管理培训游戏，每个人对每一步都思考并讨论：看到什么了？存在什么问题？为什么？假设某人的工作就是画“边长2cm的正方形”，绩效管理怎么做？没有得出自己观点前不允许相互讨论。

（2）根据绩效管理实训材料，每个人基于自身对国内外绩效管理的研究和中国国情，思考并讨论中国政府绩效管理存在困境，完善的路径及具体的举措。

（3）小组成员间在发表自己观点基础上，进行学术性讨论，不允许使用攻击性或不文明语言。

（4）小组在充分讨论的基础上形成小组结论并提交实训报告。

（五）实训考核方式与评价标准

1. 实训考核方式

由实训教师根据小组实训过程的整体表现、小组自我评价和小组提交的实训报告等进行综合性的评价，最后得出小组的实训成绩。

2. 实训评价标准

实训评价主要体现在两个方面：一是过程评价（占 30%），主要评价小组成员的实训参与积极性程度、实训过程的组织纪律性等；二是总结性评价（占 70%），主要评价小组讨论及提交实训报告的准确性、深度性及解决方案的科学性、前瞻性等。

（六）实训结果反馈与运用

教师就实训整个过程和每小组所提交实训报告进行评价反馈，包括实训取得的成效、需要改善的地方以及实训后需要提升或拓展的方面，使实训项目的整个过程形成一个完整的闭环系统。

第二十三章　“管理心理学”课程实训

第一节　“管理心理学”实训教学大纲

一、基本信息

课程性质：专业能力培养课程。
总学时/总学分：51/3.0。
实训学时/实训学分：8/0.5。
实训对象：公共事业管理专业（本科）。
先修课程：管理学、人力资源管理。

二、实训目的及要求

“管理心理学”实训是公共事业管理专业（本科）学生学会运用管理心理学知识必不可少的技能型操作环节。通过实训，增强学生对管理心理学基础知识的理解和感性认识，使学生掌握管理心理学的基本知识、基本概念和基本方法，能分析和运用管理心理学的知识与技巧，即在实际工作中能有效地把这些知识技能运用于管理工作中，从而提高学生发现问题、分析问题和解决问题的实践能力。

三、实训安排及程序

“管理心理学”实训总学时为 8 学时，实训时间可安排在相关章节理论课后，具体时间可由任课教师与学生商议后确定。实训项目的开展以小组为单位，分组与人数安排以具体情况为准。

四、实训考核方式

“管理心理学”实训是该课程的课内实践教学内容，实训成绩单独考核，由任课教师根据每个同学实训期间的综合表现，按百分制考核评定成绩，期末实训成绩（30%）与理论教学考核成绩（70%）综合，形成最终评分。每个实训项目必须写成实训报告，实训内容包括实训目的、实训内容、实训步骤、实训结果、问题讨论与心得等。实训成绩具体由实训成绩考核和实训报告组成。

第二节　“管理心理学”实训项目

本节实训项目有 3 项，具体内容及安排见表 23-1。

表 23-1　管理心理学实训项目表

序号	项目名称	实训内容	实训学时	实训形式	实训类型	实训地点
1	企业激励方案设计	激励理论相关知识的回顾；案例思考与讨论；激励方案的具体设计与可行性分析	2	案例分析	研究创新性	教室
2	群体凝聚力整合	群体凝聚力的高低对组织工作效率、内部关系的影响；群体凝聚力的整合方法与应用	2	角色扮演	综合性	实训室
3	组织文化的影响力	组织文化的构成要素、评价维度及其对组织发展的重要作用；组织文化的创建、维系与发展历程	4	市场调查	综合性	教室外

说明：实训内容、方式可由实训教师根据环境、条件、理论教学进度的不同灵活安排；实训的时间安排原则上按照教学进度表和实训进程表的安排进行。

一、实训项目 1——企业激励方案设计

（一）实训目的与要求

实训目的：通过学生自行设计企业激励方案，掌握激励理论在企业中的具体实施与运用，深入理解激励机制对企业发展的重要作用。

实训要求：

（1）熟悉各种激励理论的原理与具体内容。

（2）在案例解读后进行思考与讨论，讨论过程中应严肃认真，不得讨论无关信息。

（3）针对案例情况运用所学原理进行分析，每位成员都应积极参与项目设计。

（二）知识准备与书籍阅读

1. 知识准备

要求了解和掌握的知识：内容型激励理论，如需要层次理论、ERG 理论、双因素理论、成就需要理论等；过程型激励理论，如期望理论、公平理论、强化理论等；MBO 的步骤与实施、薪酬设计等。

2. 书籍阅读

[1] [美]拉奉特. 激励理论：委托代理模型[M]. 北京：世界图书出版公司，2013.

[2] 杨东. 员工激励[M]. 北京：中国轻工业出版社，2010.

[3] 俞文钊. 现代激励理论与应用[M]. 2 版. 大连：东北财经大学出版社，2014.

（三）实训准备与组织安排

根据班级具体人数情况，以小组为单位进行分组，每组以 7、8 人为宜，男女比例应根据

具体情况按比例合理分配。以小组为单位进行企业激励方案设计。

（四）实训内容与具体步骤

1. 项目实训材料：激励理论观点与企业案例

（1）激励理论概要。

① 需要层次理论：由美国心理学家马斯洛提出，他认为人的需要分为 5 个层次，即生理需要、安全需要、社会需要、尊重需要和自我实现需要。生理需要为为最低层次需要，自我实现需要为最高层次需要，人的需要层次只有在满足了低层次需要后才会往高一级需要层次发展，且当需要发展为高层次后，低层次需要依然存在。

② 生存、关系、成长理论（简称 ERG 理论）：由美国著名心理学家阿尔德佛提出，他将马斯洛的需求层次理论简化为三个层级，即生存需要、关系需要和成长需要。不同于马斯洛的需要层次遵循严格的逐级上升过程，阿尔德佛提出“挫折—倒退”维度，即当个体较高层次的需要没有得到满足时，较低层次的需要感会增强。

③ 双因素理论：由美国心理学家赫兹伯格提出，全称为“激励—保健因素理论”。保健因素指组织中能影响员工工作不满意度的因素，如公司的政策、管理水平、监督、工作条件、工资待遇、地位和人际关系等。激励因素指组织中能影响员工工作满意度的因素，如晋升机会、成长机会、赞誉、责任和成就等。

④ 成就需要理论：美国著名心理学家戴维・麦克莱兰将人的基本需要分为三种：归属需要、权力需要和成就需要。归属需要即为人们对相互交往、相互支持、相互尊重的欲望，权力需要为一种影响和控制别人的需要，成就需要为人们想通过自身努力完成具有挑战性目标的一种习得性需要。

⑤ 期望理论：美国心理学家佛隆认为，人总是渴求满足一定的需要和达到一定的目标，该目标对于激发人的动机具有一定的影响，且激发力量的大小取决于目标价值和期望概率的乘积。当一个人认为其目标价值越大，实现该目标的可能性越高，那么激发的动机就越强，反之则反。

⑥ 公平理论：是研究人的动机和知觉关系的理论，由美国心理学家亚当斯提出。该理论主要研究工资报酬分配的合理性、公平性对职员积极性的影响。人们能否得到激励，不仅取决于个人所得到的，也取决于他与同层次人的横向比较。

⑦ 强化理论：由美国心理学家斯金纳提出，主要研究行为对动机的影响。强化分为正强化和负强化，正强化指通过奖励提高某行为发生的概率，负强化指当某特定行为出现时就从情境中撤去某种刺激物，使得该行为出现的概率下降。

（来源：吴晓义. 管理心理学[M]. 广州：中山大学出版社，2015.）

（2）企业案例。

DQ 冰雪皇后是美国知名的冰激凌品牌，其隶属于股神沃伦・巴菲特控股的伯克夏尔・哈撒韦集团，于 1992 年进入中国市场，2005 年由上海适达餐饮管理有限公司获得该品牌在中国的经营权。DQ 在中国市场迅速发展，至今全国范围内已有 500 多家分店。

尤其是近几年，随着门店的增多，公司对劳动力的需求也在逐渐增大。尽管公司对基层员工的需求量在不断增大，也在不断向外发布招募信息，但闻讯而来的询问者多，留下就职者少。与此同时，基层人员流失率也在逐渐升高。通过询问几位辞职者发现，他们主要有如下说法：

甲："工资有点少，没有额外的奖励，而且福利少，也没有什么集体活动。我平时娱乐消费、走访亲戚、份子钱要花钱的地方太多，但一个月的收入除去房租水电与吃穿出行剩不了多少了，感觉入不敷出。"

乙："一开始我是很有干劲的，什么都想努力做好，也积极去想方案如何提高门店营业额，后来发现不管我做得怎么样，上面的人也不关注，感觉没什么奔头。"

丙："我不在乎钱多钱少，我就是不服气，凭啥我干得比别人多，拿得却是最少的。"

丁："之前的店长对我挺好的，店里同事的关系都很融洽，后来店长走了，来了位新店长，他的行事风格我不习惯，而且关系好的同事也都陆续走了，以前虽然累也很期待上班，现在只想下班早点回家。"

2. 分组工作

（1）实训教师与学生通过互动对案例进行解读，鼓励学生多思考并形成自己的观点，主要思考该企业的存在问题，从激励理论出发如何解决这些问题，用纸记录下自己的观点，思考期间不允许相互讨论。

（2）以小组为单位进行讨论，在某组员表达观点时，其他组员不可中途打断发言人，互相尊重，注意言行，不可有攻击性行为。

（3）组长为小组讨论组织者，另选择一名组员为记录员，所有组员根据案例对该企业进行激励方案设计，由记录员详细记录设计方案。

（4）在激励方案设计成形后，由每组派代表上台与其他同学分享自己的激励方案，在每一组方案分享结束后，可由同学根据该方案内容举手提问。

（5）根据其他同学的意见再对方案进行修改，将内容整合后做成实训报告进行提交。

（五）实训考核方式与评价标准

1. 实训考核方式

由实训教师根据小组实训过程的整体表现和小组提交的实训报告等进行综合性的评价，最后得出小组的实训成绩。

2. 实训评价标准

实训评价主要体现在两个方面：一是过程评价（占 30%），主要评价小组成员的实训参与积极性程度、实训过程的组织纪律性等；二是总结性评价（占 70%），主要评价小组讨论及提交实训报告的准确性、深度性及解决方案的科学性、前瞻性等。

（六）实训结果反馈与运用

实训教师就实训整个过程和每小组所提交实训报告进行评价反馈，包括实训取得的成效、需要改善的地方以及实训后需要提升或拓展的方面，使实训项目的整个过程形成一个完整的闭环系统。

二、实训项目 2——群体凝聚力整合

（一）实训目的与要求

实训目的：掌握群体凝聚力的测量方法及其主要影响因素，通过人际知觉与人际关系管理的相关理论知识对如何提高群体凝聚力作出分析。

实训要求：

（1）教师在课堂上挑选志愿者，志愿者根据案例内容在实训课上进行角色扮演。

（2）表演结束后由实训教师提出问题，学生运用相关知识对问题进行讨论分析。

（二）知识准备与书籍阅读

1. 知识准备

群体凝聚力的含义、测量方法（如群体成员感情判定综合法）、影响因素、发展层次、人际知觉与人际关系管理的相关理论知识等。

2. 书籍阅读

[1] 马作宽. 组织凝聚力[M]. 北京：中国经济出版社，2009.

[2] [美]埃略特·阿伦森，等. 社会心理学：阿伦森严重的社会性动物[M]. 8 版. 侯玉波，等，译. 北京：机械工业出版社，2014.

（三）实训准备与组织安排

在实训项目开始组织志愿者排演案例故事；由实训教师根据表演的故事内容进行提问；引导学生思考问题，以小组为单位积极开展讨论。

（四）实训内容与具体步骤

1. 角色扮演

案例：小林是某大学公管专业 1 班的班长，最近又到了每年例行的班集体活动。为了加强同学之间的交流与友谊，留下美好的班集体回忆，针对开展何种集体活动，小林在班上公开征集大家意见。在激烈的讨论过后，班上出现两种不同的声音，有的提议去野营，有的提议去农家乐。双方都表示如果开展对方提议的活动，自己就不参加。在多次协商未果的情况下，小林陷入了困境，不知道如何让本次班级活动开展下去。

2. 问题

（1）发生冲突的主要原因是什么？如何有效解决这一冲突？

（2）如何确立和强化群体的共同目标？

（3）联系班集体的实际情况，运用所学知识讨论如何提高一个群体的凝聚力？

3. 步骤

（1）分组并选出组长，根据案例中涉及的角色进行角色分配并排演，可适当即兴发挥，每位学生仔细揣摩体会自己所扮演的角色，在角色扮演结束后进行小组讨论。

（2）由组长负责主持并记录讨论内容，包括存在问题以及如何运用人际知觉与人际关系管理的相关理论知识来提升群体凝聚力。

（3）各小组交流总结，并选出代表作出总结发言。

（五）实训考核方式与评价标准

1. 实训考核方式

由实训教师根据小组实训过程的整体表现和小组提交的实训报告等进行综合性的评价，最后得出小组的实训成绩。

2. 实训评价标准

实训评价主要体现在两个方面：一是过程评价（占 30%），主要评价小组成员的实训参与积极性程度、实训过程的组织纪律性等；二是总结性评价（占 70%），主要评价小组讨论及提交实训报告的准确性、深度性及解决方案的科学性、前瞻性等。

（六）实训结果反馈与运用

实训教师就实训整个过程和每小组所提交实训报告进行评价反馈，包括实训取得的成效、需要改善的地方以及实训后需要提升或拓展的方面，使实训项目的整个过程形成一个完整的闭环系统。

三、实训项目 3——组织文化的影响力

（一）实训目的与要求

实训目的：通过实地调查了解组织文化的构成要素、组织文化的创建、保持与发展，从组织文化的评价维度来了解该组织的组织文化全貌。

实训要求：

（1）在实地调查中态度要谦逊，避免与组织成员发生冲突。

（2）所选组织应为正规合法的企事业单位。

（3）必须以小组为单位行动，以免出现危及人身安全的情况。

（二）知识准备与书籍阅读

1. 知识准备

组织与组织文化的含义、组织文化的作用、组织文化的构成要素、组织文化评价维度等。

2. 书籍阅读

[1] 吉尔特·霍夫斯泰德，格特·扬·霍夫斯泰德. 文化与组织[M]. 李原，等，译. 北京：中国人民大学出版社，2010.

[2] [美]埃德加·沙因. 组织文化与领导力[M]. 4 版. 章凯，等，译. 北京：中国人民大学出版社，2014.

[3] 石伟. 组织文化[M]. 2 版. 上海：复旦大学出版社，2010.

（三）实训准备与组织安排

（1）根据学生人数与不同规模企业的情况进行分组，规模较小的企业宜安排 4、5 人为一组，规模较大的企业宜安排 7、8 人一组开展调查。

（2）实训教师应为学生开具学校证明，证实调查目的为学校学生通过实训项目获得相关实践知识与能力，必要时需实训教师与相关企业进行沟通。

（3）每组以小组长为负责人，带领并组织其他组员进行调查，一切活动在保证安全的情况下开展。

（四）实训内容与具体步骤

1. 实地调查

调查对象：正规企事业单位。

调查目的：了解该企事业单位的组织文化。

调查地点：市区内。

调查时间：企业正常工作时间段内开展。

调查内容：（见表 23-2）。

2. 步骤

（1）实训教师就需要调查的相关内容与要求进行解释说明。

（2）在调查前与目标企业相关负责人进行沟通交流，说明调查目的与形式，不影响企业正常运作，在征得企业同意后再开展调查。

（3）在正式调查前要拟好调查内容大纲，记录要详尽，尽可能多地了解该企业的组织文化，以免出现调查内容遗漏情况。

（4）除收集资料外，还需一段该企事业单位的调查录像，或对相关企事业单位进行回访，以证明确实进行了实地调研。

（5）根据相关调查资料对该企事业单位的相关组织文化进行整合，并制作成调查报告。

（五）实训考核方式与评价标准

1. 实训考核方式

由实训教师根据小组实训过程反馈、录像或回访情况、小组提交的实训报告等进行综合性的评价，最后得出小组的实训成绩。

2. 实训评价标准

实训评价主要体现在两个方面：一是过程评价（占 30%），主要评价小组成员的实训参与积极性程度、实训开展的真实情况、实训过程的组织纪律性等；二是总结性评价（占 70%），主要评价提交实训报告的准确性、深度性、规范性等。

（六）实训结果反馈与运用

实训教师就实训过程和每小组所提交实训报告进行评价反馈，包括实训取得的成效、需要改善的地方以及实训后需要提升或拓展的方面，使实训项目的整个过程形成一个完整的闭环系统。

表 23-2　组织文化的影响力调查

企事业单位名称		
组织文化构成要素	组织目标	
	价值观	
	礼仪和仪式	
	企事业故事和传说	
	物质象征	
	语言	
组织文化的评价维度	组织成员的认同感	
	强调群体的程度	
	单位整合度	
	以人为本	
	控制水平	
	风险容忍度	
	奖励准则	
	冲突容忍度	
	组织取向	
	以开放系统为中心	
组织文化的创建		
组织文化的维系	甄选	
	管理活动	
	社会化	
组织文化的发展		

（可不拘泥于表格形式）

第二十四章　“公共组织财务管理学”课程实训

第一节　“公共组织财务管理学”实训教学大纲

一、基本信息

课程性质：专业能力培养课程。
总学时/总学分：51/3。
实训学时/实训学分：10/0.5。
实训对象：公共事业管理专业（本科）。

二、实训目的及要求

通过自主学习，收集资料，加深对目前我国公共组织管理现状的认识，对当前公共组织财务管理的热点问题形成自己的观点。通过软件的使用加深对理论知识的认识，熟悉 Excel 2007 的基本操作，运用 Excel 2007 软件完成财务管理学课程相关问题的分析。要求各组成员合作或者每个学生独自完成相应的实训任务，并提交实训报告。

三、实训安排及程序

“公共组织财务管理学”实训总学时是 10 个学时，根据实训项目和实训内容，时间安排在相关章节讲解之后，由任课教师组织实施。根据教学计划安排，统一在实训室时间集中实训。不能在课内计划时间内完成实训任务的，自行安排时间完成实训任务。首先由指导教师介绍实训任务，根据实训任务工作量的大小，实行分组或者独立完成相应的实训任务，提交实训报告，指导教师根据实训报告完成情况进行反馈并撰写实训总结。

四、实训考核方式

考核方式以自测与抽查相结合；平时考查与期末考核相结合。考核标准：实训成绩由实训考勤（10 分）、实训参与程度（15 分）和实训内容要求（75 分）构成。

实习成绩按五级分制确定，即优秀、良好、中等、及格、不及格（60 分以下）。

第二节　“公共组织财务管理学”实训项目

本节实训项目有 5 项，具体内容及安排见表 24-1。

表 24-1　公共组织财务管理学实训项目表

序号	项目名称	实训内容	实训学时	实训形式	实训类型	实训地点
1	利率系数表的编制	Excel 2007 基本操作	2	上机操作	验证性	实训室
2	货币时间价值的应用	使用 excel 2007 计算货币的时间价值	2	上机操作	验证性	实训室
3	财务报表分析	财务报表分析	2	上机操作	综合性	实训室
4	预算管理	预算管理	2	案例讨论	研究创新性	实训室
5	公共支出管理	公共支出管理	2	案例讨论	研究创新性	实训室

一、实训项目 1——利率系数表的编制

（一）实训目的与要求

实训目的：掌握复利终值系数表、复利现值系数表、年金终值系数表、年金现值系数表编制的基本原理。掌握 Excel 2007 的基本操作，工作表的编辑及管理，公式及函数的应用、数据分析与管理、数据的图表化。

实训要求：利用 Excel 计算复利终值系数表、复利现值系数表、年金终值系数表、年金现值系数表。要求每个学生独立完成全部系数表的编制。

（二）知识准备与书籍阅读

1. 知识准备

掌握复利终值系数表、复利现值系数表、年金终值系数表、年金现值系数表编制的基本原理。

2. 书籍阅读

[1] 荆新，王化成，刘俊彦. 财务管理学[M]. 6 版. 北京：中国人民大学出版社，2012.

[2] 桂良军. Excel 会计与财务管理——理论、方案暨模型[M]. 北京：高等教育出版社，2011.

（三）实训准备与组织安排

（1）安排实训任务，每人独立完成系数表的编制。

（2）自学 Excel 2007 的基本操作，工作表的编辑及管理，课内介绍公式及函数的应用、数据分析与管理、数据的图表化。

（3）每个学生上交一份独立完成的电子版系数表，作为评定实训成绩的依据。

（四）实训内容与具体步骤

（1）利用 Excel 2007 公式与函数计算功能编制利率系数表，完成复利终值系数表（FVIF 表）、复利现值系数表（PVIF 表）、年金现值系数表（FVIFA 表）、年金现值系数表（PVIFA 表）中的一种表格的编制，工作表以所完成的系数表命名，例如复利终值系数表（FVIF 表）。表格样式见《财务管理学（第六版）》附录，计算结果保留小数点后四位（教材中保留小数点后三位）。

（2）根据上一步计算的结果，绘制在 1%，5%，10%，15%，20%的利率水平下，复利终值（复利现值、年金现值、年金终值）随时间变化的曲线。

（3）具体步骤。仅以复利终值系数表为例。

① 启动 excel 2007 命令，新建一个工作簿，以自己的姓名和学号为工作薄命名，例如 20153310021-蔡×。对当前工作表命名为复利终值系数表。

② 参照教材附录的格式，输入表头“复利终值系数表”，以及第一列和第一行，可以选择“以序列方式填充”快速输入。假设第一行第一个数字位置为 H19，第一列第一个数字位置为 G20，在表格第二行第二列输入函数“=（1+H19/100）^G20”，然后回车。单击鼠标左键，点住第二行第二列单元格的右下角，向下拖动鼠标，直至光标到达最后一行，这时在 1%的利率水平下不同年份的复利终值可以显示出来。按照相同的办法可以计算在其他利率水平下的复利终值。最后从单元格格式中设置数字格式为小数位数选择为“4”。

③ 使用 Ctrl 键，选择 1%，5%，10%，15%，20%利率水平对应的各列，点击插入——图表——折线图，给绘制的图表命名“复利的终值”。选中图表区域，点击右键，点击选择数据，对各系列名称进行编辑，分别修改为“*i*=1%”、“*i*=5%”、“*i*=10%”、“*i*=15%”、“*i*=20%”。

④ 按照复利终值系数表的类似的编制方法，可以编制复利现值系数表、年金终值系数表、年金现值系数表，并绘制相应的图表。

（五）实训考核方式与评价标准

对学生提交的电子版系数表按学号顺序整理，存档保存。根据每个学生在课堂上的表现及最终作业的完成情况评定本次实训的成绩。

（六）实训结果反馈与运用

针对实训过程中以及提交的实训结果中出现的问题进行分析总结，针对出现的普遍性问题进行集中讲解。

二、实训项目 2——货币时间价值的应用

（一）实训目的与要求

实训目的：加深对资金时间价值的理解，熟练掌握 Excel 提供的时间价值函数，能够使用 Excel 软件完成相关问题的计算。

实训要求：利用 Excel 提供的复利现值、复利终值、年金现值、年金终值函数完成相关的计算。

（二）知识准备与书籍阅读

1. 知识准备

（1）基本参数。

Rate：每期利率；

Nper：年金中总期数；

Pmt：每期固定支付或收入的数额；

Pv：初始值，若省略则假设为零；

Fv：终值，若省略则假设为零；

Type：年金类型，为零时表示普通年金，为1时表示先付年金，若缺省默认为零。

（2）基本语法。

复利终值函数：FV（Rate，Nper，0，Pv，Type）；

复利现值函数：PV（Rate，Nper，0，Fv，Type）；

年金终值函数：FV（Rate，Nper，Pmt，Pv，Type）；

年金现值函数：PV（Rate，Nper，Pmt，Fv，Type）；

年金函数：PMT（Rate，Nper，Fv，Type）

期数函数 Nper（（Rate，Pmt，Fv，Type）

贴现率函数：Rate（nper，pmt，pv，[fv]，[type]，[guess]），其中 guess 表示语气（猜测）的利率，如果省略预期利率则假设该值为10%。

若付出金额以负数表示，收入以正数表示。

2. 书籍阅读

[1] 荆新，王化成，刘俊彦. 财务管理学[M]. 6版. 北京：中国人民大学出版社，2012.

[2] 桂良军. Excel 会计与财务管理—理论、方案暨模型[M]. 北京：高等教育出版社，2011.

[3] 曾瑞玲. Excel 会计与财务管理[M]. 厦门：厦门大学出版社，2011.

（三）实训准备与组织安排

（1）介绍 Excel 2007 计算货币的时间价值函数的基本参数与基本语法。

（2）每个学生独立完成给定例题的操作。

（3）每个学生上交一份独立完成的 Excel 2007 工作表，作为评定实训成绩的依据。

（四）实训内容与具体步骤

1. 实训内容

（1）某公司拟投资一项目，期望第5年使原投入的货币资金增加到400 000元。假定该项目的投资报酬率为8%。要求：计算该公司现在应投入的货币资金数量。

（2）某人准备5年后出国自费留学，所需费用为200 000元，他准备每年年末存入银行一笔等额款项，假设每年年利率为6%复利，问他每年应存入多少？

（3）王先生最近购买彩票中奖获得了100 000元奖金，他想在10年后买一辆车，估计10年后该种车价为300 000元，你认为王先生必须以多高利率进行存款才能使他10年后买得起这种车子？

（4）HF 公司正在购买一建筑物，该公司已取得了一项 10 年期的抵押贷款 1 000 万元。此项贷款的年复利率为 8%，要求在 10 年内分期偿还完，偿付都在每年年末进行，问每年的偿付额是多少？

（5）企业先存入银行一笔款项，计划从第五年开始，每年年末从银行提取现金 30 000 元，连续提 8 年，银行存款年利率为 8%。要求：① 计算该企业现在应存入银行多少款项？② 假设该企业计划从第 5 年开始，每年年末从银行提取现金 30 000 元，无限期下去，计算该企业应存入银行的款项是多少？

2. 具体步骤操作举例

例 1 若计划在 3 年以后得到 2 000 元，年利率为 8%，复利计息，则现在应存入多少金额。

操作步骤：

方法一：直接输入复利公式计算。打开 Excel，选择一个单元格输入“=2 000*（1+8%）^-3”，点击确定，其值为 1 587.66 元。

方法二：利用 Excel 复利现值函数进行计算。选择一个单元格输入“=PV（8%，3，0，2 000）”，点击确定，其值为-1 587.66 元，负号表示付出。

例 2 将 1 000 元钱存入银行，年利息为 7%，按复利计算，求 5 年后的终值。

操作步骤：

方法一：直接输入复利公式计算。选择一个单元格输入“1 000*（1+7%）^5”，点击确定，其值为 1 402.55 元。

方法二：利用 Excel 复利终值函数进行计算。选择一个单元格输入“=FV（7%，5，0，-1 000）”，点击确定，其值为 1 402.55 元。

例 3 某人在 5 年中每年年底存入银行 1 000 元，年存款利率为 8%，复利计息，求第五年年末的年金终值。

操作步骤：选择一个单元格，输入“= FV（8%，5，-1 000）”，点击确定，得到其值为 5 866.60 元。

例 4 某人每年存入 1 000 元，银行年存款利率为 8%，则第十年年末的本利和为多少。

操作步骤：选择一个单元格，输入“= FV（8%，10，-1 000，0，1）”，然后确定，其值为 15 645.49 元。

例 5 某企业向银行借入一笔款项，银行贷款的年利息率为 8%，银行规定前 10 年不需还本付息，但第 11 ~ 20 年每年年末还本息 1 000 元，求这笔款项的现值。

操作步骤：

方法一：选择一个单元格，输入“=PV（8%，10，-1 000，0，0）”，然后确定，其值为 6 710.08 元。再输入“=PV（8%，10，0，-6 710.08）”，点击确定得 3 108.07 元。

方法二：选择一个单元格，输入“=PV（8%，20，-1 000）-PV（8%，10，-1 000）”，点击确定得 3 108.07 元。

例 6 现在向银行存入 5000 元，在利率为多少时，才能保证在今后 10 年中每年得到 750 元。

操作步骤：选择一个单元格，输入“=RATE（10，750，-5 000）”，点击确定，保留小数点后四位，得 8.144 2%。

（五）实训考核方式与评价标准

对学生提交的电子版作业按学号顺序整理，存档保存。根据每个学生的课堂表现以及提交的作业完成情况对本次实训进行检查评分。

（六）实训结果反馈与运用

教师就实训整个过程和每小组实训操作情况进行评价反馈，包括实训取得的成效、需要改善的地方以及实训后需要提升或拓展的方面，从而使实训项目的整个过程形成一个完整的闭环系统。

三、实训项目 3——财务报表分析

（一）实训目的与要求

实训目的：通过实训能够自行查阅上市公司的财务报表，掌握财务分析的基本方法，熟悉财务能力分析的主要指标，学习构建杜邦财务分析系统图，通过以上分析，对公司的财务状况作出评价。

实训要求：每个学生独立完成给定上市公司的财务分析报告。

（二）知识准备与书籍阅读

1. 知识准备

掌握财务分析的基本方法，熟悉财务能力分析的主要指标，学习构建杜邦财务分析系统图，能够对给定财务数据进行分析。

2. 书籍阅读

[1] 荆新，王化成，刘俊彦.财务管理学[M]. 6 版. 北京：中国人民大学出版社，2012.

[2] 桂良军. Excel 会计与财务管理——理论、方案暨模型[M]. 北京：高等教育出版社，2011.

[3] 曾瑞玲. Excel 会计与财务管理[M]. 厦门：厦门大学出版社，2011.

（三）实训准备与安排

（1）学习财务分析的主要内容和方法，财务分析报告的基本格式。

（2）每个学生独立完成一份财务分析报告。

（3）每个学生上交一份独立完成的财务分析报告，作为评定实训成绩的依据。

（四）实训内容与步骤

1. 实训内容

（1）从网络导出某上市公司近三年的财务报表。

（2）财务能力分析。根据下载的资产负债表、现金流量表以及利润分配表进行短期偿债能力分析，计算如下财务指标：短期偿债能力分析，流动比率、速动比率、现金比率；长期偿债能力分析，资产负债率、股东权益比率、偿债保障比率；营运能力分析，应收账款周转率、存货周转率、流动资产周转率；盈利能力分析，计算资产报酬率、股东权益报酬率、每股利润与每股现金流量；发展能力分析，计算销售增长率、资产增长率、股权资本增长率。

（3）财务综合分析。杜邦分析法，通过几种主要财务指标之间的关系，直观、明了地反映企业的财务状况。

2. 具体步骤

（1）新建一个 Excel 工作表，命名为“财务比率表”。在工作表相应位置输入“财务比率表”表头。

（2）在表头下的第一行各单元格分别输入指标名称、指标说明、分子数值、分母数值、上年数、本年数。在指标名称下输入需要计算的各项指标，在指标说明中输入各项指标的计算公式。格式如表 24-2 所示。

（3）在对应单元格输入上年和本年的分子数值和分母数值，并计算上年和本年各财务指标。

（4）新建工作表，命名为杜邦分析图。在工作表中绘制《财务管理学》（荆新主编，第五版）图 3-3 式样的杜邦分析系统图。在合适位置选定单元格区域，并设置单元格为“合并后居中”。在对应的单元格输入相应的文字及数字。点击“视图”选项卡，在“显示/隐藏”命令组中取消勾选“网格线”复选框。

表 24-2　财务比率表

财务比率表							
指标名称	指标说明	分子数值	分母数值	上年数	分子数值	分母数值	本年数
一、短期偿债能力分析							
1、流动比率	流动资产/流动负债						
2、速动比率	速冻资产/流动负债						
3、现金比率	（现金+现金等价物）/流动负债						
二、长期偿债能力分析							
1、资产负债率	负债总额/资产总额						
2、股东权益比率	股东权益总额/资产总额						
3、偿债保障比率	负债总额/经营活动产生的现金流量净额						
三、营运能力分析							

（五）实训考核方式与评价标准

对学生提交的电子版作业按学号顺序整理，存档保存。根据学生的课堂表现以及完成的作业情况，对本次实训进行检查评分。

（六）实训结果反馈及运用

教师就实训整个过程和实训操作情况进行评价反馈，包括实训取得的成效、需要改善的地方以及实训后需要提升或拓展的方面，使实训项目的整个过程形成一个完整的闭环系统。

四、实训项目 4——预算管理

（一）实训目的与要求

实训目的：通过实训，使学生理解公共组织部门预算管理的基本概念，预算编制的原则及方法。我国当前政府预算管理制度取得的主要成绩及存在的主要问题，并通过独立的思考提出相关的政策建议。

实训要求：围绕预算管理，参考给定的方向，自拟题目分组完成一份研究报告，并且进行 PPT 展示。

（二）知识准备与书籍阅读

1. 知识准备

掌握公共组织部门预算管理的基本概念，预算编制的原则及方法；利用网络媒体学习目前我国各级政府预算管理的现状、有关学者的研究成果以及现实中的典型案例。

2. 书籍阅读

[1] 王金秀，陈志勇. 国家预算管理[M]. 北京：中国人民大学出版社，2007.

[2] 王为民. 公共组织财务管理[M]. 北京：中国人民大学出版社，2013.

[3] 吴肇基. 公共部门预算与财务管理[M]. 北京：中国戏剧出版社，2001.

（三）实训准备与组织安排

实训场地主要在实训室进行，辅之以室外；教师提前准备好案例材料及相关评价表格。

实训分组进行，每组学生 5 人，每组选举小组长 1 名，每组先对中国预算管理制度进行分析，然后由每组组长总结并汇报小组讨论的结果。

（四）实训内容与具体步骤

（1）在实训前布置任务，参考以下的研究方向：

① 近几年来我国中央预算执行和其他财政收支的总体情况怎样？

② 当前财政管理中存在的突出问题有哪些？对解决这些问题有什么建议？

③ 国外政府部门预算管理的基本状况，有什么经验可以值得我国借鉴？

（2）课余时间各组成员以各种方式，收集相关资料，并经过讨论，获得对某些问题的一致性意见，并形成文字资料。

（3）课堂内由每组选取一个代表，陈述自己的观点。陈述完成后接受其他同学和教师的提问。

（五）实训考核方式与评价标准

对学生提交的电子版研究报告按学号顺序整理，存档保存。根据每个学生在课堂上的表现及最终作品的完成情况，以及每个同学在小组中所起的作用评定本次实训的成绩。

（六）实训结果反馈与运用

教师就实训整个过程和实训操作情况进行评价反馈，包括实训取得的成效、需要改善的地方以及实训后需要提升或拓展的方面，使实训项目的整个过程形成一个完整的闭环系统。

五、实训项目 5——公共支出管理

（一）实训目的与要求

实训目的：通过实训，使学生进一步掌握公共组织支出管理的基本理论，熟悉目前我国关于公共开支管理的基本政策与现状。

实训要求：以公共开支管理为研究方向，自拟题目完成一份研究报告，并进行 PPT 展示。

（二）知识准备与书籍阅读

1. 知识准备

利用网络媒体学习目前我国公共支出的基本政策、有关学者的研究成果以及现实中的典型案例。

2. 书籍阅读

[1] 金戈，赵海利. 公共支出分析[M]. 杭州：浙江大学出版社，2011.

[2] 侯江红. 公共组织财务管理[M]. 北京：高等教育出版社，2006.

[3] 张通. 中国公共支出管理与改革[M]. 北京：经济科学出版社，2010.

（三）实训准备与组织安排

实训场地主要在实训室进行，辅之以室外；教师提前准备好案例材料及相关评价表格。

实训分组进行，每组学生 5 人，每组选举小组长 1 名，每组先对中国预算管理制度进行分析，然后由每组组长总结并汇报小组讨论的结果。

（四）实训内容与具体步骤

（1）各组同学根据自己的兴趣，可以参考以下选题，也可以围绕“公共支出”自拟题目：

① 我国国库集中收付制度改革遇到的困难和存在的问题，如何进一步完善国库集中收付制度？

② 我国政府采购存在的主要问题，今后如何进一步改革和深化我国的政府采购制度？

③ 如何评价地方政府公共支出绩效，公共支出绩效管理过程中的难题与对策？

④ 国外政府公共支出管理的基本状况，有什么经验可以值得我国借鉴？

（2）课余时间各组成员以各种方式，收集相关资料，并经过讨论，获得对某些问题的一致性意见，并形成文字资料。

（3）课堂内由每组选取一个代表，陈述自己的观点。陈述完成后接受其他同学和教师的提问。

（五）实训考核方式与评价标准

对学生提交的电子版研究报告按学号顺序整理，存档保存。根据每个学生在课堂上的表现及最终作品的完成情况，以及每个同学在小组中所起的作用评定本次实训的成绩。

（六）实训结果反馈与运用

教师就实训整个过程和实训操作情况进行评价反馈，包括实训取得的成效、需要改善的地方以及实训后需要提升或拓展的方面，使实训项目的整个过程形成一个完整的闭环系统。

第二十五章 “会计学”课程实训

第一节 “会计学”实训教学大纲

一、基本信息

课程性质：发展能力课程。
总学时/总学分：48/3。
实训学时/实训学分：16/1。
实训对象：公共事业管理专业（本科）。
先修课程：公共管理学、公共经济学、西方经济学。

二、实训目的及要求

1. 实训目的

通过模拟实训，使学生对某一会计主体在某一时期内发生的实际经济业务，按真实的核算要求，完成从审核原始凭证、填制记账凭证、登记账簿、编制会计报表等会计核算工作。

2. 实训要求

（1）以模拟企业实际发生的经济业务作为实训内容，实训时间为16课时，分别安排在第三章、第四章、第八章、第十章、第十一章理论知识讲授完成之后。

（2）完全按照生产企业或实际部门组织会计核算的程序、方法及所使用的证账、表来组织会计模拟实训，使会计模拟实训更具真实感。

（3）实施会计模拟实训时，必须按照会计制度规定用蓝、黑墨水笔填制凭证登记账簿、编制报表，不得随意用红笔记录。

（4）会计数码的书写要符合要求，如发现登账、结转和结账过程中有记账错误，必须用正确的方法予以更正，否则考核时视为不符合模拟实训要求。

（5）模拟实训的业务内容和类型是企业、单位实际发生的经济业务，并且按照财政部最新会计准则、会计制度的规定进行核算和操作。

（6）模拟实训结束后，应按照会计模拟实训考核规定和考核标准进行对照检查，对每个模拟实训者做出综合评价，评定出实训者的实训成绩。

三、实训安排及程序

“会计学”实训总学时 16 学时，根据实训项目和实训内容，时间安排在相关章节讲解之后，由任课老师组织实施。根据教学计划安排，统一在实训室时间集中实训。

实训的用品用具：

（1）实训耗材：实训资料一套、总分类账页 35 张、日记账 4 张、三栏式明细账 5 张、数量金额式明细账 5 张、多栏式明细账 5 张、应交税金明细账 2 张、记账凭证 50 张、科目汇总表 5 张、资产负债表报表 1 张、利润表 1 张、记账凭证封面一套、账簿封面一套、凭证装订线、大头针。

（2）实训器材：算盘或计算器、直尺、小刀、铁夹、印泥、企业会计科目章、凭证装订机。

四、实训考核方式

实训成绩是“会计学”实训课程综合成绩考核的重要组成部分。成绩考核的基本内容以完成实训课的项目为主，着重考核基本功。采用平时考查与期末考核相结合的方式。

考核标准：实训成绩由实训考勤（20 分）和实训项目完成情况（80 分）构成。

实训成绩按五级分制确定，即优秀、良好、中等、及格、不及格。

第二节 “会计学”实训项目

本节实训项目有 7 项，具体内容及安排见表 25-1。

表 25-1 会计学实训项目表

序号	项目名称	实训内容	实训学时	实训形式	实训类型	实训地点
1	认识会计	认识会计职业和企业、认识会计和会计工作、认识会计等式	1	案例讨论	综合性	教室
2	建账前期准备	理解会计科目和会计账户的关系、掌握借贷记账法的运用、辨别会计科目的类型、熟悉账户余额与发生额的关系	1	案例讨论	综合性	实训室
3	期初建账	熟练掌握会计账簿启用和期初余额的登记方法	2	角色扮演	综合性	实训室
4	填制与审核会计凭证	填制和审核原始凭证，填制和审核记账凭证	6	角色扮演	综合性	实训室
5	登记总分类账和明细分类账	了解总账科目和明细分类账科目的设置要求，了解试算平衡的基本原理以及应掌握的基本技能	2	角色扮演	综合性	实训室
6	组织财产清查	掌握银行存款余额调节表的编制方法、熟悉存货清查的方法和适用范围、熟悉永续盘存制和实地盘存制	2	角色扮演	综合性	实训室
7	编制与报送会计报表	巩固会计报表相关知识，掌握资产负债表和利润表的一般程序和基本编制方法	2	角色扮演	综合性	实训室

一、实训项目 1——认识会计

（一）实训目的与要求

（1）使学生正确理解企业的含义，能够区别各法律主体的性质。

（2）使学生对会计和会计工作有更加明确的认识，能够熟悉会计的对象，明确权责发生制和收付实现制。

（3）使学生认识经济业务变化的规律，掌握会计恒等式，能够证明会计等式是一个恒等式。

（二）知识准备与书籍阅读

1. 知识准备

会计主体、会计对象、会计任务、会计目的等。

2. 书籍阅读

[1] 陈国辉．基础会计[M]．大连：东北财经大学出版社，2018.

[2] 周密．会计学原理[M]．上海：复旦大学出版社，2017.

[3] 陈国辉．基础会计实训教程[M]．大连：东北财经大学出版社，2015.

[4] 戴德明．财务会计学[M]．北京：人民大学出版社，2018.

[5] 沈清文．基础会计实训—手工实操与在线实训[M]．北京：人民大学出版社，2017.

（三）实训准备与安排

实训场地主要在教室进行，教师提前讲解相关知识及相关评价表格。

实训分组进行，每组学生 5～7 人，并确定负责人，每组先对相关知识进行阅读，然后进行小组讨论，最后教师讲解。

（四）实训内容与具体步骤

1. 实训内容

（1）湖南 DT 投资（集团）有限公司，主要经营范围是在政策允许的各种经济领域的投资、装饰装潢、建筑材料销售、房地产开发、旅游产品开发等。

（2）怀化市 A 劳动就业培训学校，是专门对待业人员进行免费培训的机构，属于政府扶贫项目承办单位。

（3）湖南 HL 电力设备制造有限公司，主要生产小功率高速轻型发动机及其配套的便携式发电机组、水泵机组等产品，公司实行规范化和量化管理。

（4）湖南 YH 投资有限公司是一家贷款融资专业服务机构。经营范围包括个人小额无抵押贷款、企业无抵押贷款、民间借贷、融资服务咨询等。

（5）怀化 XSL 教育培训学校，是专门致力于学生学习能力开发和培养、学习社区建设、家庭教育研究的教育机构。致力于传播先进教学思想，研究先进教学方法，帮助个人和社会获得更多、更好的教育和发展机会等。

（6）湖南 JJL 策划有限公司是中国社会福利教育基金会下属机构，专注于中国和澳洲之间的文化教育交流，与澳洲的众多院校及教育机构建立了良好的合作关系，提供办理签证和输送学生赴澳洲留学服务。

（7）小安和鑫鑫是公共管理专业大二的学生，本学期开设了基础会计课程，一天两人谈到了专业：小安说，会计就是一个称呼，我妈妈就是会计，大家都喊他王会计。鑫鑫说，你这么说好像不对，因为会计是要做一系列工作的，不能说就是个称呼，二人争执不下。

（8）YH 公司相关经济业务事项见表 25-2。

表 25-2 YH 公司相关经济业务事项一览表

序号	业务事项内容	会计要素类别
1	企业出纳员保管的现金	
2	企业新购置的汽车	
3	公司完工入库的产品	
4	购材料欠的款项	
5	欠职工垫付的医疗费	
6	欠缴的税费	
7	收取出借包装物的押金	
8	管理人员预借的差旅费	
9	赊销商品的款项	
10	投资者投入的资本金	
11	本年实现的净利润	
12	为购建固定资产而借入的长期借款	
13	应付给投资者的利润	
14	公司因购货而支付的货款	
15	公司销售产品实现的收入	
16	发生的业务招待费	
17	生产产品发生的工资	
18	转让专项技术使用权的收入	

（9）DT 股份有限责任公司 2017 年 9 月份发生如下经济业务：

① 3 日，销售甲商品一批，货款 5 000 元，尚未收到；

② 8 日，预付购买材料款 3 000 元，款项以银行存款支付；

③ 10 日，销售乙商品一批，货款 10 000 元，款项已收存银行；

④ 15 日，以银行存款支付商品展销费 1 000 元；

⑤ 28 日，收到尚达公司上月所欠货款 10 000 元，存入银行。

（10）HL 股份有限责任公司的几笔业务如下：

① HL 股份有限责任公司是一家刚刚筹建的生产企业，初始共筹集资金 1 000 万元，其中，在银行贷款 200 万元，其余资金由投资者投入；

② 投产当月发生了多笔经济业务，其中：生产乙产品领用价值 5 000 元的材料；公司领导出差借差旅费 3 000 元；公司办公室用 100 元现金购买办公用品等；

③ 经过努力经营，公司首月就实现营业收入 100 万元，同时，发生相关费用 75 万元。

（11）金吉利公司 2017 年 1 月份发生了以下经济业务：

① 2 日，赊购了价值 2 000 元的材料；
② 5 日，销售商品取得收入 5 000 元，存入银行；
③ 10 日，收到 100 000 元投资款，存入银行；
④ 20 日，以银行存款偿还所欠货款 2 000 元；
⑤ 22 日，从银行提取现金 1 000 元；
⑥ 28 日，用银行存款 2 000 元支付电话费。

2. 具体步骤

（1）根据所给资料，判断（1）~（6）中哪些单位属于企业，并简要说明。

（2）根据资料（7），帮助小安和鑫鑫厘清会计和会计工作的关系，提出正确的看法。

（3）将资料（8）中各经济业务事项的会计要素类型填入表 25-2 相应栏目中。

（4）根据资料（9），按照权责发生制计算德天股份有限责任公司 2017 年 9 月份的利润

（5）根据资料（10），列出初始筹集资金的各种来源与总额之间的关系式。

（6）根据资料（10）回答：HL 股份有限责任公司已发生的 3 笔经济业务是否改变了第一项所列的关系式？公司首月盈利多少？收入、费用和利润之间存在怎样的关系？

（7）根据资料（11），分析每项经济业务对会计等式平衡的影响。

（五）实训考核方式及评价标准

通过具体案例分小组，激发学生对会计教学的兴趣，在讨论过程中，观察学生的参与度，对学生进行综合评定及合理引导，提高实训教学质量。

（六）实训结果反馈与运用

引导学生参与小组讨论，鼓励学生敢于发表自己意见及看法，通过提高学生参与度，提升学生对本门课程学习的兴趣，在小组讨论中，使学生初步认识和了解会计，激发学生进一步学习本门课程的兴趣。

二、实训项目 2——建账前的准备实训

（一）实训目的与要求

（1）通过训练，使学生能够正确认识会计科目和会计账户及其相互关系。

（2）通过训练，使学生能够充分理解、熟悉借贷记账法，从而正确运用借贷记账法

（3）通过训练，使学生能够熟悉会计科目的分类，为借贷记账法的运用奠定基础。

（4）通过训练，使学生能够熟悉账户余额与发生额的关系，能够在给定任意 3 个金额要素的情况下，计算出第 4 个要素的金额。

（二）知识准备与书籍阅读

1. 知识准备

会计要素、会计等式、会计假设、会计要素确认、借贷记账法、会计科目等。

2. 书籍阅读

[1] 陈国辉. 基础会计[M]. 大连：东北财经大学出版社，2018.
[2] 周密. 会计学原理[M]. 上海：复旦大学出版社，2017.
[3] 陈国辉. 基础会计实训教程[M]. 大连：东北财经大学出版社，2015.
[4] 戴德明. 财务会计学[M]. 北京：中国人民大学出版社，2018.
[5] 沈清文. 基础会计实训——手工实操与在线实训[M]. 北京：中国人民大学出版社，2017.

（三）实训准备与安排

实训场地主要在实训室进行，教师提前讲解相关知识及相关评价表格。

实训分组进行，每组学生 5～7 人，并确定负责人，每组先对相关知识进行阅读，然后进行小组讨论与练习，最后教师讲解。

（四）实训内容与具体步骤

1. 实训内容

（1）小安和鑫鑫是公共管理专业大二的学生，本学期开设了会计学课程，在学习中有些内容就是理解不了，特别是会计科目和会计账户这两个概念，老师在讲授课程时总是穿插或交替使用，有时叫会计科目，有时叫会计账户，所以，小安认为会计科目和会计账户就是一回事。然而，鑫鑫持不同态度，认为两者不是一回事，否则教材中就不会出现两个名词了，他们为此争执不休。

（2）根据以下资料，对每笔经济业务进行分析，指出所记入的账户名称、方向和金额，并分别登记 T 型账户：

① 公司收到投资者的货币资金投资 500 万元，存入银行。
② 公司向银行借入 6 个月贷款 100 万元，已划入公司账户。
③ 公司将现金 5 000 元存入银行
④ 公司从银行提取现金 10 000 元。
⑤ 公司经理周晓晓借支差旅费 1 000 元，以现金支付
⑥ 公司办公室用现金 100 元购买办公用品，现已投入使用。

（3）项目资料见表 25-3。

表 25-3　会计科目分类表

会计科目	资产类	负债类	所有者权益类	成本类	损益类
银行存款					
应收票据					
库存商品					
生产成本					
坏账准备					
财务费用					
预付账款					

续表

会计科目	资产类	负债类	所有者权益类	成本类	损益类
利润分配					
实收资本					
应付账款					
资本公积					
短期借款					
长期借款					
应付职工薪酬					
原材料					
应收账款					
固定资产					
管理费用					
主营业务成本					
其他业务收入					

（4）项目资料见表 25-4。

表 25-4　账户余额及发生额计算表　　单位：元

账户名称	期初余额		本期发生额		期末余额	
	借方	贷方	借方	贷方	借方	贷方
银行存款	300000		600000		750000	
应收票据	50000		900000	580000		
短期借款		120000	80000	100000		
实收资本		3000000		100000		
原材料	580000		200000		300000	
应付账款		100000	50000			
库存现金	30000			20000	15000	

2. 具体步骤

（1）请分析小安和鑫鑫谁说的有道理，并加以分析。

（2）根据资料（2），对每笔经济业务进行分析，指出所记入的账户名称、方向和金额，并分别登记 T 型账户。

（3）根据项目表 25-3，判断会计科目分类表中所列会计科目的类别，并在相应类别栏中画“√”标记。

（4）根据表 25-4 的资料，计算、填写相关数据。

（五）实训考核方式与评价标准

按照会计实际工作流程进行安排，让学生通过具体案例分小组动手操作，了解会计建账的前期准备，对每一组进行综合评定及合理引导，提高实训教学质量。

（六）实训结果反馈与运用

要求每组学生完成每一小项的实训要求，教师检查每组完成情况，并在实训课上进行讲评、讨论和总结。

三、实训项目 3——期初建账

（一）实训目的

通过训练，使学生能够科学地选用账簿及账页格式，熟练掌握会计账簿启用和期初余额的登记方法。

（二）知识准备与书籍阅读

1. 知识准备

账户与复式记账、企业主要经济业务的核算、账户的分类、会计凭证等。

2. 书籍阅读

[1] 陈国辉. 基础会计[M]. 大连：东北财经大学出版社，2018.
[2] 周密. 会计学原理[M]. 上海：复旦大学出版社，2017.
[3] 陈国辉. 基础会计实训教程[M]. 大连：东北财经大学出版社，2015.
[4] 戴德明. 财务会计学[M]. 北京：中国人民大学出版社，2018.
[5] 沈清文. 基础会计实训——手工实操与在线实训[M]. 北京：中国人民大学出版社，2017.

（三）实训准备与安排

实训场地主要在实训室进行，教师提前讲解相关知识及相关评价表格。

实训分组进行，每组学生 5～7 人，并确定负责人，每组先对相关知识进行阅读，然后进行小组分角色实务操作。

（四）实训内容与具体步骤

1. 实训内容

2017 年 10 月 30 日，怀化 TY 电力设备制造有限责任公司总分类账和有关明细账户余额见表 25-5、表 25-6、表 25-7。

表 25-5　总分类账户余额表　单位：元

账户名称	方向	金额	账户名称	方向	金额
库存现金	借	8000	短期借款	贷	20000
银行存款	借	2525000	应付账款	贷	116600
应收账款	借	260500	应交税费	贷	46000
原材料	借	80000	长期借款	贷	200000
库存商品	借	65000	实收资本	贷	400000
固定资产	借	1205000	盈余公积	贷	20000
累计折旧	贷	320000	本年利润	贷	928400
			利润分配	贷	3000000

表 25-6 存货明细账户余额表

存货名称	单位	数量	单价（元）	金额（元）
甲产品	件	400	100	40000
乙产品	件	500	50	25000
A 材料	kg	1500	20	3000
B 材料	kg	1500	20	3000

表 25-7 债权债务明细账户余额表 单位：元

总账账户	明细账户	借或贷	金额
应收账款	HF 电子公司	借	20000
	JH 公司	借	96800
应付账款	HR 公司	贷	100000
	DRF 公司	贷	23000
应交税费	未交增值税	贷	56000

2. 具体步骤

（1）根据表 25-5 中的资料建立总账，开立表 25-5 所列的每一个账户，登记 11 月份期初余额，填写“账簿启用及交接表”和“账簿目录表”。

（2）根据表 25-5 中的资料建立日记账，开立库存现金日记账和银行存款日记账，并根据表 25-5 所列数据，登记“库存现金”账户和“银行存款”账户的期初余额，登记“账簿启用及交接表”。

（3）根据表 25-6、表 25-7 中的资料建立明细账，开立原材料、库存商品、应收账款、应付账款、生产成本、管理费用 6 个明细账户，登记 11 月份原材料、库存商品、应收账款、应付账款账户的期初余额，登记“账簿启用及交接表”和“账簿目录表”。

说明：本实训用表及账页涉及总分类账、明细账和日记账

（五）实训考核方式与评价标准

按照会计实际工作流程进行安排，让学生通过具体案例分小组动手操作，了解会计期初建账的具体操作，对每一组进行综合评定及合理引导，提高实训教学质量。

（六）实训结果反馈与运用

要求每组学生完成每一小项的实训要求，教师检查每组完成情况，并在实训课上进行讲评、讨论和总结。

四、实训项目 4——填制与审核会计凭证

原始凭证是在经济业务发生时填制或取得的，用以载明经济业务内容和完成情况的书面证明。按其取得的来源不同，可以分为自制原始凭证和外来原始凭证。原始凭证的种类和格

式是各种各样的，在其填制方法和填制要求上既有共性又有特性，要注意掌握其异同。

（一）实训目的与要求

（1）通过填制原始凭证，掌握根据经济业务内容填制各种不同格式原始凭证的方法和技巧，熟悉各类业务应用的原始凭证种类、格式及填制的具体方法，加深对原始凭证有效性的认识，填制原始凭证时务必做到准确、清晰。

（2）通过审核原始凭证，掌握审核原始凭证的要求与方法，熟悉审核原始凭证的一般及某些特殊规定，提高判断、鉴别原始凭证真实性、合法性、合理性的水平。

（3）通过编制记账凭证，掌握根据原始凭证编制各种记账凭证的方法。熟悉凭证格式及每一种记账凭证的编制方法，提高操作者对经济业务的会计处理能力。

（4）通过审核记账凭证，掌握审核记账凭证的要求和方法，加深对记账凭证正确性和合规性的理解。

（二）知识准备与书籍阅读

1. 知识准备

账户与复式记账、企业主要经济业务的核算、账户的分类、会计凭证等。

2. 书籍阅读

[1] 陈国辉. 基础会计[M]. 大连：东北财经大学出版社，2018.

[2] 周密. 会计学原理[M]. 上海：复旦大学出版社，2017.

[3] 陈国辉. 基础会计实训教程[M]. 大连：东北财经大学出版社，2015.

[4] 戴德明. 财务会计学[M]. 北京：中国人民大学出版社，2018.

[5] 沈清文. 基础会计实训——手工实操与在线实训[M]. 北京：中国人民大学出版社，2017.

（三）实训准备与安排

实训场地主要在实训室进行，教师提前讲解相关知识及相关评价表格。

实训分组进行，每组学生 5 ~ 7 人，并确定负责人，每组先对相关知识进行阅读，然后进行小组分角色实务操作。

（四）实训内容与具体步骤

1. 实训内容

（1）HL 公司 2017 年 1 月发生的经济业务如下：

① 1 月 2 日根据本月份工资结算汇总表，开出现金支票提取现金 11 000 元备发工资。（见单据 25-1 填制现金支票）

② 1 月 4 日，经理办公室职工李 X 赴北京开会，经批准向财务科借差旅费 3000 元，财务人员审核无误后付现金。（见单据 25-2 填制借款单）

单据 25-1

中国工商银行
现金支票存根
VI II 03335689
科　目 ____________
对方科目 ____________
签发日期
收款人 ____________
金　额 ____________
用　途 ____________
备注
单位主管　　会计

本支票付款期十天

中国工商银行　现金支票　　　　VI II 03335689

出票日期（大写）　　年　月　日　　开户行名称
签发人账号

收款人：

人民币（大写）	千	百	十	万	千	百	十	元	角	分

用途 ____________　　科目（借）____________
上列款项请从　　对方科目（贷）____________
我账户内支付　　付讫日期　年　月　日
签发人盖章　　出纳　记账　复核

单据 25-2

借　款　单

年　月　日

借款人		部门		职务	
借款事由					
借款金额	人民币（大写）			¥	
出纳	××		经手	××	

③ 1 月 6 日向怀化市 HS 公司购进钢材 100 吨，单价每吨 20 元，增值税额 340 元，开出转账支票付款，材料验收入库。（见单据 25-3、25-4 填制材料入库单和转账支票）

单据 25-3

材料入库单（记账联）　　　　NO：433221

供货单位：
发票号码：　　　　年　月　日　　　　收货仓库：

材料类别	材料名称	材料规格	计量单位	数量		单价	金额
				应收	实收		

采购：　　　　质量检验：　　　　收料：　　　　制单：

单据 25-4

中国工商银行
转账支票存根
VI Ⅱ03335689
科　　目________
对方科目________
签发日期
收款人________
金　额________
用　途________
备注
单位主管　　　会计

本支票付款期十天

中国工商银行　转账支票　　　VI Ⅱ03335689

出票日期（大写）　　年　月　日　　开户行名称
签发人账号

收款人：

人民币（大写）	千	百	十	万	千	百	十	元	角	分

用途________　　　　科目（借）________
上列款项请从　　　　对方科目（贷）
我账户内支付　　　　付讫日期　年　月　日
签发人盖章　　　　　出纳　记账　复核

④ 1 月 10 日，销售一批 A 产品给邵阳 XH 装饰有限公司，数量 30 吨，单价每吨 200 元，价款 6 000 元，增值税额 1 020 元，价税计 7 020 元，开出增值税专用发票一式四联，对方以转账支票办理结算。（见单据 25-5、25-6 填制增值税专用发票和进账单）（购货单位：邵阳 XH 装饰有限公司；纳税识别号：21010456088××××；地址：邵阳市五一路 142 号；电话：7588××××；开户行及账号：工商银行邵阳支行五一路分理处 08—7439××××）

⑤ 1 月 15 日，车间从仓库领用钢材 80 吨，单价 20 元。（见单据 25-7 填制领料单）

⑥ 1 月 16 日，经理办公室李×出差回来报销差旅费，其中：飞机票 1600 元，住宿费 600 元，余款退回。（见单据 25-8、25-9 填制差旅费报销单和收据）

⑦ 1 月 22 日，出纳员将多余的库存现金 4 000 元送存银行。（见单据 25-10 填制现金存款单，面额 100 元 30 张、50 元 20 张）

单据 25-5

增值税专用发票联

开发票日期：

购货单位	名称：				纳税人登记号														
	地址：				开户银行及账号														
商品或应劳务税名称		计量单位	数量	单价	金额							税率（%）	税额						
					万	千	百	十	元	角	分		万	千	百	十	元	角	分
合　计																			
税价合计（大写）																			
销货单位	名称：				纳税人登记号														
	地址：				开户银行及账号														

收款人　　　　　　开票单位

单据 25-6

中国工商银行进账单

年　月　日　　　　第　号

<table>
<tr><td rowspan="3">付款人</td><td>全　称</td><td></td><td rowspan="3">收款人</td><td>全　称</td><td colspan="10"></td></tr>
<tr><td>账　号</td><td></td><td>账　号</td><td colspan="10"></td></tr>
<tr><td>开户银行</td><td></td><td>开户银行</td><td colspan="10"></td></tr>
<tr><td rowspan="2">人民币（大写）</td><td colspan="4" rowspan="2"></td><td>千</td><td>百</td><td>十</td><td>万</td><td>千</td><td>百</td><td>十</td><td>元</td><td>角</td><td>分</td></tr>
<tr><td></td><td></td><td></td><td></td><td></td><td></td><td></td><td></td><td></td><td></td></tr>
<tr><td>票据种类</td><td colspan="3"></td><td colspan="11" rowspan="3">收款人开户行盖章</td></tr>
<tr><td>票据张数</td><td colspan="3"></td></tr>
<tr><td colspan="4">单位主管　会计　复核　记账</td></tr>
</table>

单据 25-7

领　料　单

领料部门：

日期		材料名称	数量（千克）	单价（元/千克）	金额（元）	材料用途
月	日					
合　计						

财务部门　　　　记账　　　　仓库　　　　领料

单据 25-8

收　　据

2017 年 1 月 16 日

今收到＿＿＿＿＿＿＿＿＿＿＿＿＿＿＿＿＿＿＿＿

交来人民币（大写）＿＿＿＿＿＿＿＿＿＿＿＿＿＿＿＿＿＿＿＿

收款单位＿＿＿＿＿＿＿＿＿＿　　收款人

（公章）　　　　（签字）××

单据 25-9

差旅费报销单

年　　月　　日

单位名称				姓名		职别			
出差事由						出差日期			
到达地点									
项目金额	交通工具				其他	旅馆费	伙食补助		
	火车	汽车	飞机	轮船	出租车			在途　天	住勤　天
总计金额人民币（大写）									
主　管　　　领款人					月	日	顺序号	明细科目编号或名称	

单据 25-10

中国工商银行现金存款单（第一联回单）

年　　月　　日

存款单位	全称		开户银行	
	账号		款项来源	

此联由银行盖章后退回单位

人民币（大写）	百	十	万	千	百	十	元	角	分

票面	张数	万	千	百	十	元	角	分	票面	张数	百	十	元	角	分	
壹百元									壹百元							本存款单金额银行全部收讫
伍拾元									伍拾元							
拾元									拾元							
伍元									伍元							（收款银行盖章）
贰元									贰元							收款员　　复核员
壹元									壹元							

会计　　复核　　记帐

⑧ 1 月 25 日，销售给张×A 产品 1 吨，单价 20 元，收到现金。（见单据 25-11 填制普通发票）

单据 25-11

怀化市工业企业销售统一发票

购货单位：　　　　2017 年 1 月 25 日　　　　No　5698723

产品或劳务名称	规格	单位	数量	单价	金额							
					十	万	千	百	十	元	角	分
合计金额（大写）												

第二联　报销凭证

单位盖章：　　　　收款人：　　　　制票人：

要求：根据以上资料所列的经济业务，填制本单位应该填制的原始凭证，并履行签名盖章手续（不具备条件的，盖章可略）；严格执行规范，正确选用原始凭证；凭证填制项目要齐全，手续要合法；书写要符合规定。

（2）HL 公司 2017 年 5 月 1—31 日发生的部分经济业务及有关的原始凭证如下：

① 5 月 1 日，从银行提取现金 2 000 元，以备零星开支。（见单据 25-12）

单据 25-12

中国工商银行现金支票存根

支票号码　2009623

科　　目　银行存款

对方科目　库存现金

出票日期　2017 年 5 月 01 日

收款人	李×
金　额	¥2 000.00
用　途	库存现金
备　注	

单位主管：　　　　会计：张×

② 5 月 8 日，从湖南省 NS 钢铁厂购入 40#圆钢一批，价款 260 000 元，增值税额 44 200 元，圆钢已验收入库。（单据 25-13 ~ 25-16）

③ 5 月 10 日，以现金购买办公用品。（见单据 25-17）

④ 5 月 15 日，购入机床一台，已交付使用。（见单据 25-18 ~ 25-20）

单据 25-13

湖南省增值税专用发票

开票日期：2017 年 5 月 8 日　　　　No　003625

<table>
<tr><td rowspan="2">购货单位</td><td>名　称</td><td colspan="3">HL 公司</td><td colspan="10">纳税人登记号</td><td colspan="11">5624789××××</td></tr>
<tr><td>地址 电话</td><td colspan="3">河西 36 号</td><td colspan="10">开户银行及账号</td><td colspan="11">工商银行怀化市河西支行 26548××××</td></tr>
<tr><td colspan="2" rowspan="2">商品或劳务名称</td><td rowspan="2">计量单位</td><td rowspan="2">数量</td><td rowspan="2">单价</td><td colspan="10">金　额</td><td>税率</td><td colspan="10">税　额</td></tr>
<tr><td>千</td><td>百</td><td>十</td><td>万</td><td>千</td><td>百</td><td>十</td><td>元</td><td>角</td><td>分</td><td>%</td><td>千</td><td>百</td><td>十</td><td>万</td><td>千</td><td>百</td><td>十</td><td>元</td><td>角</td><td>分</td></tr>
<tr><td colspan="2">40#圆钢</td><td></td><td>200</td><td>1300</td><td></td><td></td><td>2</td><td>6</td><td>0</td><td>0</td><td>0</td><td>0</td><td>0</td><td>0</td><td>17</td><td></td><td></td><td></td><td>4</td><td>4</td><td>2</td><td>0</td><td>0</td><td>0</td><td>0</td></tr>
<tr><td colspan="2"></td><td></td><td></td><td></td><td></td><td></td><td></td><td></td><td></td><td></td><td></td><td></td><td></td><td></td><td></td><td></td><td></td><td></td><td></td><td></td><td></td><td></td><td></td><td></td><td></td></tr>
<tr><td colspan="2">合　计</td><td></td><td></td><td></td><td></td><td>¥</td><td>2</td><td>6</td><td>0</td><td>0</td><td>0</td><td>0</td><td>0</td><td>0</td><td></td><td></td><td></td><td>¥</td><td>4</td><td>4</td><td>2</td><td>0</td><td>0</td><td>0</td><td>0</td></tr>
<tr><td colspan="2">价税合计（大写）</td><td colspan="24">×仟×佰叁拾零万肆仟贰佰零拾零元零角零分</td></tr>
<tr><td rowspan="2">销货单位</td><td>名　称</td><td colspan="3">NS 钢铁厂</td><td colspan="10">纳税登记号</td><td colspan="11">2566985××××</td></tr>
<tr><td>地址 电话</td><td colspan="3">长堤路 23 号</td><td colspan="10">开户银行及账号</td><td colspan="11">工商银行长堤路办事处 23698××××</td></tr>
</table>

第二联 发票联 购货方记账

收款人：许×　　　　开票单位：　　　　结算方式：转账

单据 25-14

湖南省增值税专用发票

开票日期：2017 年 5 月 8 日　　　　　　　　　　　　　　　　　　　　No　003625

购货单位	名　　称	HL 公司	纳税人登记号	5624789×××
	地址 电话	河西 36 号	开户银行及账号	工商银行怀化市河西支行 26548×××

商品或劳务名称	计量单位	数量	单价	金额 千	百	十	万	千	百	十	元	角	分	税率 %	税额 千	百	十	万	千	百	十	元	角	分
40#圆钢		200	1300			2	6	0	0	0	0	0	0	17				4	4	2	0	0	0	0
合　　计					¥	2	6	0	0	0	0	0	0				¥	4	4	2	0	0	0	0

价税合计（大写）	×仟×佰叁拾零万肆仟贰佰零拾零元零角零分			
销货单位	名　　称	NS 钢铁厂	纳税登记号	2566985×××
	地址 电话	长堤路 23 号	开户银行及账号	工商银行长堤路办事处 23698×××

第三联 发票联 购货方记账

收款人：许×　　　　　　　　开票单位：　　　　　　　　结算方式：转账

单据 25-15

中国工商银行转账支票存根

支票号码　　2009623

科　　目　　银行存款

对方科目　　材料采购

出票日期　　2017 年 5 月 8 日

收款人	NS 钢铁厂
金　额	¥304 200.00
用　途	购货

单位主管　　　　会计：张×

单据 25-16

材料收料单

公司　　　　　　　　2017 年 5 月 8 日　　　　　　　　单位：元

材料名称	规格	单位	数量	单价	金额	发货单位	
圆钢	40#	吨	200	1300	260000.00	金沙钢铁厂	
						合同号	450

财务主管：张×　　供应科长：陈×　　验收：王×　　采购员：李×

单据 25-17

怀化市商业零售企业统一发票

购货单位：HL 公司　　　　　2017 年 5 月 10 日　　　　　No　236548

品　名	规格	单位	数量	单价	金额 十	万	千	百	十	元	角	分
印纸		箱	2	300				6	0	0	0	0
合计金额（大写）人民币陆佰元整							¥	6	0	0	0	0

第二联 发票联

单位盖章：　　　　　　　　收款人：刘×　　　　　　　　制票人：王×

单据 25-18

湖南省增值税专用发票

开票日期：2017 年 5 月 15 日　　　　No　003625

购货单位	名　称	HL 公司	纳税人登记号	5624789××××
	地址 电话	河西 36 号	开户银行及账号	工商银行怀化市河西支行 26548××××

商品或劳务名称	计量单位	数量	单价	金额 千	百	十	万	千	百	十	元	角	分	税率%	税额 千	百	十	万	千	百	十	元	角	分
机床	台	1	300 000			3	0	0	0	0	0	0	0	17				5	1	0	0	0	0	0
合　计					¥	3	0	0	0	0	0	0	0				¥	5	1	0	0	0	0	0
价税合计（大写）	×仟×佰叁拾伍万壹仟零佰零拾零元零角零分														¥351 000.00									

销货单位	名　称	GH 机床厂	纳税登记号	6548973××××
	地址 电话	光华路 23 号	开户银行及账号	建设银行光华路办事处 26974××××

第二联 发票联 购货方记账

收款人：张×　　开票单位：　　结算方式：转账

单据 25-19

湖南省增值税专用发票

开票日期：2017 年 5 月 15 日　　　　No　003625

购货单位	名　称	HL 公司	纳税人登记号	5624789××××
	地址 电话	河西 36 号	开户银行及账号	工商银行怀化市河西支行 26548××××

商品或劳务名称	计量单位	数量	单价	金额 千	百	十	万	千	百	十	元	角	分	税率%	税额 千	百	十	万	千	百	十	元	角	分
机床	台	1	300 000			3	0	0	0	0	0	0	0	17				5	1	0	0	0	0	0
合　计					¥	3	0	0	0	0	0	0	0				¥	5	1	0	0	0	0	0
价税合计（大写）	×仟×佰叁拾伍万壹仟零佰零拾零元零角零分														¥351 000.00									

销货单位	名　称	GH 机床厂	纳税登记号	6548973××××
	地址 电话	光华路 23 号	开户银行及账号	建设银行光华路办事处 26974××××

第三联 购货方做抵扣税款凭证

收款人：张×　　开票单位：　　结算方式：转账

单据 25-20

中国工商银行转账支票存根

支票号码　2009623

科　　目　银行存款

对方科目　固定资产

出票日期　2014 年 5 月 24 日

收款人	GH 机床厂
金　额	¥351 000.00
用　途	购机床
备　注	

单位主管　　会计：张×

⑤ 5 月 18 日，开出支票支付广告费。（见单据 25-21、25-22）

单据 25-21

怀化市广告业专用发票

客户名称：HL 公司　　　　2017 年 5 月 18 日　　　　No　2365478

<table>
<tr><td rowspan="2">项目</td><td rowspan="2">单位</td><td rowspan="2">数量</td><td rowspan="2">单价</td><td colspan="7">金　　额</td></tr>
<tr><td>万</td><td>千</td><td>百</td><td>十</td><td>元</td><td>角</td><td>分</td></tr>
<tr><td>产品广告</td><td>次</td><td>20</td><td>200</td><td></td><td>4</td><td>0</td><td>0</td><td>0</td><td>0</td><td>0</td></tr>
<tr><td colspan="4">合计金额（大写）肆仟零佰零拾零元零角零分</td><td>¥</td><td>4</td><td>0</td><td>0</td><td>0</td><td>0</td><td>0</td></tr>
</table>

第二联 报销凭证

单位盖章：　　　　收款人：张×　　　　制票人：扬×

单据 25-22

中国工商银行转账支票存根

支票号码　2009623

科　　目　银行存款

对方科目　销售费用

出票日期　2017 年 5 月 18 日

收款人	CX 广告公司
金　额	¥4 000.00
用　途	产品广告费
备　注	

单位主管　　　　会计：张×

⑥ 5 月 20 日，销售甲产品一批。（见单据 25-23、25-24）

单据 25-23

湖南省增值税专用发票

开票日期：2017 年 5 月 20 日　　　　　　　　No 003625

<table>
<tr><td rowspan="2">购货单位</td><td>名　称</td><td colspan="2">GM 工厂</td><td colspan="10">纳税人登记号</td><td colspan="11">2696835××××</td></tr>
<tr><td>地址 电话</td><td colspan="2">光明路 10 号</td><td colspan="10">开户银行及账号</td><td colspan="11">工商银行大河支行
69854××××</td></tr>
<tr><td colspan="2" rowspan="2">商品或劳务名称</td><td rowspan="2">计量单位</td><td rowspan="2">数量</td><td rowspan="2">单价</td><td colspan="10">金　　额</td><td rowspan="2">税率%</td><td colspan="10">税　　额</td></tr>
<tr><td>千</td><td>百</td><td>十</td><td>万</td><td>千</td><td>百</td><td>十</td><td>元</td><td>角</td><td>分</td><td>千</td><td>百</td><td>十</td><td>万</td><td>千</td><td>百</td><td>十</td><td>元</td><td>角</td><td>分</td></tr>
<tr><td colspan="2">甲产品</td><td>台</td><td>200</td><td>2 000</td><td></td><td></td><td>4</td><td>0</td><td>0</td><td>0</td><td>0</td><td>0</td><td>0</td><td>0</td><td>17</td><td></td><td></td><td></td><td>6</td><td>8</td><td>0</td><td>0</td><td>0</td><td>0</td><td>0</td></tr>
<tr><td colspan="2"></td><td></td><td></td><td></td><td></td><td></td><td></td><td></td><td></td><td></td><td></td><td></td><td></td><td></td><td></td><td></td><td></td><td></td><td></td><td></td><td></td><td></td><td></td><td></td><td></td></tr>
<tr><td colspan="2">合　计</td><td></td><td></td><td></td><td></td><td>¥</td><td>4</td><td>0</td><td>0</td><td>0</td><td>0</td><td>0</td><td>0</td><td>0</td><td></td><td></td><td></td><td>¥</td><td>6</td><td>8</td><td>0</td><td>0</td><td>0</td><td>0</td><td>0</td></tr>
<tr><td colspan="2">价税合计（大写）</td><td colspan="24">×仟×佰肆拾陆万捌仟零佰零拾零元零角零分　　¥468 000.00</td></tr>
<tr><td rowspan="2">销货单位</td><td>名　称</td><td colspan="2">HL 公司</td><td colspan="10">纳税登记号</td><td colspan="11">5624789××××</td></tr>
<tr><td>地址 电话</td><td colspan="2">新华街 36 号</td><td colspan="10">开户银行及账号</td><td colspan="11">建设银行大河办事处
26548××××</td></tr>
</table>

第四联 销货方记账

收款人：李×　　　　开票单位：　　　　结算方式：转账

单据 25-24

中国工商银行进账单（收账通知）

2017 年 5 月 20 日　　　　第 12 号

<table>
<tr><td rowspan="3">收款人</td><td>全　称</td><td>HL 公司</td><td rowspan="3">付款人</td><td>全　称</td><td colspan="10">GM 工厂</td></tr>
<tr><td>账　号</td><td>26548××××</td><td>账　号</td><td colspan="10">69854××××</td></tr>
<tr><td>开户银行</td><td>工商银行怀化市河西支行</td><td>开户银行</td><td colspan="10">工商银行大河支行</td></tr>
<tr><td colspan="5" rowspan="2">人民币（大写）肆拾陆万捌仟元整</td><td>千</td><td>百</td><td>十</td><td>万</td><td>千</td><td>百</td><td>十</td><td>元</td><td>角</td><td>分</td></tr>
<tr><td></td><td>¥</td><td>4</td><td>6</td><td>8</td><td>0</td><td>0</td><td>0</td><td>0</td><td>0</td></tr>
<tr><td colspan="2">票据种类</td><td colspan="3">转账支票</td><td colspan="10" rowspan="3">收款人开户银行盖章</td></tr>
<tr><td colspan="2">票据张数</td><td colspan="3">1 张</td></tr>
<tr><td colspan="5">单位主管　　会计　　复核　　记账</td></tr>
</table>

此联是银行交给收款人的回单

⑦ 5 月 21 日，销售部推销员王×到上海参加商品展览会借差旅费出 3 000 元。（见单据 25-25）

单据 25-25

<table>
<tr><td colspan="6">借　款　单
2017 年　5 月　21　日</td></tr>
<tr><td>借款人</td><td>王×</td><td>部门</td><td>销售</td><td>职务</td><td>推销员</td></tr>
<tr><td>借款事由</td><td colspan="5">开商品展览会</td></tr>
<tr><td>借款金额</td><td colspan="5">人民币（大写）叁仟元整　　¥ 3 000.00</td></tr>
<tr><td>出纳</td><td colspan="2">××</td><td>经手</td><td colspan="2">××</td></tr>
</table>

⑧ 5 月 26 日，销售乙产品一批，价款 300 000 元，增值税税额 51 000 元。本公司为成都 JF 公司代垫运杂费 2 300 元，并办好托收手续。（见单据 25-26 ~ 25-29）

单据 25-26

湖南省增值税专用发票

开票日期：2017 年 5 月 26 日　　　　No　003625

<table>
<tr><td rowspan="2">购货单位</td><td>名　称</td><td colspan="3">成都 JF 公司</td><td colspan="10">纳税人登记号</td><td colspan="11">3256648××××</td></tr>
<tr><td>地址 电话</td><td colspan="3">金福街 10 号</td><td colspan="10">开户银行及账号</td><td colspan="11">工商银行金福支行
23658××××</td></tr>
<tr><td colspan="2" rowspan="2">商品或劳务名称</td><td rowspan="2">计量单位</td><td rowspan="2">数量</td><td rowspan="2">单价</td><td colspan="10">金　额</td><td>税率</td><td colspan="10">税　额</td></tr>
<tr><td>千</td><td>百</td><td>十</td><td>万</td><td>千</td><td>百</td><td>十</td><td>元</td><td>角</td><td>分</td><td>%</td><td>千</td><td>百</td><td>十</td><td>万</td><td>千</td><td>百</td><td>十</td><td>元</td><td>角</td><td>分</td></tr>
<tr><td colspan="2">乙产品</td><td>台</td><td>120</td><td>2 500</td><td></td><td></td><td>3</td><td>0</td><td>0</td><td>0</td><td>0</td><td>0</td><td>0</td><td>0</td><td>17</td><td></td><td></td><td></td><td>5</td><td>1</td><td>0</td><td>0</td><td>0</td><td>0</td><td>0</td></tr>
<tr><td colspan="2"></td><td></td><td></td><td></td><td></td><td></td><td></td><td></td><td></td><td></td><td></td><td></td><td></td><td></td><td></td><td></td><td></td><td></td><td></td><td></td><td></td><td></td><td></td><td></td><td></td></tr>
<tr><td colspan="2">合　计</td><td></td><td></td><td></td><td></td><td>¥</td><td>3</td><td>0</td><td>0</td><td>0</td><td>0</td><td>0</td><td>0</td><td>0</td><td></td><td></td><td></td><td>¥</td><td>5</td><td>1</td><td>0</td><td>0</td><td>0</td><td>0</td><td>0</td></tr>
<tr><td colspan="2">价税合计（大写）</td><td colspan="24">× 仟× 佰叁拾伍万壹仟零佰零拾零元零角零分　　¥351 000.00</td></tr>
<tr><td rowspan="2">销货单位</td><td>名　称</td><td colspan="3">HL 公司</td><td colspan="10">纳税登记号</td><td colspan="11">5624789××××</td></tr>
<tr><td>地址 电话</td><td colspan="3">河西 36 号</td><td colspan="10">开户银行及账号</td><td colspan="11">工商银行怀化市河西支行
26548××××</td></tr>
</table>

第四联 销货方记账

收款人：李×　　　　开票单位：　　　　结算方式：托收

单据 25-27

铁路局运杂费专用发票

运输号码 69874　　成都铁路局　　No 125698

发站	湖南	到站	成都	车种车号			货物自重	
集装箱型		运到期限		保价金额			运价里程	
收货人	全称	成都 JF 公司	发货人	全称	海联公司		现付费用	
	地址	金福街 10 号		地址	河西 36 号		项目	金额
货物名称	件数	货物重量	计费重量	运价号	运价率	附记	运费	2000.00
B 产品	5 件	2 000 公斤					保险费	300.00
发货人声明事项								
铁路声明事项							合计	2 300.00

第二联 报销凭证

单据 25-28

中国工商银行转账支票存根

支票号码　2009623

科　目　银行存款

对方科目　应收账款

出票日期　2017 年 5 月 26 日

收款人	怀化火车站
金　额	¥2 300.00
用　途	代垫运费
备　注	

单位主管　　会计：张×

单据 25-29

托收承付凭证（回单）

委托日期：2017 年 5 月 26 日　　No 264321

收款人	全　称	HL 公司		付款人	全　称	成都金福公司										
	账　号	265489111			账　号	236589441										
	开户银行	工商银行怀化市河西支行			开户银行	工商银行金福支行										
委托收款金额	人民币（大写）叁拾伍万叁仟叁佰元整								百	十	万	千	百	十	元	角	分
									¥	3	5	3	3	0	0	0	0
附寄单据	4	商品发运情况				合同号码	32564									
备注	款项收托日期 2017 年 5 月 26 日			开户银行盖章 2017 年 5 月 26 日												

此联是银行给收款人的回单

⑨ 5 月 27 日，签发转账支票支付下半年轿车的保险费 3000 元。（见单据 25-30、25-31）

⑩ 5 月 28 日，由于生产经营的需要，从银行取得借款 500 000 元。（见单据 25-32）

单据 25-30

中国工商银行转账支票存根

支票号码　2009623

科　　目　银行存款

对方科目　待摊费用

出票日期　2017 年 5 月 27 日

收款人	中保湖南省分公司
金　额	¥3 000.00
用　途	保险费
备　注	

单位主管　　会计：张×

单据 25-31

中国人民保险公司

收款收据

收款日期 2017 年 5 月 27 日　　No.23408

今收到：HL 公司	
交　来：轿车下半年的保险费（2017 年 7 月到 12 月）	
人民币（大写）叁仟元整	¥3 000.00
备注：	

湖南分公司（盖章）　　收款人：陈×　　经办人：高×

单据 25-32

借款借据（入账通知）

单位编号：3658　　日期：2017 年 5 月 28 日　　No 654789

收款单位	名　称	HL 公司	付款单位	名　称	工商银行怀化市河西支行
	往来账号	26548××××		往来账号	69842××××
	开户银行	工商银行怀化市河西支行		开户银行	工商银行怀化市河西支行

借款金额	人民币（大写）伍拾万元整	百	十	万	千	百	十	元	角	分
		¥	5	0	0	0	0	0	0	0

借款原因及用途	购材料	利率	10%

借款期限			
期限	计划还款日期	计划还款金额	你单位上列借款，已转入你单位结算户内。借款到期时由我行按期自你单位结算账户转还。 此致 （银行盖章） 2017 年 5 月 28 日
半年	2017 年 11 月 28 日		

此联由银行退借款单位作入账通知

⑪ 5 月 29 日，收到 HD 公司转账支票一张，金额为 56 000 元，用以支付上月的欠款，当即存入银行。（见单据 25-33）

单据 25-33

中国工商银行进账单（收账通知）

2017 年 5 月 29 日　　　　　　　　　　第 14 号

<table>
<tr><td rowspan="3">收款人</td><td>全　称</td><td colspan="4">HL 公司</td><td rowspan="3">付款人</td><td>全　称</td><td colspan="10">HD 公司</td></tr>
<tr><td>账　号</td><td colspan="4">26548××××</td><td>账　号</td><td colspan="10">69874××××</td></tr>
<tr><td>开户银行</td><td colspan="4">工商银行怀化市河西支行</td><td>开户银行</td><td colspan="10">工商银行大河支行</td></tr>
<tr><td colspan="8" rowspan="2">人民币（大写）伍万陆仟元整</td><td>千</td><td>百</td><td>十</td><td>万</td><td>千</td><td>百</td><td>十</td><td>元</td><td>角</td><td>分</td></tr>
<tr><td></td><td></td><td>¥</td><td>5</td><td>6</td><td>0</td><td>0</td><td>0</td><td>0</td><td>0</td></tr>
<tr><td colspan="2">票据种类</td><td colspan="5">转账支票</td><td colspan="11" rowspan="3">收款人开户银行盖章</td></tr>
<tr><td colspan="2">票据张数</td><td colspan="5">1 张</td></tr>
<tr><td colspan="7">单位主管　　会计　　复核　　记账</td></tr>
</table>

此联是银行交给收款人的回单

⑫ 5 月 30 日，收到成都 JF 公司支付货款 353300 元。（见单据 25-34）

单据 25-34

托收承付凭证（收账通知）

委托日期：2017 年 5 月 29 日　　　　　　　　　　No 264321

<table>
<tr><td rowspan="3">收款人</td><td>全　称</td><td colspan="3">HL 公司</td><td rowspan="3">付款人</td><td>全　称</td><td colspan="10">成都 JF 公司</td></tr>
<tr><td>账　号</td><td colspan="3">26548××××</td><td>账　号</td><td colspan="10">23658××××</td></tr>
<tr><td>开户银行</td><td colspan="3">工商银行怀化市河西支行</td><td>开户银行</td><td colspan="10">工商银行金福支行</td></tr>
<tr><td rowspan="2">委托收款金额</td><td colspan="6" rowspan="2">人民币（大写）叁拾伍万叁仟叁佰元整</td><td>百</td><td>十</td><td>万</td><td>千</td><td>百</td><td>十</td><td>元</td><td>角</td><td>分</td></tr>
<tr><td>¥</td><td>3</td><td>5</td><td>3</td><td>3</td><td>0</td><td>0</td><td>0</td><td>0</td></tr>
<tr><td colspan="2">附寄单据</td><td>4</td><td>商品发运情况</td><td colspan="3"></td><td colspan="5">合同号码</td><td colspan="5">32564</td></tr>
<tr><td colspan="2">备注</td><td colspan="3">款项收托日期
2017 年 5 月 29 日</td><td colspan="12">开户银行盖章
2017 年 5 月 26 日</td></tr>
</table>

此联是银行给收款人的入账通知

要求：根据以上实训资料，全面审核所取得的原始凭证，包括审核原始凭证的真实性、合法性和合理性；操作者要熟悉各种经济业务的有关政策、法令、制度、计划、合同、银行结算办法等相关规定，全面了解本单位业务经营情况，并以此作为审核原始凭证内容的主要依据；熟悉各类原始凭证应填制的内容、填制的规定，以审核原始凭证手续是否完备、是否合规；指出审核过程中所发现的问题 ，并提出处理意见。

（3）根据实训（1）填制的原始凭证，编制会计记账凭证；HL 公司使用的会计科目可以从教材 P45 中选取；记账凭证的格式：借贷复式记账凭证可以采用一种通用格式也可以采用专用记账凭证（即收款凭证、付款凭证、转账凭证），或采用其他格式。常用的通用记账凭证、收款凭证、付款凭证和转账凭证的格式如下所示。（单据 25-35 ~ 25-38）

要求：操作者应进入“实战”状态，严格按照有关规定编制记账凭证，做到内容完整、项目齐全、书写清楚；要正确选用记账凭证；编制的记账凭证项目要齐全，手续要完备；书写要符合规定。

单据 25-35

记账凭证

年　月　日　　　　记字第　号

摘要	总账科目	明细科目	借方金额										记账√	贷方金额										记账√
			千	百	十	万	千	百	十	元	角	分		千	百	十	万	千	百	十	元	角	分	

附单据　张

单据 25-36

收款凭证

借方科目：　　年　月　日　　　　银收字第　号

摘要	贷方总账科目	明细科目	借或贷	金额									
				千	百	十	万	千	百	十	元	角	分
							3	0	0	0	0		
合计													

附单据 1 张

单据 25-37

付款凭证

贷方科目：　　年　月　日　　　　银付字第　号

摘要	借方总账科目	明细科目	借或贷	金额									
				千	百	十	万	千	百	十	元	角	分
合计													

附单据 1 张

单据 25-38

转账凭证

年　　月　　日　　　　　　　　　　　　　　　　转字第　　号

摘要	总账科目	明细科目	√	借方金额										√	贷方金额									
				千	百	十	万	千	百	十	元	角	分		千	百	十	万	千	百	十	元	角	分

附单据　　张

（4）对实训（3）的记账凭证进行全面审核。

要求：根据实训（3）资料，审核所填制的记账凭证，包括审核记账凭证内容的真实性、合法性以及填制手续的完备性、合规性；操作者应了解经济业务的内容及应用的会计科目的有关规定，熟悉每一个计科目的准确用法，以判断业务处理是否正确。

2. 具体步骤

（1）熟悉经济业务。

（2）填制原始凭证。

（3）检查原始凭证。

（4）根据有关规定，对每张原始凭证的真实性、合法性、合理性进行审核。

（5）对审核后的原始凭证进行处理。对于符合要求的原始凭证，应按规定及时办理会计手续；对于内容真实但记载不正确、不完整、不符合规定的原始凭证应退回，待更正后予以办理。

（6）审核实训（3）所填制的原始凭证。

（7）根据审核无误的原始凭证编制记账凭证。

（8）根据实训要求，检查记账凭证是否合乎规定

（9）审核记账包括审核：记账凭证是否附有原始凭证，记账凭证内容与所附原始凭证内容是否相符。

（10）审核会计处理方法包括审核：会计科目的应用是否正确，二级或明细科目齐全，科目对应关系是否清晰，金额是否正确。

（11）审核其他有关项目是否全部填列齐全，有关人员是否签字或盖章。

（12）对审核后的记账凭证进行处理，经会计人员审核无误的记账凭证，可据以记账簿，对不合乎规定手续或内容不准确的记账凭证，应按规定的方法及时更正。

（五）实训考核方式与评价标准

按照会计实际工作流程进行安排，让学生通过具体案例分小组动手操作，了解填制和审核凭证的具体操作，对每一组进行综合评定及合理引导，提高实训教学质量。

（六）实训结果反馈与运用

要求每组学生完成每一小项的实训要求，教师检查每组完成情况，并在实训课上进行讲评、讨论和总结。

实训项目 5——登记总分类账和明细分类账

（一）实训目的

通过本训练，使学生对总账科目和明细分类账科目的设置有基本的认识，了解试算平衡的基本原理以及应掌握的基本技能。

（二）知识准备与书籍阅读

1. 知识准备

账户与复式记账、企业主要经济业务的核算、账户的分类、会计凭证等。

2. 书籍阅读

[1] 陈国辉．基础会计[M]．大连：东北财经大学出版社，2018.

[2] 周密．会计学原理[M]．上海：复旦大学出版社，2017.

[3] 陈国辉．基础会计实训教程[M]．大连：东北财经大学出版社，2015.

[4] 戴德明．财务会计学[M]．北京：中国人民大学出版社，2018.

[5] 沈清文．基础会计实训——手工实操与在线实训[M]．北京：中国人民大学出版社，2017.

（三）实训准备与安排

实训场地主要在实训室进行，教师提前讲解相关知识及相关评价表格。

实训分组进行，每组学生 5 ~ 7 人，并确定负责人，每小组先对相关知识进行阅读，然后进行小组分角色实务操作。

（四）实训资料与具体步骤

1. 实训资料

2013 年 6 月，四川的一家大型民营新能源集团公司收购了合肥的一家太阳能电池生产企业，在扩大生产经营的基础上，占地面积 1 000 亩。一期拥有太阳能电池片产能 2 000 MW，是全球单体规模最大的太阳能电池生产基地。满产后本产值达 100 亿元人民币，标准成员约 8 000 人。

由于是资产密集型企业，该企业资产构成中，生产线全部从德国进口，占总资产的 60%，可以说产房、设备是其主要的固定资产。为了满足太阳能生产企业大规模的资金需求量，该企业向银行借长期借款约 10 亿元，总资产负债率高达 70%。其中一期产区主要由生产 P1、P2、P3、P4 同时进行同一产品多晶电池生产工作，四个车间的生产成本构成一线。对于生产太阳能电池的主要原材料包括钢化玻璃、EVA、银、硅酸等。2014 年年初该企业开始正式对外销售，根据市场竞争的需要，销售收款方式主要有三种：预收款销售、接收商业汇票以及赊销。其中 50%以上的业务由预收款销售模式形成，销售对象主要是五大电池组件生产商，商业信誉良好。

除了生产成本以外，该企业的主要费用开支集中在管理费用和销售费用上，民营企业不仅重视对生产成本的控制，也十分重视对企业期间费用的控制，因此对于主要的管理费用使用部门和领导，也有严格的规章制度加以限制。

2017 年 2 月发生以下经济业务：

（1）用银行存款支付德国进口设备 2 000 万元；

（2）开具银行承兑汇票 1 500 万元支付上游供应商原材料的贷款；

（3）预收电池组件生产公司订贷款 550 万元存入银行；

（4）支付本月职工薪酬 5 800 万元，用银行存款转账；

（5）销售部门报销招待餐饮费 20 万元；

（6）研究部门开发新产品，用于试验的各类材料 33 万元；

（7）收到上月的应收账款 6 000 万元，存入银行。

本月初总分类账户的期初余额如表 25-7 所示。

表 25-7 总分类账户期初余额表

2017 年 2 月 1 日 单位：万元

序号	账户名称	期初余额	
		借方	贷方
1	库存现金	50	
2	银行存款	2500	
3	其他应收款	500	
4	库存商品	2200	
5	原材料	10000	
6	固定资产	245000	
7	短期借款		20000
8	长期借款		100000
9	应付票据		20000
10	实收资本		90050
11	利润分配		50000
		280050	280050

2. 具体步骤

（1）为了满足会计核算的需求，该企业应该设置那些总分类账户？

（2）企业需要对产品成本和期间费用开支进行更有效的控制，为了满足成本管理的需要，该企业应对生产成本和期间费用进行怎样的明细账设置？

（3）根据本月发生的经济业务进行简单的会计分录处理，并做出本月的试算平衡表。

（五）实训考核方式与评价标准

按照会计实际工作流程进行安排，让学生通过具体案例分小组动手操作，了解登记总分类账和明细账的具体操作，对每一组进行综合评定及合理引导，提高实训教学质量。

（六）实训结果反馈与运用

要求每组学生完成每一小项的实训要求，教师检查每组完成情况，并在实训课上进行讲评、讨论和总结。

六、实训项目 6——组织财产清查实训

（一）实训目的

通过实训，使学生能够正确认识财产清查的重要意义，明确清查的种类，熟悉各种财产的清查方法。

（1）要求熟练掌握银行存款余额调节表的编制方法，能够正确制定财产清查方案。

（2）要求能够正确认识库存现金清查的重要性，明确库存现金短缺溢余的可能原因。

（3）要求熟悉存货清查的方法和适用范围。

（4）要求熟悉永续盘存制和实地盘存制。

（二）知识准备与书籍阅读

1. 知识准备

账户与复式记账、企业主要经济业务的核算、账户的分类、会计凭证等。

2. 书籍阅读

[1] 陈国辉. 基础会计[M]. 大连：东北财经大学出版社，2018.

[2] 周密. 会计学原理[M]. 上海：复旦大学出版社，2017.

[3] 陈国辉. 基础会计实训教程[M]. 大连：东北财经大学出版社，2015.

[4] 戴德明 财务会计学[M]. 北京：中国人民大学出版社，2018.

[5] 沈清文. 基础会计实训——手工实操与在线实训[M]. 北京：中国人民大学出版社，2017.

（三）实训准备与安排

实训场地主要在实训室进行，教师提前讲解相关知识及相关评价表格。

实训分组进行，每组学生 5～7 人，并确定负责人，每小组先对相关知识进行阅读，然后进行小组分角色实务操作。

（四）实训资料与具体步骤

1. 实训资料

（1）DL 公司是一家生产经营办公设备的企业，在 2017 年开展过如下财产清查业务：

① 出纳员每日对所管理的现金进行清查，核对账实相符情况；

② 材料保管员调离岗位时进行了所管材料的清查；

③ 因库存商品被盗，对库存商品库的损失情况进行了清查；

④ 年终，对全部财产物资进行了清查。

（2）2017 年 3 月 31 日，HL 公司的银行存款日记账的余额为 3 550 000 元，银行对账单的余额为 4 620 000 元。

（3）JH 公司是一家专门购销玉米的企业，公司收购的玉米都要按等级分放在不同的存放场所。年终结算前，准备对已收购的各等级玉米和所有固定资产进行清查。

（4）DT 公司在 2017 年 12 月 2 日的库存现金清查中，发现现金少了 500 元。而在第二天的库存现金清查中，又发现现金多了 200 元。

（5）TT 公司是一家大型粮食购销企业，经过一段时间的购销活动后，公司想知道详细的粮食结存数量和质量情况。

（6）2017 年 12 月，GD 公司甲材料期初结存及收发情况如下：2017 年 12 月初结存甲材料 2 000 千克，单价为 20 元。12 月份甲材料的收发业务如下：

① 1 日，采购并入库 400 千克，单价为 20 元/千克；

② 8 日，生产领用 600 千克，单位成本为 20 元/千克；

③ 15 日，生产领用 500 千克，单位成本为 20 元/千克；

④ 22 日，采购并入库 200 千克，单价为 25 元/千克；

⑤ 29 日，生产领用 400 千克，单位成本为 20.67 元/千克。

假设月末实地盘点甲材料为 1 400 千克。

2. 具体步骤

（1）指出资料（1）中的财产清查属于哪类清查，进行该类清查的意义是什么，并进行必要的说明。

（2）根据资料（2）编制银行存款余额调节表。

（3）根据资料（3）拟订清查方案。

（4）指出资料（4）中库存现金短缺和溢余的可能原因。

（5）指出该公司应采取什么方法才能达到目的，并作简要说明。

（6）按永续盘存制和实地盘存制分别登记甲材料明细账，即将甲材料的收发存情况进行登记。

（五）实训考核方式与评价标准

按照会计实际工作流程进行安排，让学生通过具体案例分小组动手操作，了解财产清查的具体操作，对每一组进行综合评定及合理引导，提高实训教学质量。

（六）实训结果反馈与运用

要求每组学生完成每一小项的实训要求，教师检查每组完成情况，并在实训课上进行讲评、讨论和总结。

七、实训项目 7——编制与报送会计报表

（一）实训目的

通过实训，使学生进一步巩固会计报表相关知识，掌握资产负债表和利润表的一般程序和基本编制方法。

（二）知识准备与书籍阅读

1. 知识准备

账户与复式记账、企业主要经济业务的核算、账户的分类、会计凭证等。

2. 书籍阅读

[1] 陈国辉. 基础会计[M]. 大连：东北财经大学出版社，2018.
[2] 周密. 会计学原理[M]. 上海：复旦大学出版社，2017.
[3] 陈国辉. 基础会计实训教程[M]. 大连：东北财经大学出版社，2015.
[4] 戴德明. 财务会计学[M]. 北京：中国人民大学出版社，2018.
[5] 沈清文. 基础会计实训——手工实操与在线实训[M]. 北京：中国人民大学出版社，2017.

（三）实训准备与安排

实训场地主要在实训室进行，教师提前讲解相关知识及相关评价表格。

实训分组进行，每组学生 5 ~ 7 人，并确定负责人，每小组先对相关知识进行阅读，然后进行小组分角色实务操作。

（四）实训资料与具体步骤

1. 实训资料

（1）2017 年 3 月末，DL 公司各总分类账户余额见表 25-8。

表 25-8　账户余额表

2017 年 3 月 31 日　　单位：元

总账账户	明细账户	借方余额	总账账户	明细账户	贷方余额
库存现金		19400	坏账准备		10000
银行存款		804000	累计折旧		50000
应收账款		200000	应付账款	新浪潮公司	70000
应收票据	新大地公司	310000	应付票据	海联公司	32000
其他应收款	新世纪公司	19000	应付职工薪酬		45000
原材料		125000	应交税费		43000
生产成本		112500	长期借款		800000
库存商品		513400	实收资本		2000000
固定资产		1400000	盈余公积		50500
无形资产		200000	利润分配	未分配利润	602800
合　计		3793300	合　计		3793300

（2）HS 公司 2017 年 1—12 月有关损益类账户净发生额见表 25-9。

表 25-9　2017 年度有关损益类账户净发生额　　单位：元

账户名称	本年 1—12 月累计净发生额
主营业务收入	6400000
主营业务成本	4050000
税金及附加	50000
其他业务收入	75000
其他业务成本	45000
销售费用	150000
管理费用	260000
财务费用	15000
投资收益	500000
营业外收入	120000
营业外支出	90000
所得税费用	120000

2. 具体步骤

（1）根据资料（1）编制 DL 公司 2017 年 3 月份资产负债表（年初数据略）。

（2）根据资料（2）编制 HS 公司 2017 年度利润表（上期金额略）。

说明：本实训用表涉及 T 型账、科目汇总表、试算平衡表、会计报表。

（五）实训考核方式与评价标准

按照会计实际工作流程进行安排，让学生通过具体案例分小组动手操作，了解编制与报送报表的具体操作，对每一组进行综合评定及合理引导，提高实训教学质量。

（六）实训结果反馈与运用

要求每组学生完成每一小项的实训要求，教师检查每组完成情况，并在实训课上进行讲评、讨论和总结。

附录一　2017级公共事业管理专业人才培养方案

专业代码：120401

一、培养目标

本专业培养德智体美劳全面发展的，基础理论扎实、实践能力强、综合素质高、适应社会经济发展需要的，具有一定马克思主义理论素养和现代公共精神，具有较高的思想道德素质、人文素质、业务素质和身心素质，掌握现代公共事业管理的专业基本理论、基本知识和基本技能，具有较强的创新精神、创业意识、创新创业能力和社会适应能力，能胜任党政机关、文化、体育、卫生、环保、社会保障、社区、公用行业等公共部门业务管理和综合管理工作以及企业人事行政管理工作的应用型人才。

二、培养规格

本专业学生应该获得以下几方面的知识、能力和素质：

（一）公共能力方面的要求

（1）具有正确的政治方向和科学的世界观、人生观和价值观，具有正确的法制观念，良好的人格品质和职业道德。

（2）具有英语的听、说、读、写和译的基本能力，达到大学英语四级考试合格成绩相当的综合水平。

（3）掌握计算机文化基础知识和基本技能，通过与国家非计算机专业大学计算机水平二级测试合格成绩相当的综合水平。

（4）具有健康的体魄、顽强的意志品质和良好的心理素质，养成良好的劳动习惯，掌握一定的创新创业技能，至少通过一项与本专业相关的职业资格认证。

（二）专业能力方面的要求

（1）掌握管理学原理、政治学原理、社会学、公共事业管理概论、公共管理伦理学、公共管理学等基本理论知识，通过公共管理基础理论的学习，具有较高的政治素质与较强的行政价值判断能力，具备较强的认知公共事务的能力。

（2）掌握公共组织学、非政府组织管理、地方政府学、公共关系学、管理心理学、公共部门危机管理等基本理论知识，通过对组织理论学习与人际沟通技能的训练，具有较强的公共组织协调能力与人际沟通协调能力。

（3）掌握公共政策学、公共行政学、公共经济学、城市公用事业管理理论与实践、公共工程项目管理、行政法与行政诉讼法等基本理论与知识，熟悉国家政策和相关法律法规，通过对公共管理相关学科理论的学习和技能训练，具有较强的公共行政解读能力。

（4）掌握学术论文写作、社会调查、公共管理案例写作等基本理论与知识，通过管理学名著阅读与分享、公务员面试模拟和参加过政府绩效评估项目等训练，具有较强的公共管理综合实践能力。

（三）发展能力方面的要求

（1）掌握应用统计学、社会调查原理与方法、公共行政理论前沿，通过学术论文写作专题、大数据分析等科研训练，具有一定的公共管理研究能力。

（2）掌握人力资源管理、领导科学与艺术、电子政务理论与实践、公共组织财务管理等基本理论，通过学术讲座、政府机关和企事业单位实习，具有较强的人事行政管理能力。

（3）通过开展学术科技实践活动和创新技能教育与实践活动，参与社会实践活动和学科与创新创业类竞赛活动，具备较强的创新创业实践能力。

（4）掌握社区管理、社区矫正、社会求助与社会福利等基本理论，通过参加社区实习与参与社区服务，具有一定的社区事务处理能力。

（5）掌握管理文秘、货币银行学、政府营销学等基本理论，通过公共管理案例文本写作训练，具有较强的公共事务实务操作能力。

三、核心课程

政治学原理、管理学原理、公共管理学、行政法与行政诉讼法、公共经济学、公共事业管理概论、公共政策学、公共组织财务管理、城市公用事业管理理论与实践、非政府组织管理、公共工程项目管理、公共组织学、公共行政学、社会保障学等。

四、学制与学位

（1）学制：四年。

（2）授予学位：管理学学士学位。

五、学时与学分构成表

（1）总学时/总学分：3055/178；课内学时/课内学分：2356/136.6。

（2）学时/学分构成表。

课程类别	公共能力培养课程				专业能力培养课程				发展能力培养课程			
	小计	理论教学	实验实训	综合实践	小计	理论教学	实验实训	综合实践	小计	理论教学	实验实训	综合实践
学时数	965	668	84	213	1502	900	194	408	537	351	118	68
百分比	32.1	22.2	2.8	7.1	50.0	30.0	6.5	13.5	17.9	11.7	3.9	2.3

续表

学分数	55	38.1	4.8	12.1	89	53	11.5	24.5	30	19.6	6.6	3.8
百分比	31.6	21.9	2.8	6.9	51.1	30.1	6.7	14.3	17.2	11.3	3.8	2.1
总学时	3055	课内教学	2356	理论教学		1919	实验实训		396	综合实践		689
总学分	178	课内教学	136.6	理论教学		110.7	实验实训		22.9	综合实践		40.4
实践教学学时占总学时比例			36.1%	实验实训学时占总学时比例			13.2%		综合实践学时占总学时比例			22.9%

六、四年课程时间分配表

单位：周

学期	课内教学	入学及毕业教育	考试	课程设计	学年论文（专业技能训练）	专业认知实习	专业实习	思想政治理论课实践	劳动	军事理论与训练	毕业论文（设计）	机动	小计
一	14	0.5	1.5					√		2		0	18
二	17		1.5					√	1			0.5	20
三	15		1.5			2		√	1			0.5	20
四	17		1.5		（2）			√				1.5	20
五	17		1.5									1.5	20
六	17		1.5		（2）							1.5	20
七	17		1.5				8（16）					1.5	20
八	/	0.5					8（16）				8	0.5	17
合计	114	1	10.5		（4）	2	8（16）	4	2	2	8	7.5	155

七、课程设置与教学进程计划表

1. 公共能力培养课程模块

能力类别	能力培养目标	课程名称	学分	学时				各学期学时								考核形式		
				合计	理论教学	实验实训	综合实践	一	二	三	四	五	六	七	八	考试	考查	认定
公共能力	价值判断能力	思想道德修养与法律基础	2	30	30			2东								√		
		中国近现代史纲要	1	16	16				1东							√		
		毛泽东思想和中国特色社会主义理论体系概论	4	68	68						4东					√		
		马克思主义基本原理	2	34	34					2东						√		
		形势与政策	2	（30）	（30）			√	√	√	√	√	√	√			√	
		思想政治理论课实践	4	（68）			（68）	√	√	√	√						√	
		价值判断能力素质拓展活动项目（选修）	1	1周（17）			1周（17）		√	√	√	√	√	√				√

续表

能力类别	能力培养目标	课程名称	学分	学时 合计	理论教学	实验实训	综合实践	各学期学时 一	二	三	四	五	六	七	八	考核形式 考试	考查	认定
		价值判断能力培养校选课程	2	(30)	(30)				√	√	√	√	√	√			√	
	交流沟通能力	大学英语(一)(二)(三)	12	192	192			4	5	3						√		
		现代科学技术概论/大学语文/中国历史与文化	2	30	30				2								√	
		交流沟通能力素质拓展活动项目（选修）	1	1周(17)			1周(17)		√	√	√	√	√	√				√
		交流沟通能力培养校选课程	2	(30)	(30)				√	√	√	√	√	√			√	
	身心调适能力	基础体育	2	60		60		2	2								√	
		健康运动项目训练(一)、(二)	2	(60)			(60)			√	√							√
		国防教育与军事训练	2	2周(34)			2周(34)	√									√	
		军事理论	2	30	30				2								√	
		劳动实践	1	1周(17)			1周(17)		√	√	√	√	√	√			√	
		身心调适能力素质拓展活动项目（选修）	1	1周(17)			1周(17)		√	√	√	√	√	√				√
		身心调适能力培养校选课程《心理健康教育》	2	(30)	(30)				√东		√	√	√	√			√	
	信息处理能力	大学计算机（一）	1.5	24	24				2文							√		
		计算机操作训练（一）	1.5	22		22			2文							√		
		信息处理能力素质拓展活动项目（选修）	1	1周(17)			1周(17)		√	√	√	√	√	√				√
		信息处理能力培养校选课程	2	(30)	(30)				√	√	√	√	√	√			√	
	创新创业能力	大学生职业生涯规划	1	22	22			√	√								√	
		创新创业基础	2	30	30					√	√						√	
		就业指导	1	16	16							√	√				√	
		创新创业素质拓展活动项目	1	1周(17)			1周(17)		√	√	√	√	√	√			√	
		创新创业能力培养选修课程	2	(30)	(30)			√	√	√	√	√	√	√			√	
	小计		55	965	668	84	213	8	16	5	4	0	0	0	0			

备注：①校级能力素质拓展活动设5个项目，每个项目为1学分，学生至少选修2个项目（其中创新创业素质拓展活动项目为必选项），获得不少于2学分。②校级选修课程设为五大类，每门选修课程为2学分，学生至少须获得8学分，其中必须选修1门公共艺术类课程、1门创新创业课程、1门心理健康教育类课程和1门自然科学类课程（文科类专业）或1门人文社会科学类课程（理工农类专业）。③综合实践类课程为必修课，包括思想政治理论课实践、国防教育与军事训练、劳动实践等3门课程，共7学分，学生必须修满7个学分。

2. 专业能力培养课程模块

能力类别	能力培养目标	课程名称	学分	学时				各学期学时								考核形式		
				合计	理论教学	实验实训	综合实践	一	二	三	四	五	六	七	八	考试	考查	认定
专业能力	公共管理理论认知能力	管理学原理	3.5	56	56			4								√		
		政治学原理	3	48	48				3							√		
		社会学	3	51	51			4								√		
		公共事业管理概论	3	51	51			4								√		
		公共管理伦理学	3	51	51						3					√		
		公共管理学	3	51	51				4							√		
		高等数学（文）	7	120	120			4	4							√		
	公共组织协调能力	公共组织学	3	51	34	17				4						√		
		非政府组织管理	3	51	34	17					3					√		
		公共部门危机管理	3	48	24	24							3				√	
		地方政府学	3	51	34	17							3			√		
		公共关系学	3	48	34	14						3				√		
		管理心理学	3	48	34	14				4						√		
		城市公用事业管理理论与实践	2.5	40	24	16						3					√	
	公共行政解读能力	公共行政学	3	51	43	8				4						√		
		公共政策学	3	51	34	17						4				√		
		社会保障学	3	51	34	17						3				√		
		西方经济学	3	51	51					4						√		
		公共经济学	3	51	34	17					4					√		
		公共工程项目管理	2.5	40	24	16						3				√		
		行政法与行政诉讼法	2	34	34								3			√		
	公共管理综合实践能力	学年论文	1	2周（34）			（34）			√							√	
		毕业论文	8	8周（136）			（136）								√		答辩	
		专业见习	2	2周（34）			（34）		√								√	
		专业实习	8	8周（136）			（136）							√			√	
		管理学名著读书报告会	1	2周（34）			（34）		√									√
		公务员结构化面试	1	2周（34）			（34）					√						√
小计			86.5	1502	900	194	408	16	11	16	10	13	9		0			

3. 发展能力培养课程模块

能力类别	能力培养目标	课程名称	学分	学时				各学期学时								考核形式		
				合计	理论教学	实验实训	综合实践	一	二	三	四	五	六	七	八	考试	考查	认定
发展能力	公共管理研究能力（必修）	学术论文写作专题	2	34	17	17					2						√	
		应用统计学（SPSS）	2.5	40	20	20						3				√		
		社会调查原理与方法	2.5	40	20	20				3						√		
		公共行政理论前沿	2	34	34								2				√	
	人事行政管理能力（必修）	人力资源管理	3	51	34	17					3					√		
		领导科学与艺术	2	34	22	12							2			√		
		公共组织财务管理	3	48	32	16						3				√		
		会计学	3	51	51						3					√		
		电子政务理论与实践	3	48	24	16							3				√	
		企业管理实务专题	1	（17）									1				√	
	创新创业实践能力（限选）	学术科技实践活动	2	（34）			（34）											√
		创业技能教育与实践活动	2	（34）			（34）											√
		社会实践活动	2	（34）			（34）											√
		学科与创新创业类竞赛活动	2	（34）			（34）											√
	社区事务处理能力（选修）	社区管理理论与实务	2.5	40	20	20					3						√	
		社区矫正理论与实务	2.5	40	20	20						3				√		
		社会保障问题专题	2	34	20	14					3						√	
		社会救助与社会福利	2	34	14	20							3				√	
	公共事务实务操作能力（选修）	管理文秘理论与实务	3	48	20	20					3						√	
		货币银行学	2.5	40	20	20						3					√	
		政府营销学	2	34	20	14					3					√		
		公共管理案例文本写作	2	34	14	20							3				√	
小计			37.5	622	402	118	68	0	0	3	14	9	11	0	0			

备注：1. 公共管理研究能力、人事行政管理能力等2个发展能力培养模块为必修课程，共26学分，学生必须修满26学分。2.创新创业实践能力培养模块为限选课程，包括以下4门课程：① 学术科技实践活动：学术论文、新闻作品、文学作品、美术及艺术设计作品、音乐作品及表演、学术会议、学术讲座、发明创造专利、自主科技创新活动、科研训练计划等；② 创业技能教育与实践活动：创新创业训练项目、职业、执业和从业资格培训、专业技能培训和考证、注册创办公司、专业创业就业讲座和在校期间或创业休学期间开展的创业工作等；③ 社会实践活动：社会调研、科技咨询、志愿服务等；④ 学科与创新创业类竞赛活动：MPA 案例大赛、读书报告会、创业大赛、大学生课外学术作品竞赛、技能考试、“互联网+”、“挑战杯”的大学生课外学术科技作品竞赛等。学生必选其中2门课程，获得不少于4学分。学分认定由各二级学院结合自己的实际情况制定详细的认定规则。3. 社区事务处理能力、公共事务实务操作能力等两个发展能力培养模块为选修课程，学生必须选修其中一个模块，修满相应的学分。

八、修读指导

（1）本专业学生四年内须修满 178 学分方可毕业，其中公共能力培养课程 55 学分（包括普通公共课程 38 学分，校级选修课程 8 学分，校级学生能力素质拓展活动项目 2 学分，综合实践类课程 7 学分），专业能力课程 86.5 学分，发展能力课程 37.5 学分，其他综合实践类课程 0 学分。

（2）本专业学生须修完所有公共能力培养课程，取得相应学分。校级选修课程原则上须在价值判断、交流沟通、身心调适、信息处理和创新创业等 5 类课程中至少各选修 1 门课程，获得不少于 10 个学分，其中所有学生须修读 2 学分的公共艺术类课程、2 学分的创新创业类课程、2 学分的心理健康教育类课程和 2 学分的自然科学类课程（文科类专业）或 2 学分的人文社会科学类课程（理工农类专业）；健康运动项目训练须选修 2 个项目，获得不少于 2 学分；校级学生能力素质拓展活动项目须选修 2 个项目，获得不少于 2 学分。

（3）本专业学生须修完所有专业能力培养课程、发展能力培养必修课程模块和限定的某一选修课程模块，完成所设置课程的学习，取得相应学分。其中创新创业实践提升能力课程须至少选修其中 2 门课程，获得不少于 4 学分，选修模块为二选一，学生必须修满所选模块全部学分。院级学生能力素质拓展活动项目须选修不少于 4 学分。

（4）根据《怀化学院大学英语教学综合改革实施方案》，大学英语设为 4 个课程模块，其中大学英语（一）、（二）为必修模块，共 9 学分，非英语专业本科生第 1、2 学期须统一修读，修满 9 学分。大学英语（三）、（四）为选修课程模块，共 4 学分，其中大学英语（三）2 学分，包括综合英语Ⅲ、英语口语与演讲、科技英语、商务英语和人文英语；大学英语（四）2 学分，包括综合英语Ⅳ、英美文学赏析、英语应用文写作、职场英语等。每个学生须在大学英语（三）、（四）课程模块中分别选修一门课程，修满 4 学分。具体选修要求是：第 2 学期结束后通过大学英语应用能力考试或大学英语四级考试的学生，第 3、4 学期从大学英语（三）、（四）两个课程模块中各选修一门课程，修满 4 学分；第 3 学期结束后通过大学英语应用能力考试或大学英语四级考试的学生，第 4 学期在大学英语（四）课程模块中选修一门课程，修满 2 学分。但第 2 学期或第 3 学期结束后没有通过大学英语应用能力考试或大学英语四级考试的学生，第 3 学期或第 4 学期只能选修综合英语Ⅲ和综合英语Ⅳ，继续完成大学英语应用能力或大学英语四级考试课程。

（5）大学计算机（二）及其操作训练根据各专业的特点，开设与专业密切相关的《应用统计学》，学分为 2.5，学时为 40。

（6）本专业学生须修满全部综合实践课程，取得相应学分。

九、主要课程说明

1. 管理学原理

该课程为专业能力课程。该课程主要系统介绍各类组织管理活动的原理和一般规律，是经济与管理类人员从事实际工作所必须具备的基本知识，是学生学习相关管理理论知识和提高实际管理能力的必修的基础核心课程，主要是由低向高从三个层次来阐述：第一层次是管理的内涵，包括管理活动、管理思想与管理理论；第二层次是管理过程，包括决策、计划、组织、人力资源、领导、激励、沟通、控制等管理的职能活动；第三层次是管理的改进与创新。通过该课程的教学，使学生能够系统地掌握管理学的知识体系，能综合运用管理学的基本理论和方法，分析和解决管理中的实际问题，提高在管理工作中的管理能力和管理绩效。

2. 政治学原理

该课程为专业能力课程。该课程主要系统介绍国家起源和发展、国家本质、国家消亡的一般理论，重点分析与讲解国家类型与职能、国家结构、国家政治体制等，同时介绍政治权力、政治文化、政治心理、政治道德等。通过该课程的教学，使学生了解和掌握现代政治学的基本原理和基础知识，奠定学习相关专业课程的坚实基础，提高政治理论素质，提高运用政治学原理分析问题和解决问题的能力。

3. 公共事业管理概论

该课程为专业能力课程。该课程主要系统介绍公共事业管理的基本概念、属性和特点，公共事业管理的主体和客体，公共事业管理的基本职能、基本方法和原则，公共事业管理的层次和方法等公共事业管理的基本问题，且对公共事业管理的若干重要部门进行概述。通过该课程的教学，使学生正确认识和把握公共事业管理的基本规范和问题，包括公共事业、公共事业管理的基本内涵及其特征，了解公共事业管理与其他相关管理的区别和联系，明确公共事业管理作为一门独立的学科的研究对象和方法，为以后的学习提供方法论基础。

4. 公共管理学

该课程为专业能力课程。该课程主要系统介绍公共管理基本理念、公共部门和公共管理者的角色、公共部门战略管理、公共政策的设计、执行与评估、公共组织的管理、人力资源管理、公共预算与财务管理、信息资源管理与电子化政府、公共服务的绩效管理，以及当前理论与实践中普遍关心的问题，如行政体制改革中的市场机制、民营化运动、公共管理中的责任与伦理、政府再造等。通过该课程的教学，使学生了解国内外公共管理研究领域的最新成果和最新信息，了解和掌握公共管理学的基本概念、基本理论、基本方法和发展动态，开拓视野，更新观念，为进一步学习打下坚实的基础。

5. 公共组织学

该课程为专业能力课程。该课程以马克思主义和科学发展观为指导，以公共组织理论为基石、中国公共组织为背景，研究公共组织的建立、运行、发展的规律和管理方法，主要系统介绍公共组织理论视阈，公共组织研究途径，公共组织理论演变历程，公共组织行为，公共组织权力与政治，公共组织效能，政府组织规模，公共组织变革与发展的管理等。通过该课程的教学，使学生较全面系统地掌握公共组织学的基本理论、知识和方法，认识公共组织建立、运行与发展的基本规律，培养正确分析和解决我国公共组织问题的能力。

6. 公共经济学

该课程为专业能力课程。该课程主要系统介绍公共财政的基本理论依据，公共支出理论，公共收入理论，政府预算和预算管理体制以及政府的宏观调控和政策。通过该课程的教学，使学生系统地、准确地理解和掌握公共财政的基本理论、基本原理和基本制度，进一步提高学生的经济理论水平和应用能力，并能够在实践中灵活地运用，理解并分析公共财政政策的作用、意图、效果，分析和处理在行政管理工作中遇到的各种财政、税收实务问题。

7. 公共政策学

该课程为专业能力课程。该课程主要系统介绍公共政策概论、公共政策问题的建构、政策方案的制订、政策执行、政策监控、公共政策的定性分析方法、公共政策的定量分析方法、公共政策的系统分析、公共政策的比较分析以及公共政策分析的新范式等内容。通过该课程的教学，使学生理解公共政策学的基本概念，初步了解公共政策的主要理论规范和一般研究方法，具有运用公共政策学的原理和方法分析我国公共政策实践的能力。

8. 非政府组织管理

该课程为专业能力课程。该课程主要从非政府组织的概念和基本理论出发，系统地介绍了国内外非政府组织的历史发展与演进，进而探讨非政府组织的管理战略，非政府组织的注册、决策、营销、筹款、财务管理、人力资源管理及非政府组织的评估等主要内容。通过该课程的教学，使学生理解非政府组织管理的基本理念，初步了解非政府组织管理的一般程序和基本规律，进而培养学生进行社会工作机构管理及运营的基本能力。

9. 行政法与行政讼诉法

该课程为专业能力课程。该课程主要系统讲述行政法与行政诉讼法的基本理论，包括行政法的基本概念、基本原理、行政主体、行政程序、行政讼诉法的基本概念、基本原理、行政讼诉的基本程序及国家赔偿等内容。通过该课程的教学，使学生对中国行政法学的基本框架有一个较为全面的了解，培养学生具体运用法律知识解决行政管理和行政诉讼中实际问题的能力并使之树立行政法治观念，提高自己的法学知识水平，从而为其将来依法行政或者代理行政诉讼准备必要的知识和能力。

10. 城市公用事业管理理论与实践

该课程为专业能力课程。该课程主要以公共管理为基本视角，结合当代国内外公用事业行业的改革和发展现状，从基础设施公共政策制定和执行的角度，系统地分析了城市公用事业行业的运行与管理；在阐述当代公用事业管理的基本理论问题、模式、管理技术方法和绩效管理的基础上，具体分析了公共交通事业管理，城市水、电、煤气管理、邮政和通信管理、互联网管理等，并探讨公用事业组织在管理与领导、计划、市场营销、财务、信息技术、公司治理以及人力资源等职能方面所面临的重大挑战。通过该课程的教学，使学生对国内外公用事业组织有一个较为全面的了解，掌握城市公用事业管理的基本理念和运作模式，进而培养学生治理和处理城市公用事业现实问题的能力。

11. 公共工程项目管理

该课程为专业能力课程。该课程主要系统介绍公共工程项目管理的基础理论与方法、公共项目需求预测与实施技术条件评估、投资预算与资金筹措方案评估、成本-收益评价、社会评价、风险评估、采购管理、合同管理、监理管理、公共投资项目审计、公共项目后评等。通过该课程的教学，使学生了解并掌握在公共工程项目管理中，如何进行全方位全过程的科学管理和合理协调，让学生掌握公共项目管理的知识体系，进而培养学生应用项目管理知识与解决实际项目管理问题的技能。

12. 西方经济学

该课程为专业能力课程。该课程主要系统介绍微观经济学与宏观经济学两个部分，微观经济学主要介绍需求理论、供给理论、生产论、成本论、市场结构理论、生产要素理论、博弈论等内容，宏观经济学主要介绍国民收入核算理论、国民收入决定理论、财政货币政策、总需求与总供给理论等内容，重点介绍流行于西方市场经济国家的现代经济理论与经济政策。通过该课程的教学，使学生掌握现代西方经济学的基本概念与基本理论，掌握西方经济学所运用的基本分析方法，以作为学习其他课程的基础。

13. 社会学

该课程为专业能力课程。该课程主要系统介绍社会学的形成与发展过程，社会的本质与结构，社会角色与人的社会化，基本群体与社会组织，阶级、阶层与社区，社会制度、社会生活方式与社会交往，社会流通与社会变迁，社会文化，社会问题与社会制度，社会保障等方面的基本知识和基本理论。通过该课程的教学，使学生系统地掌握社会学的知识体系，掌握社会学的研究方法，提升其观察和解决分析社会问题的能力。

14. 公共行政学

该课程为专业能力课程。该课程主要系统介绍行政组织、行政领导、行政决策、行政沟通、行政心理、行政监督、机关管理、人事行政、财务行政、行政立法、行政伦理、行政文化与行政发展等行政学基本理论，阐明了行政现代化的发展趋势。通过该课程的教学，使学生把握公共行政学的理论框架体系，理解公共行政学的基本概念与理论，掌握其分析方法，了解其最新发展，培养学生理论联系实际，分析和解决常见公共行政部门现实问题的能力。

15. 地方政府学

该课程为专业能力课程。该课程主要系统介绍地方政府的涵义及作用、地方政府角色、地方政府的产生、发展与分类、地方政府的组织、地方政府的行政、中央政府与地方政府的关系、地方自治、中国地方政府体制的历史发展、当代中国地方政府体系的结构及当代中国中央政府与地方政府的关系等内容。通过该课程的教学，使学生了解地方政府基本理念，理解地方政府的基本性质与地位、作用，了解中国地方政府的形成与历史发展，掌握当代中国地方政府体系的结构、地方政府的组织、地方政府的行政、特别行政区政府、地方政府与中央政府的关系等，进而培养学生解决地方政府面临现实问题和挑战的能力。

16. 社会保障学

该课程为专业能力课程。该课程主要系统介绍社会保障的历史现状、理论基础、内涵精髓和管理要求等，分析与介绍老年保障、医疗保障、劳动保障、社会救助、社会福利、军人保障、补充保障和社区保障等内容。通过该课程的教学，使学生了解社会保障理论的最新发展，把握社会保障理论的理论框架体系，理解社会保障学的基本概念与理论，掌握其分析方法，培养学会理论联系实际，分析和解决常见社会保障部门现实问题的能力。

17. 公共组织财务管理

该课程为发展能力课程。该课程主要系统介绍公共组织财务管理的基本内涵、融资管理、固定资产投资与管理、流动资产管理及财务分析的基本理论。通过该课程的教学，使学生系统地理解公共组织财务管理内容和组织形式，掌握项目筹资、投资评价及分析的技术方法及相关知识，能运用相应的方法进行财务分析，形成一定的财务分析与管理能力。

18. 电子政务理论与实践

该课程为发展能力课程。该课程主要系统介绍电子政务的理念和框架、电子政务系统的建设及应用、电子政务外包、电子政务安全、电子政务绩效评估、政府首席信息官制度、国际电子政发展经验与趋势等内容的讲授。通过该课程的教学，使学生将了解电子政务的基本概念、电子政务建设的目的和基本内容、中国电子政务建设所面临的主要问题和国际电子政务发展的趋势，并形成分析电子政务相关问题分析的基本能力，为以后从事公共部门管理提供方法基础。

19. 应用统计学

该课程为发展能力课程。该课程主要系统介绍应用统计学的基本理论和基本方法，包括绪论、统计资料的收集与整理、统计资料的描述、推断理论基础、参数估计、假设检验、检验和方差分析、相关与回归分析、时间数列分析和指数等，并讲授 SPSS 软件的操作知识。通过该课程的教学，使学生能够理解统计学的基本原理和基本方法，能够正确地解释和使用常用的统计指标；提高学生搜集和处理统计数据的能力；能够运用定量分析方法解决公共事业管理中的实际问题；熟练运用 SPSS 统计分析软件对实际问题进行统计分析。

20. 人力资源管理

该课程为发展能力课程。该课程主要系统介绍公共部门和企业人力资源开发与管理的基本理论及其发展，人力资源计划，人员招聘，人员使用与调配，人事风险，绩效考核管理，员工培训，职业管理，组织文化建设，人力资源跨文化管理等。通过该课程的教学，使学生了解公共部门和企业人力资源开发与管理的基本理论和基本方法，进而培养学生如何成为优秀的管理者且使个人生涯获得良好发展的技能。

附录二 公共事业管理专业课程与实训项目对照表

序号	课程名称	实训项目名称	实训形式	实训类型	实训地点
1	公共事业管理概论	公共事业管理问题及其确认	社会调研	综合性	教室外
		部门战略规划中的SWOT分析	情景模拟	综合性	教室外
2	公共项目管理	湖南凤凰县大桥垮塌事故分析	案例分析与讨论	综合性	教室
		公共项目招投标管理	案例分析	综合性	教室
		公共项目进度管理	原理应用	验证性	教室
		公共工程项目施工现场参观	社会调研	综合性	教室外
3	公共组织学	集体行动的困境	案例讨论	设计性	实训室
		人际沟通协调模拟	情景模拟	综合性	实训室
		公共组织绩效管理	上机操作	综合性	实训室
4	公共行政学	为什么人员增加了却不能收到预期效果	案例分析与讨论	综合性	教室
		制作公共部门组织结构图	情景模拟	设计性	实训室
		少做现场决策，多做现场调研	案例分析与讨论	综合性	教室
5	公共政策学	实际政策分析	案例分析	综合性	教室
		公共政策评估的实施	情景模拟	综合性	教室外
		政策量化分析方法	案例分析	综合性	教室外
		政策执行偏差的原因分析	社会调查	验证性	实训室
6	公共经济学	公共决策中的偏好显示与加总模拟	情景模拟	综合性	教室
		多数票规则下的几种投票情形演示	情景模拟	验证性	教室
		公债流通市场认知及操作	现场观摩、上机操作	综合性	教室外 实训室
7	公共部门 人力资源管理	结构化面试	情景模拟	综合性	实训室
		非结构化面试	情景模拟	综合性	实训室
		常用公文写作	分享学习	综合性	实训室
		培训规划设计	情景模拟	综合性	实训室
8	公共部门危机管理	公共危机事件识别与评价	情境模拟	验证性	社会组织与实训室
		公共危机事件的预警与监测体系构建	考察与研讨	设计性	政府部门
		公共危机事件的应急处置模拟	软件训练与 社会调研	综合性	实训室
		公共危机事件的善后处置模拟	案例分析与讨论	验证性	政府部门 学校

续表

序号	课程名称	实训项目名称	实训形式	实训类型	实训地点
8	公共部门危机管理	公共危机管理体系构建	案例分析与讨论	设计性	政府部门实训室
		应急预案编制	案例分析与讨论	设计性	政府部门实训室
9	公共关系学	公关人员能力素质研究	社会调研	验证性	教室
		公共关系传播设计	情境模拟	设计性	社会组织
		政府形象塑造	情境模拟	设计性	政府
		公共关系项目策划	社会调研	设计性	社会组织
		赞助活动设计	情境模拟	设计性	社会组织
		新闻发布会	情境模拟	综合性	教室
10	电子政务	文档管理	情境模拟	综合性	实训室
		政府办公管理	社会调查	综合性	实训室
		招标采购管理	上机操作	验证性	实训室
		行政审批系统	情景模拟	综合性	实训室
		政府信息门户管理与调查	社会调查	综合性	实训室
11	社会调查研究方法	研究方案的设计和调查课题的确定	社会调查	综合性	教室
		调查样本的抽取	模拟操作	设计性	教室
		子总体平均值比较与方差分析	软件实践操作	综合性	实训室
		单变量描述统计	软件实践操作	综合性	实训室
12	非政府组织管理	“时间银行”运行困境及可持续创新发展模式	案例研讨	设计性	实训室
		募款策划方案	模拟操作	综合性	实训室
		志愿者激励	游戏拓展	设计性	校园室外
13	社会工作导论	行为的真相	案例分析 情景模拟	设计性	实训室
		奥秘在“民间”	社会调研	综合性	田野
14	社区管理 概论与实务	幸福社区，幸福怀化	社区活动	综合性	社区
		“三社联动”，我在行动	情景剧 小论文	综合性	实训室 资料室
15	管理文秘	信息工作	实地调研 角色扮演	综合性	教室外
		会议组织	情景模拟	设计性	实训室
		公务接待	情景模拟	综合性	实训室
		管理文秘口才	讨论学习	综合性	实训室
16	领导科学与艺术	知人善任接力赛	团队游戏	设计性	教室外
		新时代好干部的标准	自由讨论	综合性	实训室
		公共组织绩效管理	团队游戏 案例讨论	设计性 综合性	实训室

续表

序号	课程名称	实训项目名称	实训形式	实训类型	实训地点
17	管理心理学	企业激励方案设计	案例分析	研究创新性	教室
		群体凝聚力整合	角色扮演	综合性	实训室
		组织文化的影响力	市场调查	综合性	教室外
18	公共组织财务管理学	利率系数表的编制	上机操作	验证性	实训室
		货币时间价值的应用	上机操作	验证性	实训室
		财务报表分析	上机操作	综合性	实训室
		预算管理	案例讨论	研究创新性	实训室
		公共支出管理	案例讨论	研究创新性	实训室
19	会计学	认识会计	案例讨论	综合性	教室
		建账前期准备	案例讨论	综合性	实训室
		期初建账	角色扮演	综合性	实训室
		填制与审核会计凭证	角色扮演	综合性	实训室
		登记总分类账和明细分类账	角色扮演	综合性	实训室
		组织财产清查	角色扮演	综合性	实训室
		编制与报送会计报表	角色扮演	综合性	实训室
20	公共部门绩效评估调查	量表等级评价法训练	情景模拟	综合性	实训室
		拟定“万人评议政府”评议方案	情景模拟	设计性	教室外
21	公务员录用结构化面试	结构化面试试题编制	情景模拟	综合性	实训室
		结构化面试模拟	角色扮演	综合性	教室或实训室

附录三　公共事业管理专业实训报告表

<table>
<tr><td>实训名称</td><td colspan="2"></td><td>实训教师</td><td></td><td>实训日期</td><td></td></tr>
<tr><td>院（部）</td><td colspan="2"></td><td>专业</td><td></td><td>班级</td><td></td></tr>
<tr><td rowspan="5">小组成员</td><td>姓名</td><td>学号</td><td>姓名</td><td>学号</td><td>姓名</td><td>学号</td></tr>
<tr><td></td><td></td><td></td><td></td><td></td><td></td></tr>
<tr><td></td><td></td><td></td><td></td><td></td><td></td></tr>
<tr><td></td><td></td><td></td><td></td><td></td><td></td></tr>
<tr><td></td><td></td><td></td><td></td><td></td><td></td></tr>
<tr><td>成绩</td><td colspan="6"></td></tr>
<tr><td colspan="7">一、实训目的

二、实训方式

三、实训结论

四、小组自我评价

五、实训过程中存在的问题及改进建议

</td></tr>
<tr><td>教师反馈</td><td colspan="6"></td></tr>
</table>

参考文献

[1] 马奇，麦克伊沃．怎样做文献综述：六步走向成功[M]．陈静，肖思汉，译．上海：上海教育版社，2011.
[2] 张黎．怎样写好文献综述：案例及评述[M]．北京：科学出版社，2008.
[3] 熊卫平．危机管理[M]．杭州：浙江大学出版社，2015.
[4] 江川．突发事件应急管理[M]．北京：人民出版社，2013.
[5] 闪淳昌．应急管理：中国特色的运行模式与实践[M]．北京：北京师范大学出版社，2011.
[6] 罗建军．应急管理概论[M]．长沙：湖南科学技术出版社，2011.
[7] 罗建军．突发事件应对案例[M]．长沙：湖南科学技术出版社，2011.
[8] 唐钧．社会稳定风险评估与管理[M]．北京：北京大学出版社，2014.
[9] 张燕．风险社会与网络传播[M]．北京：社会科学文献出版社，2014.
[10] 刘鹏．城市公共危机预警研究[M]．北京：中国翻译出版社，2014.
[11] 张权，钟飏．浅谈本科生学位论文中的文献综述写作[J]．吉林工商学院学报，2014（30），01.
[12] 风笑天．论社会研究中的文献回顾[J]．华中师范大学学报（人文社会科学版），2010（7）.
[13] 朱国．如何撰写本科毕业论文文献综述[J]．赤峰学院学报（汉文哲学社会科学版），2011，（1）.
[14] 沈满红，谢慧明．公共物品问题及其解决思路——公共物品理论文献综述[J]．浙江大学学报（人文社会科学版），2009（11）.
[15] [美]曼瑟尔·奥尔森．集体行动的逻辑[M]．陈郁，等，译．上海：上海三联书店，上海人民出版社，1995.
[16] [法]古斯塔夫·勒庞．乌合之众[M]．冯克利，译．北京：中央编译出版社，2011.
[17] [美]达尔·W·福赛斯（Forsythe D. W.）．更快 更好 更省：美国政府的管理绩效[M]．范春辉，译．南京：江苏人民出版社，2014.
[18] [美]阿里·哈拉契米（Arie Halachmi）．政府业绩与质量测评——问题与经验[M]．张梦中，丁煌，等，译．广州：中山大学出版社，2003.
[19] 林春丽．公共组织绩效管理案例精选[M]．南宁：广西人民出版社，2013.
[20] 陈庆云．公共政策分析[M]．北京：北京大学出版社，2006.
[21] 宁骚．公共政策[M]．北京：高等教育出版社，2000.
[22] 陈振明．政策科学[M]．北京：中国人民大学出版社，1998.
[23] 托马斯·戴伊．理解公共政策[M]．彭勃，等，译．北京：华夏出版社，2004.
[24] 李钢，等．公共政策内容分析方法[M]．重庆：重庆大学出版社，2007.
[25] 唐钧．社会稳定风险评估与管理[M]．北京：北京大学出版社，2014.

[26] 任正臣. 公共关系学[M]. 北京：北京大学出版社，2012.
[27] 周安华. 公共关系学[M]. 北京：中国人民大学出版社，2004.
[28] 郭国庆. 市场营销学通论[M]. 北京：中国人民大学出版社，2012.
[29] 陶应虎. 公共关系原理与实务[M]. 北京：清华大学出版社，2006.
[30] 阿伦森. 社会心理学[M]. 侯玉波，译，北京：人民教育出版社，2012.
[31] 曹劲松. 政府形象传播[M]. 南京：江苏人民出版社，2012.
[32] 邬春芹. 社会调查方法[M]. 南京：东南大学出版社，2012.
[33] 李沛良. 社会研究的统计应用[M]. 北京：社会科学文献出版社，1998.
[34] 罗峰. 社会的力量[M]. 上海：上海人民出版社，2016.
[35] 谭建光. 志愿服务：理念与行动[M]. 北京：人民出版社，2014.
[36] 党秀云. 志愿服务制度化：北京经验与反思[M]. 北京：国家行政学院出版社，2013.
[37] 王为正，刘佳. 大学生志愿服务长效机制建设研究[M]. 北京：人民出版社，2015.
[38] 亚伯拉罕·马斯洛. 动机与人格[M]. 许金声，等，译，北京：中国人民大学出版社，2013.
[39] 亚伯拉罕·马斯洛. 人性能达到的境界[M]. 曹晓慧，等，译，北京：世界图书出版公司北京公司，2014.
[40] [美]爱德华·劳勒（Edward E. Lawler Ⅲ）. 组织中的激励[M]. 陈剑芬，译. 北京：中国人民大学出版社，2011.
[41] 曾仕强，刘君政. 最有效的激励艺术[M]. 北京：北京联合出版公司，2011.
[42] [美]艾德里安·高斯蒂克（Adrian Gostick），切斯特·埃尔顿（Chester Elton）. 胡萝卜原则：比薪酬更有效的激励方法（修订版）[M]. 王成慧，林静，译. 北京：电子工业出版社，2013.
[43] 郑杭生，黄家亮. 当前我国社会管理和社区治理的新趋势[J]. 甘肃社会科学，2012（6）.
[44] 夏小丽. 城市社区治理中的公民参与问题研究[D]. 济南：山东大学，2011.
[45] 何平立. 冲突、困境、反思：社区治理基本主体与公民社会构建[J]. 上海大学党报，2009（4）.
[46] 陈国辉. 基础会计[M]. 大连：东北财经大学出版社，2018.
[47] 周密. 会计学原理[M]. 上海：复旦大学出版社，2017.
[48] 陈国辉. 基础会计实训教程[M]. 大连：东北财经大学出版社，2015.
[49] 戴德明. 财务会计学[M]. 北京：中国人民大学出版社，2018.
[50] 沈清文. 基础会计实训——手工实操与在线实训[M]. 北京：中国人民大学出版社，2017.
[51] 中央党校采访实录编辑室. 习近平的七年知青岁月[M]. 北京：中共中央党校出版社，2017.
[52] 习近平. 习近平谈治国理政（第一卷）[M]. 北京：外文出版社，2018.
[53] 习近平. 习近平谈治国理政（第二卷）[M]. 北京：外文出版社，2017.
[54] [美]沃伦·本尼斯，伯特·纳努斯. 领导者[M]. 赵岑，徐琨 译. 杭州：浙江人民出版社，2016.
[55] 于中华. 当官是一门技术活[M]. 北京：北京理工大学出版社，2012.

后 记

本教程是2015年怀化学院资助自编教材之一，编写大纲经过全体全仁的多次反复讨论确定，因此该教程是集体智慧的结晶。该教程主要由法学与公共管理学院公共管理教研室同仁为主体，其他任课老师参与合作完成，内容由“理论篇、综合篇、课程篇”三部分组成，课程实训主要由任课教师根据《2017级公共事业管理专业人才培养方案》编写而成。

本书由郑代良、姜又春、宋曙光主编。编写分工情况为：郑代良编写第一、二、三、九、十八、二十二章；宋曙光编写第四、五、七、十、十二章及附录部分；姜又春编写第六、十九、二十章；戴潇蕾编写第八章；田光辉编写第十一章，第三章二、三节撰写了初稿；周渺编写第十三、十六、二十一章；覃平编写第十四、十五章；封少杭编写第十七章；杨阿诺编写第二十三章；何灵编写第二十四章；陈丹军编写第二十五章。全书由郑代良统稿、定稿。

在此，要特别感谢云南民族大学人文学院2018级在读研究生姜萍同学协助我完成理论篇的撰写工作，同时在文稿初次排版等方面做了大量细致工作。

本书在编写过程中学习、参考、借鉴了学界同仁们的宝贵研究成果，在此特向他们表示诚挚的敬意和感谢！本书编写过程中更得到了西南交通大学出版社领导和编辑老师的大力支持，在此表示衷心的感谢！

当然，本书编写过程中因水平和经验所限，难免存在不足之处，敬请专家学者及使用本书的同仁批评指正！您的宝贵意见或中肯的建议可以发至主编邮箱：zhengdailiang@126.com或101885489@qq.com，以便我们不断改正与完善。

郑代良

2018年9月于怀化学院金海花园